物流革命
——区块链技术与物流的融合发展

王旭辉 著

中国水利水电出版社
www.waterpub.com.cn
·北京·

内 容 提 要

"区块链物流"是一门综合了区块链技术、物流管理学、供应链管理学、计算机科学、数据科学和物联网技术等科学与技术的综合性较强的课程。本书从该课程所具有的多学科、多领域交叉渗透，以及前沿性、综合性和实践性等特点出发，系统而全面地论述了区块链技术与现代物流融合的基本概念和应用案例。全书分为基础篇、应用篇和案例篇。基础篇系统地论述了区块链的技术基础与发展现状、现代物流的概念与发展现状，以及区块链技术在当前物流领域的应用；应用篇主要对区块链技术在现代物流领域的应用进行了介绍，包括物流配送、物流仓储、物流金融及跨境电商；案例篇以案例的形式讨论了区块链物流的落地产品，并介绍了国内与国际上的成功企业。

本书在理论与应用并重的同时，引用了大量国内外区块链在现代物流上的应用案例，并融入了目前区块链在现代物流上的最新应用。

本书可作为信息类相关专业和邮政工程与邮政管理相关专业教学类用书，也可作为有志研究区块链和现代物流的读者的阅读图书，还可作为相关科研人员、工程技术人员和商务人士的参考用书。

图书在版编目（CIP）数据

物流革命：区块链技术与物流的融合发展 / 王旭辉著. -- 北京：中国水利水电出版社，2025.5. -- ISBN 978-7-5226-2688-8

Ⅰ. F259.21

中国国家版本馆 CIP 数据核字第 2024B2T854 号

书　　名	物流革命——区块链技术与物流的融合发展 WULIU GEMING —— QUKUAILIAN JISHU YU WULIU DE RONGHE FAZHAN
作　　者	王旭辉　著
出版发行	中国水利水电出版社 （北京市海淀区玉渊潭南路 1 号 D 座　100038） 网址：www.waterpub.com.cn E-mail：zhiboshangshu@163.com 电话：（010）62572966-2205/2266/2201（营销中心）
经　　售	北京科水图书销售有限公司 电话：（010）68545874、63202643 全国各地新华书店和相关出版物销售网点
排　　版	北京智博尚书文化传媒有限公司
印　　刷	三河市龙大印装有限公司
规　　格	170mm×240mm　16 开本　11.75 印张　226 千字
版　　次	2025 年 5 月第 1 版　　2025 年 5 月第 1 次印刷
定　　价	69.00 元

前 言

21 世纪，人类社会正迎来一场新的技术革命，这场技术革命的核心是区块链。区块链技术具有透明性、去中心化、难以修改等特征，在许多领域都具有广泛的应用前景。

随着互联网技术的发展和电商行业的崛起，我国物流行业获得了飞速发展。由于在国际贸易中信任成本过高，冷链运输环境信息的可靠性也难以保证，用户隐私安全难以得到保护和快递运输环节不够透明等物流行业面临的诸多问题，使人们开始应用区块链技术来解决这些问题。现代物流成为区块链技术最具现实意义的应用领域之一，积极探索区块链在物流领域的应用模式十分必要。

本书对区块链技术与现代物流的融合展开了积极的探索和深入研究。全书共分为三篇。第 1 篇为基础篇（第 1~3 章）：首先是区块链技术概述；其次对现代物流信息技术体系进行了介绍；最后分析了区块链技术在物流领域的应用。第 2 篇为应用篇（第 4~7 章）：分别介绍了区块链技术在物流配送领域的应用、在物流仓储领域的应用、在物流金融领域的应用和在跨境电商领域的应用。第 3 篇为案例篇（第 8~10 章）：分别通过国际物流、冷链运输、供应链和逆向物流 4 个场景讨论了区块链的应用案例；并通过国内互联网 / 电商巨头阿里巴巴、腾讯、京东、苏宁 4 个企业的实际案例来解释国内区块链物流的发展趋势；最后讨论了国际上优秀互联网电商企业与其他国家著名港口、企业进行合作的案例。这对区块链技术在我国物流企业的应用具有重要的借鉴意义。

在本书编写过程中，硕士生王柯、张国权、张新宏、付敏、史瑞、卜淳等积极贡献他们的真知灼见，同时拨冗查找资料文献，遴选案例和引例，推荐延伸阅读材料，绘制图表，校对书稿等，在此对他们的辛勤付出表示由衷感谢。

由于时间紧迫，加之作者水平有限，书中难免存在疏漏和不妥之处，敬请专家学者和广大读者不吝赐教。希望同行特别是使用本书的教师和广大同学提出批评建议，以便不断完善提高。

王旭辉

2023 年 7 月 1 日

目　　录

第1篇　基础篇

第2篇　应用篇

第3篇 案例篇

第1篇

基　础　篇

区块链是一种以密码学方式保证数据不可篡改与伪造的分布式账本。区块链技术作为当今信息社会的热点技术，与物流业的不断融合，促使现代物流领域内多种模式得到创新。本篇由 3 章组成，重点阐述了区块链的技术基础与发展现状、现代物流信息技术及区块链技术在物流领域的应用。第 1 章介绍区块链的技术基础，分析区块链技术的概念、发展历程、技术特点及分类；第 2 章围绕现代物流与信息技术的关系，剖析现代物流的定义、物流信息的特征及分类，并介绍常见的物流信息技术；第 3 章从区块链在现代物流的应用角度出发，分析国内外区块链在物流领域应用的可行性、发展现状，以及区块链对现代物流的影响。

第 1 章　区块链技术概述

本章要点

1. 了解区块链的概念、发展史、特性和分类。
2. 了解区块链的技术组成。
3. 了解国内外区块链技术发展现状。

● 引例

鞍钢集团有限公司区块链工业云平台——精钢云

2018 年 11 月 6 日，金山云和鞍钢集团有限公司（简称“鞍钢”）共建的工业云平台——精钢云正式落地。“精钢云”平台以行业云形式提供服务，一方面为鞍钢提供内部私有云，能够为鞍钢及各子公司提供高性能、高可用性、高扩展性和高安全性的云平台支持；另一方面还将对外提供行业云服务，可为鞍钢产业链上下游及其他企业开放基础设施即服务（Infrastructure as a Service，IaaS）、平台即服务（Platform as a Service，PaaS）、软件即服务（Software as a Service，SaaS）。

“精钢云”平台方案呈现了一套全新的基于区块链技术的财务信息管理体系，区块链技术的内外部均有较为复杂的结构和算法，特别是内部“共建共治共享”的核心思想。将企业会计信息系统构建于区块链上，能够实现更好地兼容应用；同时，在会计信息系统中引入区块链技术也能够在很大程度上改变传统的会计模式。“精钢云”区块链技术的应用给会计信息系统带来的改变见表 1.1。

表 1.1　“精钢云”区块链技术的应用给会计信息系统带来的改变

区块链特征	当前会计模式	区块链下的会计模式
去中心化	中心式记账	分布式记账
	由顶层控制	各节点有相应的权利与义务
	财务数据集中存储，安全性低	财务数据全节点备份，安全性高

续表

区块链特征	当前会计模式	区块链下的会计模式
去信任化	信任个人的专业权威	信任智能合约的公认算法
共治性	财务部门自治	业务、财务、审计多方平台共治
抗篡改性	财务记录可改动	财务记录不可逆，变动将被广播
可追溯性	弱追溯功能	强追溯功能
公开透明性	财务部门核算内部化、标准化定期披露	链内参与主体共享化、定制化实时披露

（**资料来源：**黄欣然 . 大型国有企业中区块链应用案例研究 [D]. 武汉：华中科技大学，2020.）

思考题：“精钢云”区块链技术下的会计信息系统的价值体现在哪些方面？

1.1　区块链简介

2008 年，中本聪发表的《比特币：一种点对点式的电子现金系统》中详细阐述了世界上第一个分布式加密货币——比特币，同时区块链作为比特币的基础支撑技术首次出现。由于区块链技术具有数据持久化、防篡改、公开透明、可靠性高及去中心化等特点，在金融、征信、审计等众多重要领域产生广泛的应用融合，为这些领域带来深刻变革，目前正在被各国的产学研界积极研究。

首先，区块链是一种社会思潮，即基于生物逻辑的自然、社会、技术的进化规律，包括分布式去中心、自下而上的控制、边缘最大化和模块化生长等，区块链即是对这一进化规律的阐释，因而必然会对社会产生深远的影响。其次，区块链是模块化生长的体现，即数据库、加密算法、分布式账本、共识机制、点对点传输、智能合约等计算机技术组合的新型应用模式。最后，具体到物质层，区块链是一种使用密码学方法生成的、按照时间顺序连接的链式数据区块结构，其本质上是一个去中心化的分布式总账数据库。

因此，区块链系统由数据层、网络层、共识层、激励层、合约层和应用层组成。其中，数据层包含交易数据和加密技术等；网络层包含消息转发和传播机制，主要采用 P2P（Peer-to-Peer）网络模型；共识层包含各种共识机制，目前主要包括工作量证明（Proof of Work，PoW）、权益证明（Proof of Stake，PoS）、股份授权证明（Delegated Proof of Stake，DPoS）和分布式一致算法四类，大多数区块链系统是基于工作量证明的共识机制；激励层决定了系统中货币的发行机制与分配机制；合约层可以运行智能合约，支持上层应用的开发；应用层负责支持和实现各种区块链应用程序和智能合约，为用户提供特定功能和服务。

近年来，基于区块链的分布式记账系统及应用层出不穷，从最初的比特币系统到支持智能合约的以太坊和 Hyperledger（超级账本）等。如果把区块链看作一个总账本，每个区块就是账本中的一页，区块上的信息就是账本页上的交易记录，区块链上的每个参与节点既是用户又是记账人，记得最快的账本页将被发给其他节点并进行确认，每个节点都即时拥有账本的最新备份，如此更新下去。在互联网技术背景下，这个“账本”与传统账本最大的不同在于：这个“账本”由集体维护，人人可以参与记录和备份读取，并且地位平等，“账本”没有中心、真实可靠，被形象地比喻为“信任的机器”。

2021 年 6 月 7 日，工业和信息化部、中央网信办联合发布《关于加快推动区块链技术应用和产业发展的指导意见》，要求到 2025 年区块链产业综合实力达到世界先进水平，产业初具规模；到 2030 年，区块链产业综合实力持续提升，产业规模进一步壮大。2024 年 1 月 18 日，《工业和信息化部等七部门关于推动未来产业创新发展的实施意见》发布，指出要探索以区块链为核心技术、以数据为关键要素，构建下一代互联网创新应用和数字化生态。

1.2 区块链发展史

随着区块链技术的发展，公有链、联盟链和私有链 3 种区块链逐渐混合并且日趋复杂，区块链专家梅兰妮· 斯万（Melanie Swan）将区块链技术发展划分为 3 个阶段，见表 1.2。

表 1.2 区块链技术发展的 3 个阶段

阶段	阶段描述
区块链 1.0	以比特币为代表的可编程货币阶段。区块链作为从比特币提炼出来的底层技术，该阶段更多是用于数字货币领域的创新，如货币转移等
区块链 2.0	基于区块链的可编程金融阶段。该阶段在区块链 1.0 的基础上加入了“智能合约”，在点对点支付、登记、确权和智能管理等方面或可颠覆传统金融体系的应用
区块链 3.0	可编程社会阶段。区块链的应用范围更广，除金融行业外，区块链在零售、物联网、法律等领域通过解决信任问题提高行业运行效率及社会生产力水平，并以协同共享模式主导社会经济生活方式的转变

1.2.1 区块链 1.0 时代

区块链 1.0 时代自比特币诞生起，区块链 1.0 时代开启，代表了一个去中心化加密货币的新时代。在这一阶段，包括我国在内的大多数国家对区块链技术的认识仍处于较为浅显的阶段，缺乏有序的发展指导。

起初，一群极客（geek）率先进入这片蓝海开始探索和建设，他们逐渐累积的建设让这片蓝海更加为人所知，但这一阶段参与探索、建设的用户很少，一是很多人无法接触到这片蓝海，二是人们对于这种陌生的事物本身有一定的排斥心理。

在比特币产生了价值并催生了一些交易所出现时，整个区块链时代才真正拉开了走向繁华的序幕。不过，随着用户量的增多、资金的注入及技术的发展，比特币已难以满足用户需求，其本身的发展空间也在一定程度上限制了区块链的发展。

从技术方面看，区块链 1.0 时代的主要特征及应用如下。

（1）破除中心化货币体系，实现去中心化。破除中心化的货币体系并非从比特币开始的，在此之前，就有许多学者试图破除中心化的货币体系，他们也曾提出了数字货币，最后均以失败告终。

直到中本聪将这些技术整合起来,用“时间戳”这一概念解决了“交易重复”的“双花”问题，并给予维护系统 / 竞争打包权的人以比特币作为“挖矿奖励”，才真正从技术层面上实现了“自由交易、共同维护”的去中心化系统。

（2）源代码开源，山寨币出现。共识机制作为区块链技术的核心环节之一，在区块链 1.0 时代就已经可以通过开源的源代码进行验证。

区块链 1.0 时代的主要标志是其在数字货币领域的创新，具体来说就是数字货币的使用和支付。正是有了源代码开源作为技术支持，比特币网络才有了可复制性，进而激发了当时世界范围内数百种数字货币的出现，如莱特币、狗狗币等。

在区块链 1.0 时代这种分布式、去中心化、全球化的框架下，每个人都可以自由地与他人进行资源的分配和交易。

（3）应用范围有所局限，仅限于金融行业。区块链 1.0 时代在金融领域的货币应用场景中掀起了一场浪潮。区块链技术最先也是最成功的落地应用便是数字货币，数字货币与传统金融行业中的数字化支付、汇款和转账等多个相关的领域产生了共鸣，因此备受关注。

在数字化支付、汇款、转账等金融领域中，如果使用传统的金融方式，就要利用银行等第三方机构进行烦琐又复杂的处理流程,不仅时间长而且成本也很高，这些现实因素为区块链技术在金融领域的融合应用提供了可能。同时，该阶段区块链技术应用范围有所局限，仅限于金融领域内货币支付这一垂直应用场景。

1.2.2 区块链 2.0 时代

区块链 2.0 是基于区块链的可编程金融阶段。以以太坊为代表，在互联网上搭建操作系统，但以太坊仅提出了一个概念，并未实现真正的应用落地，也可以说它不满足应用要求。由于该阶段的架构是在比特币架构的基础上更改的，可以说区块链 2.0 最大的贡献就是通过智能合约彻底颠覆了传统货币和支付的概念，并且大多运用于金融领域方面，如银行结算支付、跨境支付等。随着区块链 2.0 时代的到来，区块链技术缺乏管制的缺陷逐渐暴露出来，大量的“空气币”充斥着整个市场，投机者因此遭受了巨大损失。

在区块链 2.0 时代，区块链依靠其可追溯、不可篡改等特性形成了相对牢固的信任基础，进而为智能合约的实现提供了可信任的执行环境，使开发者通过智能合约制定规则来实现自动化、智能化成为可能。

智能合约与传统合约最大的不同之处在于智能合约不受现实社会法律的制约。智能合约可以对触发条件进行智能判断，合约中的条件是提前确定好的，合约主体在触发合约条款后自动执行协议，仲裁平台在智能合约中不再对执行结果进行判定而是承担执行之责。

区块链 2.0 时代的主要特征和应用场景如下。

1. 区块链 2.0 时代的主要特征：ICO

区块链众筹（Initial Coin Offering，ICO）是一种为数字货币 / 区块链项目筹措资金的常用方式。开发者要在以太坊上运行项目，需要开发成本，这些开发成本通常通过“向民众募集以太币”的方式来筹措，其中大部分 ICO 筹措而来的资金都是比特币或者其他加密数字货币。由于代币具有市场价值，可以兑换成法币，这样募集到的资金就可以用作项目的开发成本，早期参与者便可以从中获得初始发行的数字货币作为回报。

ICO 的火爆与以太坊有着千丝万缕的联系。以太坊的出现让代币发行变得非常简单，因此催生了越来越多的 ICO 项目涌入市场。2015 年年底，以太坊提出的 ERC20（Ethereum Reqwest for Comments 20）标准，基于“代码即法律”的原则，规定了在以太坊上发行代币的规则。代币标准的统一方便了未来 ICO 项目的发币融资，为数字货币下一轮牛市准备了技术条件。

尽管 ICO 一度被视为推动 2017 年市场大牛市的关键因素，但随着 ICO 项目的泛滥，缺乏有效的监管机制的弊端随之暴露，进而导致一些“空气项目”打着 ICO 的旗号大肆募集资金，出现不少非法融资现象。2017 年 9 月 4 日，中国人民银行、中央网信办、工业和信息化部、工商总局、银监会、证监会和保监会七部委联合发布《关于防范代币发行融资风险的公告》，正式叫停 ICO。但同时，国家对于区块链技术还是持认可态度的，国内公司、政府机构纷纷开始布局区块链领域。

2. 区块链 2.0 时代的主要应用场景：金融商业

区块链 2.0 时代，在智能合约系统的支持下，区块链的应用范围从单一的货币业务扩大到涉及合约功能的金融业务。因此，在区块链 2.0 时代，银行业率先开始了区块链技术商业化的落地应用。2015 年，银行机构成立了 R3 联盟，联盟借鉴了区块链技术的思想，探索全球银行分布式账本技术（Distributed Ledger Technology，DLT）的可行性，从而优化业务模式进而提升业务流程效率。同时，银行业也开始探索如何利用区块链技术开发数字票据，借助智能合约实现价值传递。在这一时期,知名区块链项目“瑞波”采用区块链技术推出了跨境支付业务。

在区块链 2.0 时代，金融领域内的证券行业也开始采用区块链技术进行清算和结算方面业务的探索。2018 年 7 月，上海证券交易所发布报告称区块链技术在证券发行和交易、清算和结算，以及客户管理方面都有适用的可能性，并且在降低成本、提高效率方面都具有显著优势。同时，在这一时期，会计、咨询等其他金融服务机构也开始积极探索区块链技术。

综上，在区块链 2.0 时代，伴随着区块链技术的普及，区块链已与金融领域内的业务产生融合。未来随着可编程区块链的不断完善，企业的业务模式、发展方向、激励机制都会受到影响。随着区块链底层公链性能的不断优化，未来的区块链将不止一个链或一个币，而是一个完整的生态网络，应用于各类商业场景中。

1.2.3　区块链 3.0 时代

区块链 3.0 是以可编程社会为主要特征的阶段，即区块链将逐渐从虚拟世界渗透到现实生活的方方面面。在这一时期，区块链能够对每个互联网中代表价值的信息和字节进行产权确认、计量和存储，从而实现资产在区块链上可被追踪、控制和交易。

区块链 3.0 是价值互联网的核心。价值互联网的核心是由区块链构造一个全球性的分布式记账系统，它不仅能够记录金融领域内产生的交易，而且几乎可以记录任何有价值且能以代码形式进行表达的事物，如信号灯的状态、出生证明和死亡证明、结婚证、教育程度、财务账目、医疗过程、保险理赔、投票、能源等。

总体来看，区块链 3.0 主要应用在以下 4 个细分领域。

1. 自动化采购

采购方需要制定一个自动化的供货流程，用于追踪合约执行的过程，并根据合约中的条件进行支付，包括全额支付、分期支付、部分支付、罚款等。由于流程中包含多个采购方、供应方、快递、银行等，因此需要对每次商品的供货进行完整记录，借助区块链技术可以实现多方共同记账、共同监管、数据公开透明。

2. 供应链自动化管理

在购物时，客户可能想要知道其购买的物品的信息来源，如食品的原材料来源、生产过程、运输过程等，借助区块链技术便可以登记每个商品的信息来源，提供一个全民共享的账本，以此进行溯源。

3. 版权登记

借助区块链技术，可以将房产、知识产权、物权、商标、营业许可证、证书等进行版权登记，以此来保障公正、防伪、不可篡改和可审计等。

4. 虚拟资产

大多数游戏玩家会在某个游戏中积累大量的虚拟资产，如金币、实物、装备等，随之玩家便会有兑换和转移其虚拟资产的需求。例如，当玩家需要将其在游戏中的一部分虚拟资产转移到另外一个玩家账号中时，借助区块链技术便可以实现公开、公正的转移，并且可以在没有第三方干预的情况下自动完成交易。

1.3 区块链的特性

随着信息技术越来越受到重视，区块链作为一个去中心化的共享数据库，因其具有能够解决某些行业场景中的痛点问题的特性而得到广泛应用。区块链有四大特性：透明可信性、防篡改性和可追溯性、隐私安全性以及可靠性。

1.3.1 透明可信性

区块链的透明可信性主要是指交易数据历史记录的共享开放，即数据操作行为的可见、可追踪。

1. 人人记账保证人人能获取完整信息，从而实现信息透明

在去中心化的系统中，网络中的所有节点均是对等节点，用户可以平等地发送和接收网络中的消息。因此，系统中的每个节点都保存有链上的所有信息，都可以完整观察系统中节点的全部行为，并将观察到的这些行为在各个节点进行记录，即维护本地账本。去中心化的整个系统对于每个节点都具有透明性，这与中心化系统是不同的。中心化系统中不同节点之间存在信息不对称的问题，中心节点通常可以接收到更多信息，而且中心节点也通常被设计为具有绝对的话语权，这使中心节点成为一个不透明的黑盒。因此，中心化系统的可信性只能由中心化系统之外的机制保证。

2. 节点间决策过程共同参与，共识算法保证可信性

区块链系统是典型的去中心化系统，网络中的所有交易对所有节点均是透明可见的，且交易的最终确认结果也由共识算法保证在所有节点间的一致性。所以整个系统对所有节点均是透明、公平的，系统中的信息具有可信性。

所谓共识，简单理解就是大家都达成一致的意思。在现实生活中，有很多需要达成共识的场景，如投票选举、开会讨论、多方签订一份合作协议等，而在区块链系统中，每个节点通过共识算法让自己的账本跟其他节点的账本保持一致。

1.3.2　防篡改性和可追溯性

区块链最容易被理解的特性是防篡改性。防篡改是基于“区块链 +”的独特账本而形成的：存有交易的区块按照时间顺序持续加到链的尾部。要修改一个区块中的数据，就需要重新生成它之后的所有区块。

共识机制的重要作用之一是使修改大量区块的成本极高，从而使修改大量区块的可能性降至最低。以采用工作量证明的区块链网络（如比特币、以太坊）为例，除非能够同时控制住系统中超过 51% 的节点，否则在单个节点上对数据库的修改是无效的。但破坏数据并不符合拥有大算力的用户的自身利益，这种实用设计提升了区块链上的数据可靠性。

通常，在区块链账本中的交易数据可以视为不能被“修改”，它只能通过被认可的新交易进行“修正”，并且修正的过程会留下痕迹。

在现在常用的文件和关系型数据库中，除非采用特别的设计，否则系统本身是不记录修改痕迹的。区块链账本采用的是与文件和关系数据库不同的设计，其借鉴现实中的账本设计——留存记录痕迹。因此，不留痕迹地“修改”账本几乎不可能实现，只能“修正”账本。

可追溯是指区块链上发生的任意一笔交易都是有完整记录的，可以针对某一状态在区块链上追查与其相关的全部历史交易。防篡改性保证了写入区块链上的交易很难被篡改，为可追溯性提供了保证。

1.3.3 隐私安全性

区块链的去中心化特性决定了区块链的“去信任”特性：由于区块链系统中的任意节点都包含了完整的区块校验逻辑，所以任意节点都不需要依赖其他节点完成区块链中交易的确认过程，也就是无须额外地信任其他节点。“去信任”特性使节点之间不需要互相公开身份，因为任意节点都不需要根据其他节点的身份进行交易的有效性判断，这为区块链系统保护用户隐私提供了前提条件。

区块链系统中的用户通常以公私钥体系中的私钥作为唯一身份标识，用户只要拥有私钥即可参与区块链上的各类交易，区块链不会记录私钥与持有者的匹配对应关系，所以区块链系统仅知道某个私钥的持有者在区块链上进行了哪些交易，但并不知道这个持有者是谁，这自然就保护了用户隐私。

换一个角度来看，快速发展的密码学为区块链中用户的隐私提供了更多保障途径。同态加密、零知识证明等前沿技术可以让区块链上的数据以加密形态存在，任何不相关的用户都无法从密文中读取到有用信息。而交易相关用户可以在设定权限范围内读取有效数据，这为用户隐私提供了更深层次的保障。

1.3.4 可靠性

区块链系统的可靠性主要体现在以下两个方面：一是每个节点对等地维护一个账本并参与整个系统的共识，即如果其中某个节点发生故障了，整个系统仍然能够正常运转；二是区块链系统支持拜占庭容错（Byzantine Fault Tolerance，BFT）。与区块链系统不同的是，传统的分布式系统虽然也具有可靠性，但是通常只能容忍系统内的节点发生崩溃现象或出现网络分区的问题，而系统一旦被攻克（甚至是只有一个节点被攻克），或者说修改了节点的消息处理逻辑，那么整个系统都将无法正常工作。

通常，按照系统能够处理的异常行为可以将分布式系统分为 CFT（Crash Fault Tolerance，崩溃容错）系统和 BFT 系统。CFT 系统是指可以处理系统中节点发生崩溃错误的系统，而 BFT 系统则是指可以处理系统中节点发生拜占庭错误的系统。拜占庭错误来自著名的拜占庭将军问题，现在通常是指系统中的节点行为不可控，可能存在崩溃、拒绝发送消息、发送异常消息或发送对自己有利的消息（即恶意造假）等行为。

传统的分布式系统是典型的 CFT 系统，不能处理拜占庭错误，而区块链系统则是 BFT 系统，可以处理各类拜占庭错误。区块链能够处理拜占庭错误的能力源自共识算法，而每种共识算法也有其对应的应用场景。例如，PoW 共识算法不能容忍系统中超过 51% 的算力协同进行拜占庭行为；PBFT（Practical Byzantine Fault Tolerance，实用拜占庭容错）共识算法不能容忍系统中超过 1/3 的节点存在拜占庭行为；Ripple 共识算法不能容忍系统中超过 1/5 的节点存在拜占庭行为等。因此，区块链系统的可靠性是在满足其错误模型要求的条件下，能够保证系统的可靠性。

1.4　区块链的分类

区块链作为一种以密码学方式保证数据不可篡改与伪造的分布式账本，根据写入权限和读取权限的不同，分为公有链、联盟链与私有链，其中公有链与联盟链的应用较为广泛。

1.4.1　公有链

公有链是指任何人均可参与数据维护和读取的区块链。当前世界范围内公有链以以太坊为主要代表，它的出现来自分布式自治组织（Distributed Autonomous Organization，DAO）攻击后以太坊社区进行的硬分叉，目前以太坊提供了全球范围内的无差别区块链智能合约平台。

从特点上看，公有链上各个节点均可自由加入和退出网络，并参加区块链上数据的读 / 写，并且网络中不存在任何中心化的服务端节点。因此，公有链容易部署应用程序且可完全实现去中心化，不受任何机构控制。

从应用上看，公有链应用领域主要包括数字资产、内容平台、游戏平台、共享经济及社交平台等。基于公有链架构的加密货币、内容平台和游戏平台拥有高效信任建立机制，商业价值不断提升。基于公有链架构的共享经济和社交平台对中心化机构依赖程度较强，总体发展速度较慢。目前，大多数以太坊项目都依靠以太坊作为公有链，以太坊允许任何人在平台中建立和使用通过区块链技术运行的去中心化应用，允许用户按照自己的意愿执行复杂的操作。以太坊平台本身没有特点，没有价值性，由企业家和开发者决定其用途。以太坊尤其适合那些在点与点之间自动进行直接交互或跨网络促进小组协调活动的应用，除金融类应用外，任何对信任、安全和持久性要求较高的应用场景，如资产注册、投票、管理和物联网等，都会受到以太坊平台的影响。

1.4.2 联盟链

联盟链是指需注册许可的区块链，其中的读 / 写权限、参与记账权限按联盟规则来制定，由若干个机构共同参与管理的区块链，网络一般通过成员机构的网关节点接入，共识过程由预先选好的节点控制。联盟链和私有链之间的隐私权限设计有所不同，联盟链中的隐私权限设计要求往往会更为复杂，本质上联盟链属于私有链，只是私有化程度不同。

从特点上看，联盟链具备低成本运行和维护、交易速度快及良好的扩展性等特点。联盟链节点较少，比公有链运行效率高，适合机构间的交易、结算或清算等 B2B（Business-to-Business）场景，可以降低两地结算的成本和时间。例如，在银行间进行支付、结算、清算的系统就可以采用联盟链的形式，将各家银行的网关节点作为记账节点，当网络上有超过 2/3 的节点确认一个区块时，该区块记录的交易将得到全网确认。联盟链对交易的确认时间、每秒交易数都与公有链有较大的区别，对安全和性能的要求也比公有链高。

从应用上看，当前国内联盟链发展迅速，主要发起者为以京东、阿里巴巴、微众银行为代表的互联网企业和以中国国新控股有限责任公司为代表的央企。目前国内联盟链的应用领域包括数字版权保护、供应链溯源、医疗信息共享等。联盟链利用时间戳技术永久记录数字产品的原创信息，通过分布式数据库和共识机制保证交易记录的准确性，来实现数字版权保护方面的应用；通过赋予商品不可更改的唯一标识，并将供应链上每个节点区块链化来实现供应链溯源方面的应用；通过在区块链上建立医疗数据共享联盟，将医疗信息记录在分布式数据库中来实现医疗信息共享方面的应用。

1.4.3 私有链

私有链，是一条非公开的“链”，与公有链的无准入限制形成鲜明对比。通常情况下，私有链上需要授权才能加入节点，而且各个节点的写入权限皆被严格控制，读取权限则可视需求有选择性地对外开放。私有链不能完全解决信任问题，但可改善可审计性，可提供安全、可追溯、不可篡改、自动执行的运算平台，并可同时防范来自内部和外部对数据的安全攻击。

从特点上看，私有链主要有以下几个特点。

（1）交易速度快。私有链上仅有少量节点，且具有很高的信任度，交易过程不需要所有网络节点的确认，所以其交易速度比任何其他区块链都快。

（2）隐私保障良好。由于读取权限是由组织决定的，私有链的数据不会被公开，参与者难以获得私有链上的数据，因此组织自身的隐私保障良好。

（3）交易成本大幅度降低。私有链的交易仅需几个受到普遍认可的高算力节点确认即可，其交易成本与公有链和联盟链相比极低。

（4）安全性较高。私有链上的成员都是经过审核授权的，所以遭受恶意攻击的可能性相对较小。

但私有链也存在着过于中心化、开放程度低等问题。

从应用上看，世界范围内常见的私有链主要应用在银行业、医疗业和销售行业。以沃尔玛、康卡斯特、BurstIQ 等企业为代表，大多数企业建立私有链的目的主要是在保证数据安全的基础上提升信息的可靠性与真实性。当前私有链多用于内部开发与测试场景，适用于企业内部以及特定机构的内部数据管理与审计等金融场景。

结合以上对公有链、联盟链和私有链特征与应用两方面的阐释，本书对三者的特征进行了总结对比，见表 1.3。

表 1.3　公有链、联盟链和私有链的特征对比

特征	公有链	联盟链	私有链
准入限制	无	有	有
读取者	任何人	相关联用户	受邀用户
写入者	任何人	获批参与者	获批参与者
所属者	无	多方实体	单一实体
中心化程度	去中心化	多中心化	（多）中心化
突出特点	信用的自建立	效率和成本优化	透明和可追溯

随着应用场景的需求越来越复杂，区块链技术也变得越来越复杂。但无论是公有链、联盟链还是私有链，都没有绝对的优势和劣势，往往需要根据不同的应用场景选择适合的区块链类型。

1.5　区块链技术组成

区块链技术组成主要包括哈希函数、数字签名、共识算法、智能合约、P2P 网络。区块链正在四个方面进行技术性的优化：首先，共识算法正在由低频低效向高频高效转变；其次，处理方式正在从链上处理向链上链下协同处理转变；再

次，服务分片由全员周知向范围通知转变；最后，组织形式从单一链条向多链组合转变。

1.5.1 哈希函数

哈希（Hash）函数在密码学中扮演着非常重要的角色,广泛应用于消息认证、消息完整性检测和数字签名中。哈希函数将任意长度的消息序列映射为较短的、固定长度的一个值，其实质是一种单向函数。其中，任意长度的消息 m 作为哈希函数输入，输出固定长度为 n 的比特串。

从定义可以看出，哈希函数是一个从变长到定长的压缩函数，即不同的消息输入可能会映射成同一个输出，这种多对一的压缩映射会导致发生碰撞。因此要设计一个固定长度的抗碰撞压缩函数，必须具备以下性质。

（1）能够用于任何大小的数据分组。

（2）能产生定长的输出。

（3）易于计算，并且软硬件实现简单。

（4）对于任意给定的哈希值 h，在多项式计算内找到满足 $H(x)=h$ 是不可行的。

（5）对于任意给定的数据块 x，在多项式计算内找到满足 $x \neq y$ 但 $H(x)=H(y)$ 是不可行的。

（6）在多项式计算内找到满足 $H(x)=H(y)$ 的任意一对消息（x,y）是不可行的。

其中，性质（1）、（2）、（3）是用于消息认证的基本要求；性质（4）被称为单向性，又称抗原像性；性质（5）被称为抗弱碰撞性，又称抗第二原像性；性质（6）被称为抗强碰撞性。

当前，以信息摘要算法 5（Message-Digest Algorithm5，MD5）、安全散列算法 1（Secyre Hash Algorithm1，SHA-1）为代表的主流哈希算法被广泛用于信息安全等领域，人们对哈希函数的密码分析也从未停止。1996 年，汉斯· 多伯特因（Hans Dobbertin）提出了针对 MD4 算法的破解方案。王小云等（2004）成功地对 MD4、MD5、RIPEMD 等算法进行了有效的碰撞攻击，这意味着所有基于哈希函数无碰撞特性构建的密码系统及应用都可能面临碰撞攻击的潜在威胁。目前，哈希函数的安全性正面临原像攻击或第二原像攻击的挑战，对于给定的哈希值，攻击者利用已有的一些攻击方法可以计算出原像值，如生日攻击、中间相遇攻击和差分攻击等，因此设计更加安全的哈希函数是当务之急。

1.5.2 数字签名

1976 年，惠特菲尔德·迪菲（Whitfield Diffie）和马丁·赫尔曼（Martin Hellman）首次提出了公钥密码系统体制，奠定了数字签名的理论基础；1978 年，罗纳德·林恩·里维斯特（Ronald Linn Rivest）、阿迪·萨莫尔（Adi Shamir）和伦纳德·阿德曼（Leonand M. Adleman）基于大整数分解困难性构造了著名的 RSA 算法。相对公钥加密而言，数字签名是指签名者利用私钥对消息进行签名，验证者通过签名者公钥验证签名以实现不可否认的数据源认证，是公钥密码的逆应用。一个数字签名体制应满足以下条件。

（1）消息空间：由所有任意长度消息组成的集合 M。

（2）签名空间：由所有签名消息组合的集合 Ω。

（3）签名密钥空间：用于生成签名的密钥集合 K。

（4）认证密钥空间：用于验证签名的密钥集合 K'。

（5）密钥生成算法：$N \to K \times K'$，通过从安全参数空间 N 中选取一个安全参数输入，通过 Gen 算法产生匹配的公私钥对 (K, K')。

（6）签名算法：$M \times K \to \Omega$，给定消息空间 M 内的消息 m 和签名密钥空间 K 内的签名密钥 sk，通过 Sign 算法在多项式时间内产生对消息 m 的有效签名。

（7）签名验证算法：$M \times \Omega \times K' \to \{\text{true,false}\}$，给定消息空间 M 内的消息 m 和签名空间 Ω 内的签名 σ，以及认证密钥空间 K' 内的认证密钥 pk，通过 Ve 算法验证签名 σ 的正确性。

数字签名也称作电子签名，是通过一定算法实现类似传统物理签名的效果。目前已经有包括欧盟、美国和中国等在内的 20 多个国家与地区认可数字签名的法律效力。2005 年《中华人民共和国电子签名法》正式实施，实现了电子签名合法化。近年来我国电子合同签约数量不断增长，智妍咨询数据显示，截至 2022 年签约数量约为 1337.1 亿份，并且中央和各级政府近年持续推出一系列政策推动数字化变革，鼓励电子签名的应用。

1.5.3 共识算法

共识机制就是共同参与区块链账本记录的用户，对于如何打包数据、如何确认交易、如何进行激励，所形成的共同遵守的规则。

袁勇等（2018）系统性地梳理和讨论了区块链发展过程中的 32 种重要共识

算法。结合现有共识算法的发展脉络和若干性能指标，以期为未来共识算法的创新和区块链技术的发展提供参考。

以往的中心化运作无须考虑共识机制，因为中心化的机构可以提供信用背书，拥有最终解释权。但由于加密货币多数采用去中心化的区块链设计，节点是各处分散且平行的，所以必须设计一套制度维护系统的运作顺序与公平性，统一区块链的版本，并奖励提供资源维护的使用者，以及惩罚恶意的危害者，这样的制度就是共识机制。

对于一个区块链项目，共识机制的设计是重中之重。区块链共识机制的基础模型构建可分为选主、造块、验证、上链四个阶段，设计不合理就无法抑制作恶节点，有可能产生无效交易或恶意交易等问题；也有可能造成对记账节点激励不够，记账出块的积极性不高等问题。

此外，共识机制还会影响到主链的运作效率，也就是服务器每秒处理的事务数（Transactions Per Second，TPS）。TPS 值越大，每秒钟处理的事务数就越多，说明处理速度越快。TPS 包括一条消息入和一条消息出，加上一次用户数据库访问。达成共识越分散，即需要参与共识的节点数量越多，其效率越低，但节点满意度越高，因此也越稳定，网络越安全。相反，达成共识越集中，即需要参与共识的节点数量越少，其效率越高，也越容易出现独裁和腐败现象，相对的网络也就越不安全。

根据设计思想的不同，可以将区块链共识算法分为以下四类。

（1）证明类：核心思想是建块节点需证明自己具有某种能力或完成了某件事情才能合法建块，通常共识方式是完成一些难以解决却易于验证的难题去竞争建块的权利。常见的证明类算法有工作量证明（PoW）、权益证明（PoS）等。

（2）拜占庭类：以拜占庭协议为基础设计整个算法，建块节点通常是由其他节点投票选举或从所有符合一定条件的节点中随机选举。常见的拜占庭类算法有实用拜占庭容错算法（PBFT）、Algorand 共识算法等。

（3）传统共识类：就是将传统分布式系统的一致性算法应用于区块链系统。该类通常算法共识效率较高，但不支持拜占庭容错，即不考虑恶意篡改和伪造数据的拜占庭节点。典型的传统共识类算法有 Raft 算法。

（4）混合共识类：使用多种共识算法的混合体选择建块节点，如 PoW 与 PoS 混合的 Casper 算法、RAFT 与 PBFT 混合的 Tangaroa 算法等。

此外，区块链共识算法还可以按照容错类型分为拜占庭容错和非拜占庭容错；按照部署方式分为公有链共识、联盟链共识和私有链共识；按照一致性程度分为强一致性共识和弱一致性共识；按照选主策略分为选举类共识、证明类共识、随机类共识、联盟类共识和混合类共识。

下面简要介绍几种主要的共识算法。

1. PoW

PoW 是比特币、莱特币等采用的共识算法，其核心思想是通过节点的计算能力，即“算力”来竞争建块权和奖励。算法的关键是在区块头中加入不同的随机值，计算区块头哈希值，直到此哈希值小于或等于目标值，解决此问题的过程称为挖矿。PoW 拥有完全去中心化、安全性高、所有节点可参与挖矿、节点自由进出、被攻击成功的可能性小等优点，同时也有需要耗费大量算力、交易吞吐量有限、确认时间长等缺点。

PoW 共识主要经历以下三步。

第一步，生成 Merkle 根哈希。先选择要打包的交易数据，一旦筛选好交易数据，按照时间排序，两两哈希，层层约减，通过这些交易就可以计算出一棵 Merkle 树，可以确定一个唯一的摘要，生成 Merkle 根哈希。

第二步，组装区块头。按照信息顺序生成区块头，其将被作为计算出 PoW 输出的一个输入参数，因此第一步计算出来的 Merkle 根哈希和区块头的其他组成部分组装成区块头。区块头的存储顺序从前到后如图 1.1 所示，共占 80 字节。

第三步，计算出 PoW 的输出。图 1.1 解析了 PoW 的整个过程。

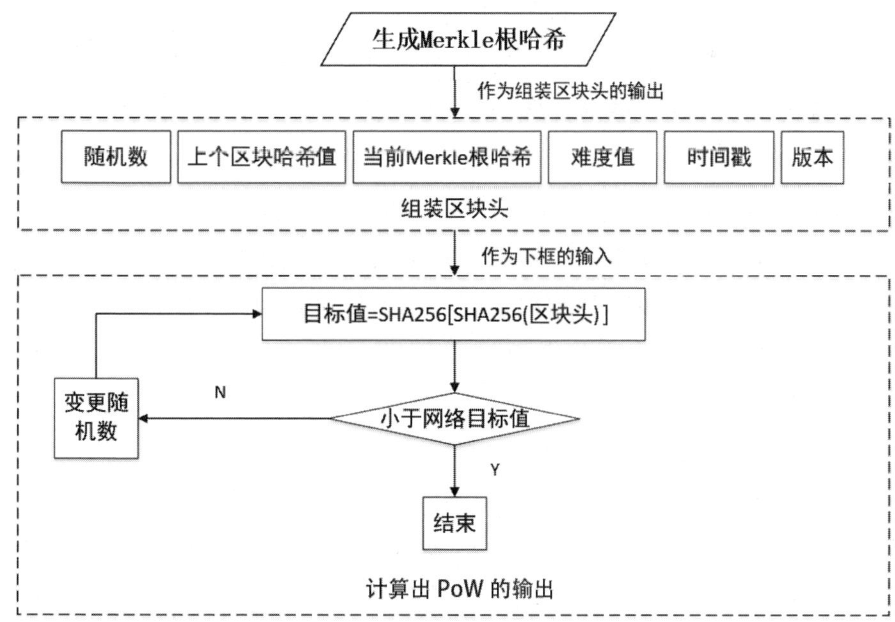

图 1.1　PoW 过程

2. PoS

PoS 是点点币采用的共识算法，是针对 PoW 机制存在的不足而设计出来的一种改进型共识机制。其机制核心在于要求用户证明自己拥有一定数量的数字货币的所有权。该机制在 PoW 的基础上,为减轻 PoW 计算哈希的工作量,引入了“币龄”作为变量来调节挖矿难度。具体而言，挖矿难度与区块链中矿工所持有的代币数量及其持有时间的乘积成反比。

挖矿的主要流程为先获得当前节点的余额、代币持有时间和公开的目标值，随后计算挖矿的真实目标值，最后进行哈希值的计算。PoS 机制与 PoW 机制的最大区别在于，只有持有数字货币的人才能进行挖矿，而且不需要大量的算力就可以挖到货币，避免了比特币网络中可能出现的“算力集中”问题，回归到区块链“去中心化”的核心原则。

3. PBFT

PBFT 是开源项目 Hyperledger 使用的共识算法之一,是拜占庭类算法的改进，降低了算法的复杂程度，相较于原算法更具实用性。算法中有 $3f+1$ 个节点，可以容忍 f 个拜占庭错误的节点。整个算法按照以下阶段进行操作。

（1）请求阶段：客户端向主服务器节点发送请求。

（2）预准备阶段：主服务器节点接收请求后，给请求赋值一个序列号，主服务器节点向其他服务器节点广播预准备消息,其他服务器节点确定是否接收请求。

（3）准备阶段：其他服务器节点选择接收请求，则向所有服务器节点广播准备消息，并从其他节点接收准备消息，在收到 $2f+1$ 条消息后，如果大多数节点接收请求，则进入提交阶段。

（4）提交阶段：处于提交阶段的每个节点都向服务器中的所有其他节点发送提交消息。同时，如果主服务器节点接收到 $2f+1$ 条提交消息，则可以认为大多数节点达成共识以接收该请求。然后，节点执行请求消息中的指令，并发送响应。

（5）响应阶段：客户端等待来自不同节点的响应，若有 $f+1$ 个响应相同，则该响应即为算法的一致结果。

4. 基于 Algorand 的共识协议

Algorand 是一种新型的拜占庭类共识算法。Algorand 算法的设计目标是解决去中心化网络中低延时和高置信度之间的矛盾，成为一种低能耗、低分叉概率、可扩展性好、抗攻击能力强的共识算法。Algorand 算法可以按照时间顺序划分为不同轮次，每一轮都会达成共识并生成新区块。Algorand 算法中采用了可验证随机函数、委员会投票、加权用户、加密抽签和参与者替换几种技术。

（1）可验证随机函数（Verifiable Random Functions，VRF）。VRF 是一种伪随机函数，能提供证明其输出正确性的公开可验证证据。给定输入值 x，密钥 SK 可以得到函数值 $y = F_{\mathrm{SK}}(x)$ 和证明 P。使用 x、P 和公钥 PK，每个人不需要 SK 就可检查 $y = F_{\mathrm{SK}}(x)$ 的正确性，且无法得到 SK 的信息。利用 VRF 和设定的目标值组合成“抽签”函数代替挖矿，可以解决区块链建块需要大量计算哈希值所造成的能源浪费问题。

（2）委员会投票。从全体用户中随机选取委员会成员，让委员会成员进行建块、验块等操作，以此来减轻网络负担，增加了系统可扩展性。此外，投票协商选出块的方式相较于各节点独自建块和广播块的行为更不容易造成“块冲突”，降低了分叉概率。

（3）加权用户。为防止攻击者大量制造“假名”，在选举中占据优势，算法将用户权益与拥有资产相关联，设定每个成员需拥有资产才有权被选为委员会成员。并且，被选为委员会成员的可能性与拥有资产数量正相关，分散资产给“假名”的方式不能提高被选为委员会成员的概率，攻击者在选举中不能占据优势。

（4）加密抽签和参与者替换。为防止攻击者攻击委员会成员，以加密抽签的方式选举委员会成员，且每次投票后需重新抽签。加密抽签是指抽签结果只有抽签者自己知道，即委员会成员在参与共识前，其他节点无法知晓节点的委员会成员身份，所以攻击者无法进行事前攻击。委员会成员在参与共识、投出票之后，再次投票需要重新抽签，这使攻击者的事后攻击失去了意义。

1.5.4　智能合约

智能合约的引入是区块链发展的一个里程碑。区块链从最初单一数字货币应用到今天融入各个领域，智能合约的作用不可或缺。金融、政务服务、供应链、游戏等各种类别的应用，几乎都是以智能合约的形式运行在不同的区块链平台上。

智能合约并不是区块链独有的概念。早在 1995 年跨领域学者尼克·萨博（Nick Szabo）就提出了智能合约的概念，他将智能合约定义为“一套以数字形式定义的承诺，包括合约参与方可以在上面执行这些承诺的协议”。智能合约是一种在满足一定条件时，就自动执行的计算机程序，是对现实中的合约条款执行电子化的量化交易协议。例如，自动售货机便可视为一个智能合约系统，消费者需要选择商品，并完成支付，这两个条件都满足后自动售货机就会自动“吐出”货物。

租赁合同、借条等合约在生活中处处可见，传统合约依靠法律进行背书，当产生违约或纠纷时，往往需要借助法院等政府机构的力量进行裁决。而智能合约不仅将传统的合约电子化，还革命性地将传统合约的背书执行由法律替换成了代码，以计算机指令的方式实现了传统合约的自动化处理，这意味着规则将会被严格执行。

在这里举一个例子进行具体说明，假设小明开发了一款数字化服务，每月订阅费用为 10 美元，小华对这项服务感兴趣并希望订阅，同意每月支付 10 美元。他们创建一个智能合约，在每个月的第一天自动扣除 10 美元的订阅费用。一旦支付完成，智能合约将自动确认小华的订阅，并允许他使用该数字化服务。如果小华取消订阅，智能合约将不再扣除费用，并停止提供服务。整个过程不需要第三方的中间人进行裁决，也完全不会有赖账等问题。

智能合约设计的总体目标是满足常见的合约条件（如支付条款、留置权、机密性和执行等），以及最大限度地减少恶意和偶然的异常，最大限度地减少对可信中介的依赖。基于其设计目标及区块链运作特点，一个基于区块链的智能合约需要包括事务处理机制、数据存储机制和完备的状态机，用于接收和处理各种条件，并且事务的触发、处理及数据保存都必须在区块链上进行。当满足触发条件后，智能合约即会根据预设逻辑，读取相应数据并进行计算，最后将计算结果永久保存在链式结构中。

在智能合约广泛应用的同时，智能合约的安全性也需要关注，已经发生过重大安全事件，Bitfinex 漏洞爆发导致资金损失 36%，The DAO 遭受共计损失超 5000 万美元。目前智能合约存在隐私泄露、交易溢出与异常、合约故障和拒绝服务四大安全风险。首先，智能合约的开发工作主要由软件从业者完成，其所编写的智能合约在完备性上可能有所欠缺，相比传统合约更容易产生逻辑上的漏洞。其次，现有的部分支持智能合约的区块链平台提供了利用如 Go 语言、Java 语言等高级语言编写智能合约的功能，而这类高级语言可能会有一些“不确定性”的指令，可能会造成执行智能合约节点的某些内部状态发生分歧，从而影响整体系统的一致性。因此，智能合约的编写者需要极为谨慎，避免编写出有逻辑漏洞或是执行动作本身有不确定性的智能合约。

不过，一些区块链平台引入了不少改进机制，对执行动作上的不确定性进行了消除。例如，超级账本项目的 Fabric 子项目，即引入了先执行、背书、验证，再排序写入账本的机制；以太坊项目也通过限制用户只能通过其提供的确定性的语言进行智能合约的编写，确保了在以太坊上运行的智能合约在执行动作上的确定性。

随着智能合约的普及，智能合约的编写必然会越来越严谨、规范，同时，其开发门槛也会越来越低，智能合约将在更多的领域发挥越来越重要的作用。随着技术的发展和人们对智能合约安全的重视，从技术上可以对智能合约进行静态扫描，发现潜在问题反馈给智能合约开发人员，也可以通过智能合约形式化验证的方法发现智能合约中存在的问题来确保智能合约的安全性。

1.5.5　P2P 网络

P2P（Peer-to-Peer）网络结构中不存在中心节点，所有的节点都是对等的，既是客户端又是服务器，同时具备信息消费者、信息提供者和信息通信这三个方面的功能。P2P 网络主要有以下特点。

（1）去中心化：网络中的资源和服务分散在所有节点上，或者说所有节点都是服务器，避免了中心化可能存在的单点故障问题。

（2）可扩展性：网络中节点可以自由地加入和退出，整个系统中算力等资源也是同步扩充和缩减，始终能比较容易地满足用户的需要。

（3）鲁棒性：网络中不存在单点故障，即使它的部分节点宕机或遭受攻击，系统仍然可以正常运行，在节点失效的情况下会调整拓扑，避免与失效节点进行通信。

（4）隐私保护：网络中节点之间直接进行数据交互，避免经过中间节点，从而减少了信息泄露的可能性。

（5）负载均衡：网络中的资源分布于多个节点，可通过多个节点获取某个资源。

（6）性价比高：网络由大量普通节点组成，充分利用这些节点的算力、存储等资源后，这个成本并不高的系统将拥有强大的性能，与分布式架构有类似的目的，可减少对大型服务器的依赖。

根据节点间通过路由查询和建立连接的方式，P2P 网络可以分为集中式、纯分布式、混合式和结构化模型，这四种不同的网络模型也代表 P2P 技术的四个发展阶段。

集中式是最原始的模式，即存在一个中心节点保存了其他所有节点的索引信息。路由信息存储于索引服务器中，所有节点在与其他节点进行通信前都需要从索引服务器查询路由信息。这种模式虽然实现简单，但是显然它在扩展性上和安全性上并未达到真正的去中心化要求。

纯分布式的结构中移除了索引服务器，通过节点间建立的随机连接形成一个随机拓扑结构。新节点加入时可以找到网络中的其他节点，并从其他节点同步信息和将自己的信息广播到整个网络中。但这种模式容易造成广播信息的可控性较弱和消息风暴等问题。

混合式网络模型实际上融合了集中式和纯分布式网络模型的特点，它的网络结构主要由超级节点和普通节点组成，超级节点中存储部分普通节点的路由信息。新加入节点首先和超级节点进行通信，然后超级节点将信息广播给其他超级节点。与集中式网络模型相比，混合式网络模型中索引服务器的数据大量增加，加强了整个系统的健壮性；与纯分布式网络模型相比，混合式网络模型的广播信息只存在于超级节点之间，降低了消息风暴的可能性。

结构化 P2P 网络也是一种分布式结构，但与纯分布式结构不同，它并非一个随机网络，而是将所有节点基于某种结构进行有序组织。实现方式中，使用分布式哈希表（Distributed Hash Table，DHT）技术较为主流。它将整个网络抽象成了两种空间：节点空间和资源空间。DHT 对资源和节点进行编号，并为它们构建映射关系，这样需要某个资源的节点便可以通过 DHT 查找具体的某个节点或某些节点，建立连接并获取资源。

1.6　区块链技术发展现状

区块链技术逐渐与各个领域产生融合，各国积极布局区块链发展，区块链产业长期向好。当前，区块链与云计算、人工智能等新技术基础设施交叉创新，越来越多的实体经济垂直领域呈现出“区块链 +”的发展格局。

1.6.1　国外区块链发展现状

与国内区块链技术多由中小企业推动不同的是，国外区块链技术多由大企业推动。综合已有应用案例与研究，本书认为国外区块链发展集中表现在以下几个方面。

（1）主要发达国家纷纷加强政策布局。美国、英国、日本、俄罗斯等国家对区块链持支持态度，持续推动区块链技术的研发和产业应用。例如，美国国土安全部多次与区块链技术公司签署研究合同，英国将区块链列入国家战略部署，俄罗斯发布“国家区块链项目数据库”，涉及金融、保险、医疗等共计 390 个项目。

（2）国际组织推动底层技术创新。以比特币、以太坊为代表的区块链开源项目得到持续推进，智能合约、开源底层系统不断成熟。Linux 基金会于 2015 年发起的超级账本项目已逐渐形成区块链生态。

（3）重点企业抢先布局。跨国企业积极布局区块链领域，IBM、英特尔公司通过建立开源社区吸引各方参与，加快打造行业解决方案；微软、谷歌、甲骨文等公司利用云平台提供区块链服务，推动区块链技术应用落地。

整体而言，国外区块链技术发展的显著特征是：区块链联盟聚焦区块链技术的验证和试验，以及区块链技术标准的制定，区块链技术多由大企业进行推动。

基于区块链本身的技术特点，下面介绍几个区块链技术在国外推广的案例。

案例一：R3 区块链联盟

R3 区块链联盟是由一家总部位于纽约的区块链创业公司发起的，至今已吸引多家巨头银行的参与，被业内称为“全球顶级区块链联盟”。R3 区块链联盟致力于研究和发现区块链技术在金融业中的应用，并向全球银行推出分布式总账技术。

案例二：Hyperledger 区块链联盟

Hyperledger 区块链项目由 Linux 基金会发起，目的是共同建立并维系一个跨产业的、开放的、分布式账本技术平台。Hyperledger 区块链项目是一个“技术驱动”的联盟，并且不断迎来新成员的加入。2020 年 Hyperledger 执行董事布莱恩·贝伦多（Brian Behlendor）表示：“增加新成员和认证服务供应商是 Hyperledger 全球论坛的一个伟大的开端。”

案例三：布局区块链产业的科技公司

（1）IBM。2016 年 IBM 在 InterConnect 创新应用大会上宣布重点投入区块链领域，随后 IBM 推出新的食品供应链区块链工具——IBM Food Trust，它可以基于分布式账本技术追踪食品的供应链路径。IBM 是 Hyperledger 项目的主导者之一，已经向 Hyperledger 项目贡献了超过 44000 行代码。

（2）微软。2015 年微软启动了“Azure 区块链即服务”计划，微软 Azure 覆盖了全球范围内超过 50 个地区，并且与以太坊、Consen-Sys、Ripple 等多家平台建立了合作关系。2017 年微软推出企业级开源区块链基础平台 Coco Blockchain Framework。目前微软已将区块链技术的应用场景扩展到转账业务、跨境汇款、智能票据、证券及投资市场、智能支付场景和其他金融类衍生业务。

（3）亚马逊。亚马逊的云计算商业服务平台——亚马逊网络服务（AWS）与投资公司数字货币集团（DCG）合作，为企业提供一个区块链实验环境。亚马逊凭借 AWS 正式进入区块链领域。

（4）谷歌。谷歌在 IBM、微软与亚马逊相继建立区块链技术平台后，于 2016 年也宣布将为银行提供区块链测试服务，正式与 IBM、微软、亚马逊抢滩

BaaS 市场。

（5）英特尔。2016 年 4 月，英特尔推出一个名为“锯齿湖”（Sawtooth Lake）的用于建造、部署和运行分布式账本的实验性分布式账本平台，并基于该平台向开源超级账本区块链项目提供代码。2016 年 6 月，英特尔在以色列特拉维夫市成立了一个开发实验室，致力于研究物联网连接设备、云计算、生物识别应用程序和区块链技术。

除了政府和企业，国外的众多学者也对区块链技术及其应用进行了研究。例如，Buchana 等（2018）基于英国脱欧的背景，分析了英国如何与欧盟融合，采用区块链实现“数字单一经济”的思路；Atzori（2017）研究了“信任服务提供商”在许可链中扮演的角色，对欧洲第一个信用服务区块链网络 trustchain 进行了案例分析；Schwerin（2018）分析了《通用数据保护条例》（*General Data Protection Regulation*，GDPR）对区块链技术的影响，研究了区块链是否能满足 GDPR 的规定，通过文献综述和 Delphi 案例研究进一步探讨怎样支持区块链的合规；Curran（2018）研究了区块链在选举投票中的应用，发现利用区块链可以让选举投票变得更为简单，基于区块链的共识机制，选举投票的过程和结果不需要中心化的机构来验证通过，每个参与者都可以自行投票和验证票数。

1.6.2 国内区块链发展现状

随着区块链技术逐渐与虚拟货币区分开来，我国对区块链技术的重视程度和认可程度也随之递增。“十三五”规划中提到的发展数字经济更是让区块链技术在国内掀起一番热潮。区块链由于具有去中心化、透明可信任的特点，迅速引起了广大国内专家学者的关注。

国内的区块链发展主要表现为以下几个方面。

（1）强化政策支持。截至 2023 年年底，各部委及各地方政府出台的区块链相关政策数量已有千余项，其中 2023 年新增 79 项。从国家层面来看，2023 年国家及部委发布区块链相关政策数量为 18 项，涉及商务部、工业和信息化部等多个部门，涵盖文旅、能源、航运、电视广播、数据安全和区域改革、公共治理等领域。

（2）组建产业联盟。在 2016 年，工业和信息化部指导成立了中国区块链技术和产业发展论坛，发布《中国区块链技术和应用白皮书（2016）》，引导社会各界正确认识、使用区块链。中国区块链技术和产业发展论坛近年来持续开展关键技术研究与标准研制，汇聚创新动能，深化融合应用，进一步推动我国区块链产业高质量发展。2022 年，中国区块链技术和产业发展论坛正式发布了《区块链服务能力成熟度评价要求》《区块链物联网应用参考架构》《区块链跨链技术规范》和《区块链冶金产品质量追溯应用指南》等团体标准。

（3）健全标准体系，监管持续发力。中国电子标准化研究院、中国信息通信研究院、工业和信息化部电子第五研究所等机构围绕参考架构、数据格式、测评方法、评估规范等，加快区块链标准制定，形成《区块链参考架构》《区块链数据格式规范》《区块链与分布式记账信息系统评估规范》等一系列团体标准。此外，随着中国人民银行数字货币试点工作的开展，以中国人民银行为首出台了区块链等金融科技监管规则，各地政府也严厉打击包括虚拟货币等在内的网络传销，整顿虚拟货币挖矿等行为。

（4）丰富应用场景和应用模式。区块链技术在金融服务、供应链管理、社会治理等领域中具有的数据增值、安全可信、协同共享的作用逐渐凸显，区块链技术的应用场景逐渐丰富。例如，微众银行通过区块链技术优化对账流程，实现实时对账，降低运营成本。

随着区块链技术在国内的应用，已衍生出了多种基础商业模式，包括代币经济、区块链即服务、区块链开发平台、基于区块链的软件产品、网络服务、区块链专业服务、P2P 区块链商业模式等。

除了政府和企业对区块链技术进行了探究和应用，国内的众多学者也对区块链技术的落地与应用进行了研究。例如，范忠宝（2018）通过文献研究，并结合实践经验，分析了区块链技术的本质和应用价值，对区块链发展提出了相关建议；王千阁等（2018）针对区块链系统在实际应用中因数据存储模式限制而普遍面临着查询功能简单、查询性能较低等严重问题，对区块链系统的数据存储与查询技术的研究进展进行综述与展望；李炳（2018）梳理了基于区块链的法定数字货币的相关研究，分析了各种法定加密数字货币发行模式的利弊，认为当前加密数字货币技术对完善货币发行体系有积极作用，但是脱离现有以法定货币为基础的货币发行和支付系统，另建加密数字货币体系的成本过高，对金融市场效率提升的贡献十分有限；张路蓬等（2018）基于知识产权管理应用场景，通过对新兴产业的知识产权管理机制与区块链运作机制的耦合分析，建议构建基于区块链技术的战略性新兴产业知识产权管理应用系统与技术架构；李华君等（2018）论述了区块链技术发展引发区块链媒体新现象，分析了该技术对媒体产业的潜在影响，并在此基础上对新媒体的发展趋势进行了展望。

1.7 小　　结

本章主要从区块链的概念、区块链发展史、区块链的特性、区块链的分类、区块链技术组成和区块链技术发展现状等方面进行区块链的介绍。

第 1.1 节介绍区块链的概念：区块链的本质是一个去中心化的分布式总账数据库，其系统由数据层、网络层、共识层、激励层、合约层和应用层组成。第 1.2 节用区块链技术发展的三个阶段介绍区块链技术发展史。第 1.3 节阐述了区块链的四大特性，即透明可信性、防篡改性和可追溯性、隐私安全性以及可靠性。第 1.4 节介绍区块链的分类。第 1.5 节介绍区块链技术组成，主要包括哈希函数、数字签名、共识算法、智能合约和 P2P 网络等。第 1.6 节介绍了区块链技术国内外的发展现状，主要从政府、企业、研究学者三个角度对区块链的应用和探索进行阐释。

第 2 章　现代物流信息技术

本章要点

1. 了解现代物流的概念，以及其与传统物流的区别。
2. 了解物流信息的概念，包括含义、主要内容、特征等。
3. 了解现代物流信息技术的概念，包括关键技术、应用现状和存在的问题。

● 引例

海尔集团的信息化物流系统

海尔集团是在 1984 年成立的青岛电冰箱总厂的基础上发展起来的国家特大型企业。经过名牌战略、多元化战略和国际化战略三个阶段，依靠特有的整合力，迅速成长为拥有白色家电、黑色家电和米色家电的中国家电头部品牌。海尔已经建立了具有国际水平的自动化、智能化的现代电子商务物流体系，使企业的运营效益发生了奇迹般的变化，资金周转更加高效，实现了零库存、零运营成本和与顾客的零距离，突破了构筑现代企业核心竞争力的瓶颈。

海尔集团运用特定的物流执行系统，订单系统和仓储系统、运输系统有机结合，它能转化成海尔集团客户订单可以出货的项目，优化了运输系统的顺序，聚集并和客户订单直接挂钩，从而更准确、有效管理客户的运输及相关物流业务。

海尔集团还建立 B2C（Business-to-Consumer）模式，即消费者通过网络在网上购物、在网上支付。由于这种模式节省了客户和企业的时间与空间，大大提高了交易效率，同时还为企业争取了更多顾客，降低了交易成本。

在实施 ERP 信息系统时，海尔物流开展了全员培训，并对相关操作人员进行了严格的技能考试，考试通过后才能获得上岗证书。物流信息中心也开通了内部培训的网站，详细介绍系统的基础知识，进行业务操作指导以及对操作疑难问题的解答等，从而保证了信息系统的使用效果。

[**资料来源：**柳蕾 . 海尔集团物流成本管理研究 [J]. 企业科技与发展，2018，(6):2.]

思考题：海尔建立的信息化物流系统能给海尔的内部和外部带来哪些方面的改变？海尔的信息化物流系统如何同区块链有效结合起来？

2.1 现代物流概述

大数据、人工智能、物联网等技术正逐步渗透到物流的各个环节，在运输、仓储、配送、客服等环节有效降低物流企业的人力成本，带来持续的行业创新和变革，下面将通过传统物流和现代物流的对比深入剖析现代物流的概念。

2.1.1 现代物流的概念

现代物流是指原材料、产成品从起点到终点及其相关信息有效流动的全过程。它将运输、仓储、装卸、加工、整理、配送、信息等方面有机结合，形成全套的供应链，为客户提供多功能、一体化的综合性服务。现代物流由实物流、资金流和信息流三部分构成，其中最核心、最基础的部分是信息流。信息流对物流各个分散的功能进行整合，对整个物流活动起调节控制作用。由现代物流的概念可以分析出现代物流的本质包括以下四个方面。

（1）现代物流是一个完整系统，各个环节互相依赖、互相联系、互为因果。

（2）现代物流不是简单地运、存、送，而是一项综合性服务，关注客户体验的服务。

（3）信息流动是现代物流的重要组成部分。

（4）管理是实现现代物流一体化的经营与运作的关键。

此外，根据物流发展情况，还可以将现代物流的主要特征归纳为物流反应快速化、物流功能集成化、物流服务系列化、物流作业规范化、物流目标系统化等几个方面。

2.1.2 现代物流与传统物流的区别

关于现代物流与传统物流的区别，有学者认为信息化水平是区别现代物流与传统物流的重要指标。物流活动是生产和消费的桥梁，传统物流的目的是完成物品由“供应地”向“接收地”的转移，而现代物流追求的目标是多元化的，即快捷、节约、安全和良好的用户体验。

要实现现代物流的多元化目标，仅仅依靠简单的运输、装卸搬运、配送等作业是远远不够的。物流活动涉及生产企业、零售企业、物流企业、用户等多个参与方，同时物流又包含仓储、运输、装卸搬运、配送等多个活动，这些活动和参与方共同构成了复杂的物流系统。要使整个系统内的各方实现共赢，物流的各项活动协调一致，就势必要保证物流信息在系统内的有效传播。从某种意义上讲，物流信息技术的应用使物流业得到了空前的发展，现代物流企业的信息化作业水平，直接关乎物流企业的运营能力，同时也是区分一个物流企业是现代物流企业还是传统物流企业的重要指标。本书总结了传统物流与现代物流的主要区别，见表 2.1。

表 2.1　传统物流与现代物流的区别

区别	传统物流	现代物流
管理方式	单一环节的管理	系统化的管理
管理手段	人工管理	信息技术管理
服务方式	被动服务	主动服务
进行物流活动的目的	提供物品的运输和转移	提供增值服务
物流服务的管理标准	缺乏统一的服务标准	拥有标准化的服务
物流服务的侧重点	点到线或线到线的服务	全球服务网络

物流信息技术在优化企业整体物流运营流程中扮演着至关重要的角色。在传统的物流企业中，企业通常只负责向客户提供一种服务，仓储企业只负责仓储，运输企业只负责运输，甚至是只负责完成整个运输活动中的一种运输方式，如只负责水运部分或只负责汽运部分。而现代物流企业更注重对客户的服务，物流功能更加完善，客户只需提出需求，物流企业便能够以整体效益最佳的方案满足客户需求，并能够在服务中为客户提供实时的信息反馈。换言之，现代物流能够以满足客户需求为中心，为供应链上的各个节点提供优质的物流服务，使信息流能够在整个供应链中有效传递。而传统物流企业很难实现这一管理目标的关键原因在于，其对整个物流系统的信息管理能力有限，没有必要的信息化技术做支撑，因此对物流信息技术的有效应用是现代物流与传统物流的分水岭。

2.2 物流信息概述

2.2.1 物流信息的含义

物流活动由运输、仓储、装卸搬运、流通加工、包装、配送及物流信息七项基本功能构成，这七项功能中除物流信息外，其他物流功能都相对独立。物流信息这一功能伴随着整个物流活动，是物流的神经系统，对物流的其他活动起着重要的调节作用。在以往的研究中，物流信息是展现物流中各种活动状态、特征的信息，是对物流活动的运动变化、相互作用、相互联系的真实情况的生动反映，这个过程包含了知识、资料、图像、情报、数据、语言、文件等各种形式。霍明奎等（2012）认为在建立供应链物流系统并发挥其功能的过程中，信息流居于主导地位。此时信息流具有信息量大、时效性强、主观性影响大、信息化水平要求高等特点。

物流信息是由生产到消费的物流活动而产生，与物流过程的各种活动，如由运输、保管、装卸、包装及配送等构成有机的结合体，对整个物流活动顺利进行起着举足轻重的作用。借助物流信息的传递与反馈，物流活动由多个单项零散作业，变成一项系统化作业，进而在降低企业运营成本的同时大大提高物流作业效率，缩短物品由供应地向接收地运送的时间。因此，物流活动离不开物流信息这一基本功能，物流信息在整个物流活动中起着不可替代的重要作用。物流信息也是区分现代物流与传统物流的重要标志，一个企业的物流信息化水平直接影响着整个企业的物流作业能力。

从狭义上讲，物流信息是指与物流活动有关的信息。

从广义上讲，物流信息不仅指与物流活动有关的信息，而且还包括与其他物流活动有关的信息，如商品交易信息和市场信息等。

在本书的研究中，物流信息被定义为伴随物流活动而产生的信息和在物流活动以外产生的但对物流有影响的信息，即物流信息是物流活动所必须的信息，是由物流活动引起并能反映物流活动实际状况、特征及发展变化，并被人们处理了的对物流有用的数据、情报、指令、消息的统称。

2.2.2 物流信息的主要内容

由于开展物流活动涉及面很广，因此物流信息的来源就较为丰富。首先是与商流的联系，由于货源大多来自商业购销部门，物流部门只有时刻掌握有关货源方面的信息，才能安排开展物流活动；其次是与交通运输部门的联系，除了汽车短途运输，运输工具由铁路、航运和港务等部门掌握，物流部门只有随时了解车、船等运输信息，才能使商品流通顺利进行；最后是运输市场和仓储市场的出现，物流部门还需学习国内外在物流管理方面的有益经验。由此可见，物流信息不仅量大，而且来源分散，物流企业更多更广地掌握物流信息，是开展物流活动的必要条件。物流信息的主要内容包括以下几方面。

1. 货源信息

货源的多少是决定物流活动规模大小的基本因素，它既是商流信息的主要内容，也是物流信息的主要内容。

货源信息一般包括以下几方面的内容。

（1）商业购销部门的商品流转计划和供销合同，以及提出的委托运输和存储的计划与合同。

（2）工业、农业生产部门自己销售量的统计和分析，以及提出的委托运输和存储计划与合同。

（3）社会性物资的运输量和储存量分析，以及提出的委托运输和存储计划与合同。

根据以上三方面货源信息的分析，如果物流企业掌握的货源信息大于物流设施的能力，那么一方面要充分发挥物流设施的使用效能，尽最大可能满足货主需要；另一方面，在制订物流计划和签订储运合同时，也可在充足的货源中作出对自己有利的选择。

反之，如果物流企业掌握的货源信息小于物流设施的能力，则要采取有力的措施，积极组织货源，以取得最大的经济效益。

2. 市场信息

市场信息是反映市场活动的消息、数据，是对市场上各种经济关系和经营活动的客观描述与真实反映，为了满足从宏观上进行决策的需要，物流企业还必须对市场动态进行分析，注意掌握有关的市场信息。市场是经常变化的，这些变化不仅会直接影响委托单位提出的运输计划和存储计划的准确性，而且这些变化必须引起物流企业宏观上的思考，以利于在制订远期计划时作出正确的决策。

市场信息是多方面的，就其反映的性质来看，主要有以下几个来源。

（1）货源信息，包括货源的分布、结构、供应能力。

（2）流通渠道的变化和竞争信息，这类信息多半是由市场人员获取的，市场人员的学识、经验在很大程度上决定了其获取信息的真实性及有效性。

（3）价格信息。

（4）运输信息。

（5）管理信息。

市场信息可以通过表象观察法、客户访谈法、业务代表闲聊法、导购汇报法等方式获取。

从广义上看，市场信息还包括行业信息和同行信息。随着运输市场和仓储市场的形成，物流行业发展迅猛，如城郊农村仓库发展迅速，社会托运行业的兴起，加上铁路、港务部门直接受理面的扩大等，这些行业的发展，不可避免地要吸引一部分货源。因此，了解市场上的行业信息对争取货源、决定竞争对策，同样具有重要意义。

通过对一些国外的同行信息进行了解，有利于企业对货源进行正确的分析。无论国内外，行业的经营都有一些共同的规律。例如，过去商业物流部门一般参照商业购销业务量的增长比例，来确定商品运输量的增长幅度，但前几年出现了购销量上升，而运输量下降的现象，这一现象是否属于正常现象，人们意见不一。查询国外相关统计，也有类似的情况，通过研究分析，原因在于商品在向高、精、尖方向发展，商品的价值成倍增长，商品却由于技术的进步变得日益轻巧。因此，在物流技术不断进步的情况下，无论是在货源组织、运量分析等方面，还是在实现物流设施现代化方面，经常掌握国外同行的有关信息，将成为物流信息管理的重要内容。

3. 运能信息

运输能力的强弱，对物流活动能否顺利开展，有着至关重要的影响。同时，运输条件的变化，如铁路、公路、航空运力的变化，也会使物流系统对运输工具和运输路线的选择发生变化。这些都会影响交货的及时性和费用是否增加，尤其是在我国物流运输长期处于短线的情况下。运能信息主要有以下几个方面。

（1）交通运输部门批准的运输月计划，包括追加、补充计划的可能性。

（2）具体的装车、装船日期；对接运商品，重点掌握运抵日期的预报和确报。

（3）运输业的运输能力，包括各地区地方船舶和车队的运输能力等。

运能信息对商品存储也有着直接的关系。有些待储商品是从外地运来的，要及时掌握到货的数量和日期，以助于安排仓位；有些库存是待运商品，更要密切注意运能动态。国家正在采取措施改变我国交通运输的紧张状态。了解今后交通运输的发展趋势和具体进度，对制订物流企业的远景规划和作出宏观决策十分必要。

4. 企业物流信息

从企业物流系统的角度来看，由于商品在系统内各环节流转，每个环节都会产生在本环节内有哪些商品、每种商品的性能、在本环节内某个时期可以向下一个环节输出多少商品，以及在本环节内某个时期需要上一个环节供应多少商品等信息，这些信息具有实时性、规模化、专业化、集成化和智能化等特点。因此企业物流系统的各子系统都会产生商品的动态信息。

从批发企业（或供应商）的角度来看，批发企业（或供应商）向零售企业物流系统发出发货通知。发货通知表明有哪些商品、有多少商品将要进入物流系统，所以批发企业（或供应商）也是物流信息产生的来源。因此批发企业（或供应商）也会产生商品的动态信息。

从零售企业的角度来看，零售企业产生的物流信息包括以下两方面。

（1）零售企业营销决策部门下达采购计划向物流系统传递物流信息。这部分信息包括需要采购哪些原来没有采购的商品、采购多少商品、哪些商品不必再采购，这是零售企业在商品经营策略上发生变化时产生的物流信息。

（2）零售企业物流系统产生的物流信息。这部分信息包括零售企业每种商品的库存量及需要由配送中心供应哪些商品、供应多少商品、什么时候供应。因此零售企业物流系统也会产生商品的动态信息。

5. 物流管理信息

企业要想加强物流管理实现物流系统化，是一项繁重的任务。管理者既要认真总结多年来物流活动的经验，又要虚心学习国内外同行对物流管理的研究成果。因此，企业要尽可能多地收集一些国内外有关物流管理方面的信息，包括物流企业、物流中心的配置、物流网络的组织，以及自动分拣系统、自动化仓库的使用情况等，并借鉴国内外有益的经验，不断提高物流管理水平。

2.2.3　物流信息的特征

1. 物流信息的经济特征

物流信息本身是一种商品，因此具有价值和使用价值。物流信息是物流工作者进行劳动服务的成果，因此具有价值，同时它又能够满足信息需求者的某种特定需求，因此具有使用价值。物流企业不应只把物流活动当作企业的利润之源，还应该通过合理利用物流信息的方式增加物流价值。例如，物流企业可以通过对物流活动进行实时跟踪满足客户对货物控制的需要，从而收取信息服务费。

物流信息可以作为一项生产要素投入物流生产中，以代替成本日益升高的劳动力。通过实现自动化控制、优化物流流程或减少工作岗位使生产函数曲线向内平移。物流产业作为一个规模产业、范围产业和速度产业，其收益水平不仅取决于物流量的大小和整合水平，也取决于物流业务功能和服务区域的覆盖率，还取决于物流作业周转运行的速度和质量，而这三者都可以通过引入信息技术机制得到很大改善，提高企业对物流的整合力、控制力和推动力。

物流信息在交易中起关键作用，可以减少企业获取信息和分析信息的成本。企业可以通过信息网络交易节约交易费用，而不是一味扩大企业的规模实现市场内部化。目前很多先进的物流企业实际上规模并不大，仓库、车辆和设备很少，但其先进的物流信息系统掌握了大量的物流信息，一旦有物流需求，这些物流企业就能够像在自己企业内部一样迅速调集各种资源，通过信息系统规划好的最优物流流程完成实体运作过程并且及时收集在这次物流运作中产生的各种数据流，经过整理分析，存储起来以充实自己的决策信息库，用于指导下一次的物流运作。

从经济学委托代理理论来看，信息技术还可以降低物流代理费用。目前很多企业寻求物流外包，信息技术在其中起到了关键性作用。完善的信息系统完全能够实时协调和监控第三方物流商的物流活动，进而降低物流风险。同时，第三方物流商利用信息技术与客户信息系统相连，不仅实现了物流信息的高度共享，也降低了自身的运作风险。

2. 物流信息的技术特征

物流各项活动的顺利有序完成离不开物流信息的指导、调节和支持，物流企业为了能够获得更多有价值的物流信息以指导企业生产实践，通常会对物流信息进行收集、整理、输出、存储等一系列信息处理作业。物流信息主要具备以下几方面的技术特征。

（1）物流信息具有沟通联系功能。现代物流系统是由多个行业、部门和众多企业构成的大经济系统，系统内部正是依靠各种物流信息建立起了立体多维的联系，沟通生产商、销售商、物流服务商和消费者，以满足各方的需要。可以说，物流信息是沟通物流活动各环节之间联系的桥梁。

（2）物流信息具有协调管理功能。在物流的各项活动中，不仅有信息的产生，同样也有物资、资金及当事人等信息的输入。物流信息随着物流、资金流的流动和物流活动当事人的行为等信息载体进入物流系统中，同时信息的反馈也随着信息载体反馈到物流系统的各个环节。依靠物流信息及其反馈作用，不但可以引导物流活动的优化，协调物资结构、平衡供需，协调人、物、资金等物流资源的配置，促进物流资源的整合和合理使用，还能够促使供应链的结构不断优化。

（3）物流信息具有管理控制功能。传统物流由于主要依靠人工完成物流信息的采集作业，因此物流信息的传递效率低，对整个物流活动的管理能力弱，导致物流作业成本高。而现代物流通过运用现代信息技术（如移动通信、互联网、电子数据交换、全球定位系统等）可以实现物流活动的电子化、自动化和智能化，通过对货物和运输车辆的实时跟踪、库存自动补货等，可以对物流运行全过程、物流服务质量和物流成本进行管理控制。

（4）物流信息具有辅助决策功能。众所周知，企业的重大决策必须建立在准确的数据分析基础上，而物流信息是制订决策方案的重要基础和关键依据。因为物流管理决策过程本身就是对物流信息进行深加工的过程，是对物流活动的发展变化规律认识的过程。物流信息可以协助物流管理者鉴别、评估物流战略或可选方案，如车辆调度、库存管理、流程设计和收益分析等都能在物流信息的帮助下作出科学决策。作为决策分析的延伸，通过对物流信息进一步地提炼和挖掘，企业可以为物流活动的长期发展方向制定更加精准的规划，并为经营战略提供有力的支持。

2.2.4　物流信息的分类

物流的分类有很多种，信息的分类更是多种多样，在处理物流信息和建立信息系统时，对物流信息进行分类是一项基础工作。物流信息有以下几种分类方式。

1. 按照信息领域进行分类

按信息产生和作用涉及的不同领域可将物流信息分成物流活动产生的信息和供物流使用的由其他信息源产生的信息两类。一般而言，在物流信息工作中，前一类是发布物流信息的主要信息源，其不但可以指导下一个物流循环，也可以作为经济领域的信息提供给社会。 后一类信息则是信息工作收集的对象，是其他经济领域或工业领域产生的对物流活动有作用的信息，主要用于指导物流。

2. 按照功能领域进行分类

物流各个不同的功能领域由于其活动性质的不同，信息内涵和特征也有所不同。按物流的不同功能领域对信息进行分类，物流信息包括仓储信息、运输信息、加工信息、包装信息、装卸信息等。对于某个功能领域还可以进一步细化，如将仓储信息分为入库信息、出库信息、库存信息、搬运信息等。

3. 按照信息环节进行分类

根据信息产生和作用的环节，物流信息可分为输入物流活动的信息和物流活动产生的信息。

4. 按照信息的作用进行分类

按照信息的作用可以将信息分为计划信息、控制及作业信息、统计信息和支持信息四类，下面对这四类信息作简要阐释。

（1）计划信息对物流活动有非常重要的战略意义，其原因在于掌握了计划信息，便可对物流活动本身进行战略思考。因此，计划信息往往是战略决策或大的业务决策不可缺少的依据。计划信息主要是指尚未实现的但已被当作目标确认的一类信息。

（2）控制及作业信息是掌握物流状况不可缺少的信息，其主要产生于物流活动过程中。这类信息都是上一阶段过程结果的信息，但并不是此项物流活动最终结束后的信息，其主要作用是用于控制和调整正在发生的物流活动和指导下一次即将发生的物流活动，以实现对物流过程和业务活动的控制。控制及作业信息主要包括库存种类、库存量、在运量、运输工具状况、物价、运费、投资在建情况、港口船舶到发情况等。这类信息的特点是动态性强、更新速度快、信息时效性强。

（3）统计信息有很强的战略价值，它的作用是正确掌握过去的物流活动及规律，以指导物流战略发展和制订计划。物流统计信息也是国民经济中非常重要的一类信息，其主要是指物流活动结束后，对整个物流活动的总结性、归纳性的信息。物流种类、运输方式、运输工具使用量、仓储量、装卸量，以及与物流有关的工农业产品产量等都属于这类信息。这种信息的特点是恒定不变，且有很强的资料性。虽然新的统计结果不断出现，使其从总体上看具有动态性，但是已产生的统计信息都是一个历史的结论，是恒定不变的。

（4）支持信息是指能对物流计划、业务、操作具有影响或与之有关的文化、科技、产品、法律、教育、民俗等方面的信息，如物流技术的革新、物流人才需求等。这些信息不仅对物流战略发展具有价值，而且也对物流过程的控制、操作起到指导和启发的作用，属于从整体上提高物流水平的一类信息。

5. 按照信息加工程度进行分类

物流空间之广泛、时间之长决定了信息发生源多且信息量大的特点。因此，信息量过大会导致人们难以吸纳、收集，无法从中洞察和区分有用信息与无用信息，以及无法有效利用信息，这种所谓的“信息爆炸”情况严重影响了信息系统的有效性。为此，需要对信息进行加工，按照加工程度的不同可以将信息分为原始信息和加工信息两类。

（1）原始信息是指未经加工的信息，是信息工作的基础，也是最具权威性的信息。一旦有需要，可从原始信息中找到真正的依据，原始信息是加工信息可靠性的保证。

（2）加工信息是对原始信息进行各个层次处理后的信息。这种信息是原始信息的提炼、简化和综合，它可以大大缩小信息存量，并将信息整理成有使用价值的数据和资料。加工信息需要各种加工手段，如分类、汇编、汇总、精选、制档、制表、制音像资料、制文献资料、制数据库等，同时还要制成各种指导使用的资料。

2.3　现代物流信息技术概述

现代物流信息技术是信息在物流领域应用的具体方式，是物流技术领域发展速度最快的技术。现代物流信息技术的应用产生了一系列新的物流服务理念和物流经营方式，推动物流领域的变革。

2.3.1　物流信息技术概述

当前我国物流信息技术发展迅速，尤其在冷链运输、海上运输等方面。随着 20 世纪 80 年代初微型计算机的引入，物流业发展迅速，信息技术被视为影响物流增长和发展的关键因素。通过使用计算机、通信、网络等技术手段，大大加快了物流信息的处理和传递速度，具体表现在物流信息的商业化、信息数据的计算机化、信息传递的标准化和实时化以及信息存储的数字化等。物流信息技术主要包括电子数据交换技术、计算机网络技术、智能标签技术、信息交换技术、数据库技术、数据仓库技术、数据挖掘技术、Web 技术、条形码与射频识别技术、地理信息技术和卫星导航技术等。在这些信息技术的支持下，形成了集移动通信、资源管理、监控调度管理、自动化仓储管理、业务管理、客户服务管理、财务管理等多种业务于一体的现代物流信息系统。

物流信息技术利用现代信息技术、信息平台、信息装备等，围绕物资的生产、采购、运输、储存、保管、分发、服务等物流全过程进行信息的采集、交换、传输和处理，实现物资的供应方、需求方、储存方等的有效协调和无缝连接，构造出高效率、高速度、低成本的物流供应链，从而达成全面满足经济发展的目的。

信息化的物流采取信息化管理的模式，利用自动化设备收集和处理商流、物流过程中产生的信息，对采集到的信息进行分析和挖掘，最大限度地利用有效信息对物流活动进行指导和管理，基于互联网的开放性，整个物流系统展现出了无限的开放性和拓展潜力。信息流贯穿于物流活动的始终，起到了事前测算流通路径、事中即时监控输送过程、事后反馈分析的作用，提高了物流运作效率和对市场反应的灵敏度，从而更好地满足客户需求，增强企业的核心竞争力。尤其是基于现代物流信息技术的物流管理信息系统的运用，为物流管理提供了良好的运作平台，极大地方便了物流信息的收集和传递，也降低了系统对单个节点的依赖性，使系统的抗风险能力明显增强。

物流信息化的建设包括以下三个层次的内容。

（1）物流管理信息系统在物流企业中的运用，如仓储管理系统、运输管理系统、订单管理系统和服务管理系统等。这些子系统的运用可以大大提高物流企业的作业效率，降低成本，并提高客户的满意程度。

（2）实现编码、网络、协议等基础设施的标准化建设。标准化是物流信息化开展的必要条件，要实现物流信息化就必须先解决标准化的问题。

（3）建立以供应链为基础的高效便利的物流信息服务平台，以实现信息资源的充分共享和交换。利用信息技术进行流程设计和优化，建立提供通信服务的通信平台、提供数据支持的数据平台、提供技术服务的技术平台和提供物流供求资源信息的服务平台等，这些都为物流企业进行业务流程再造提供了机制保障和数据基础，促进了现代化物流企业的建立，完善了物流产业的管理模式。

由于我国物流企业信息化建设的起步较晚，物流企业对物流信息技术的应用程度不高，物流信息技术的发展较为不平衡，物流企业信息化应用建设的整体水平也相对较低，使物流信息技术在物流行业中的应用较少，应用范围有限。例如，电子数据交换技术的应用在我国相对集中在进口企业和海关等部门，但在物流企业中还没有得到广泛的应用。随着物流信息技术在我国的逐步运用，我国物流行业将会得到极大的推动和发展。

2.3.2 关键物流信息技术

关键物流信息技术包括以下几方面。

1. 物流信息采集与识别技术

对于区块链技术而言，物流信息的采集与识别过程至关重要。在物流信息化系统的实施过程中，及时、准确地掌握货物在物流链中的相关信息是实现物流信息化的核心要求之一，物流数据信息能否实时、方便、准确地采集并且及时有效地进行信息传递，将直接影响整个物流系统的效率及物流信息化的发展。因此，数据即时采集和传递是物流信息化过程的重要组成部分。物流信息采集和识别技术主要包括条形码技术和无线射频识别技术。

（1）条形码技术。条形码技术是数据自动识读、自动输入计算机的重要方法和手段，它是以计算机技术和通信技术的发展为基础的综合性科学技术。条形码技术最早起源于 20 世纪 40 年代的美国，但直到 20 世纪 80 年代才开始在全球范围内得到广泛应用和发展。也恰是在这一时期，我国开始引入条形码技术，并在 20 世纪 80 年代中期逐步在全国范围内推广使用，主要应用于银行、邮政、连锁店等。1988 年年末，我国成立了“中国物品编码中心”。1991 年，随着我国出口商品的种类越来越多，为满足商品交易的需求，中国加入了国际物品编码协会，此后条形码技术在我国得到广泛应用。

所谓条形码，是由一组规则排列的条与空以及对应字符组成的标记。条形码的设计原理比较简单，即利用黑色和白色对光的反射率不同，条形码识读设备在读取条形码标记时产生的光信号也就存在显著差异，光电转换部件将不同的光信号转换成电脉冲，电脉冲再通过译码电路转换成计算机能够识别读取的二进制和千进制语言，最终形成了可以传输的电子信息。

条形码通常可分为一维条形码和二维条形码，一维条形码的使用技术已相当成熟，但一维条形码的信息容量低，使用前要先建立数据库，纠错能力较弱，因此在使用中其局限性也逐渐显现出来。为了进一步提升条形码的信息容量，20 世纪 80 年代末出现了二维条形码技术。二维条形码（简称“二维码”）是用某种特定的几何图形按一定规律在平面分布的黑白相间的图形中记录数据的符号信息。在代码编制上，二维码巧妙地利用构成计算机内部逻辑基础的“0”“1”比特流的概念，使用若干个与二进制相对应的几何形体来表示文字数值信息，通过图像输入设备或光电扫描设备自动识读实现对信息的自动处理。它具有条形码技术的一些共性特征，即每种码制有其特定的字符集，每个字符占有一定的宽度和具有一定的校验功能等。

二维条形码作为一种全新的识别技术，具有信息存储、信息识别和信息传递的功能。自出现之日起就受到了美国、德国等国家的关注，将其应用于政府、军事、税务、海关、邮政等重要部门。条形码符号技术研究已比较成熟。从外观上看，二维条形码与一维条形码存在显著差异，一维条形码仅在垂直方向上携带数据信息，而二维条形码能够在水平和垂直二维空间上存储信息，因此二维条形码的信息密度远大于一维条形码。除此之外，二维条形码的使用不需要事先建立数据库，就能够实现对商品的全部信息进行描述。而且二维条形码具有错误纠正机制，当二维条形码出现小范围的局部破损时，其内存储的信息仍然能够被读取。二维条形码已广泛应用于生产、生活的各个领域。

（2）无线射频识别技术。无线射频识别（Radio Frequency Identification，RFID）技术是 20 世纪 90 年代开始兴起的一种自动识别技术，是利用射频信号通过空间耦合（交变磁场或电磁场）实现无接触信息传递并通过传递的信息达到识别目的的技术。根据 RFID 技术应用的环境和使用目的的不同，其系统组成也不完全相同。通常来讲，受其系统工作原理影响，RFID 技术一般由四部分组成，即信号发射机（大多为标签的形式）、信号接收机、天线和编程器。RFID 技术应用非常广泛，特别适合非接触式数据采集、物料跟踪、自动化管理等场合。

RFID 技术与条形码技术相似，都能够准确、快速地识别和跟踪物品，但两者在信息写入、内存更新能力等方面存在显著差异。

（1）条形码的内存一旦确定便不能更改，而射频标签却可根据实际情况被多次修改、删除或写入内存，方便信息的更新。

（2）条形码是接触式识别，条形码和条形码扫描仪之间不能有障碍物阻隔，而射频标签不局限于视野之内，能够穿透非金属材质的物体，如纸张、木材等，实现无接触识别。

（3）条形码通常被印刷在纸制品或塑料制品上，容易受到水、油等的污染，而射频标签的数据信息存储在芯片中，具有较好的耐久性和抗污染能力。

（4）当有多个商品信息需要采集时，条形码扫描仪一次仅能采集一个商品信息，而无线射频识别系统的信号接收机能够同时完成多个射频标签的识读，实现快速采集多个商品信息的功能，显著提高了数据识别速度。

（5）RFID 技术的安全性要好于条形码技术，射频标签内能够设置密码保护，因此标签内的数据信息不容易被伪造。

基于上述优势，RFID 技术已在美国、日本、德国等发达国家日常商品的物流管理中得到广泛应用。早在 2004 年，全球著名的邮递和物流集团 DHL 就已在其物流中心淘汰了条形码扫描技术，转而使用 RFID 技术；美国快递公司 UPS 借助 RFID 技术完成包裹分拣和定位，大大提高了作业效率和企业管理水平。在我国物流相对发达的地区，RFID 技术在高速公路的自动收费系统、停车智能化管理、邮政包裹管理系统和集装箱识别系统等多个领域的应用也日益增多。

2. 电子数据交换技术

电子数据交换（Electronic Data Interchange，EDI）是指按照一套通用标准格式，将标准的信息通过通信网络传输，并在贸易伙伴的计算机系统之间进行数据交换和自动处理。具体而言，EDI 是一种利用计算机进行商务处理的新方法，它利用计算机的数据处理与通信功能，将交易双方彼此往来的商业文档（如询价单或订货单等）转换成标准格式，并通过通信网络传输给对方，因此 EDI 也被称为“无纸交易”。

EDI 技术将传统的需要通过邮件、快递或传真实现两个组织之间的信息交流的方式，转换为通过电子数据实现。通过电子数据交换，信息传输速度远快于传统方法，实现了不同企业之间信息的实时传递。通过电子数据交换，可以提高企业的内部生产率、外部生产率和竞争力，改善渠道关系、降低作业成本。EDI 作业流程如图 2.1 所示。

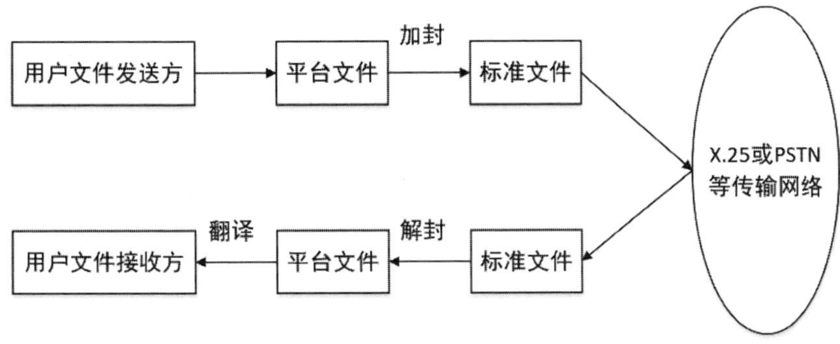

图 2.1 EDI 作业流程

近年来，EDI 在物流领域中得到广泛应用，我国许多大型外贸公司、大型生产企业以及海关等部门都已成功安装各自的 EDI 系统，并通过 EDI 系统进行物流数据交换，实现物流作业过程的快速、高效运作。

3. 物流空间信息技术

物流空间信息技术主要包括卫星导航系统、地理信息系统（Geographic Information System，GIS）等，它作为处理与物流空间信息相关的多源信息技术，已成为现代物流信息技术的重要组成部分。

（1）卫星导航系统。卫星导航系统以全球定位系统（Global Positioning System，GPS）为代表。GPS 是由一系列卫星组成的，能利用导航卫星进行测时和测距进而计算出地球上任何地方的用户所处的方位，能 24 小时提供高精度的世界范围的定位和导航信息的系统。当前我国的卫星导航系统主要以北斗卫星导航系统为代表。在国际上，美国为了能够给军队提供更精准的定位服务，耗费巨资并投入大量的人力、物力，于 1994 年完成 GPS 的建设工作，并将这一系统首先应用于军事领域。在国内，2020 年 7 月 31 日，北斗三号全球卫星导航系统正式启用。北斗三号全球卫星导航系统可以为用户提供短报文通信、自动驾驶、国土测量等功能。根据 GPS 的基本工作原理，其系统主要由空间部分、地面监控部分和用户设备部分三大模块组成。

第一部分是空间部分，即为分布在太空中的 GPS 卫星星座，这一部分包括 21 颗工作卫星和 3 颗在轨备用卫星。这 24 颗卫星平均分布在 6 个轨道平面上，主要作用包括接收并存储发自地面监控站的导航信息，利用星载高精度原子钟提供精密时间标准，进行必要的数据处理和向用户播发定位数据信息等。

第二部分是地面监控部分，这部分是用户使用 GPS 进行导航和定位的基础。该部分由一个主控站、三个信息注入站和五个监测站组成，其核心功能是确保太空中的 GPS 卫星星座能够拥有一致的时间标准。

第三部分是用户设备部分。该部分由信号接收机硬件、装载运行程序的机内软件和 GPS 数据处理软件包组成，是支持用户实现 GPS 各项功能的基础。

目前，全世界范围内应用最多的导航定位设备就是 GPS。这一系统不仅定位精度高、观测时间短、执行操作简便，而且功能多、用途广，不受天气情况影响，能够实现全球 24 小时作业。由于 GPS 具有诸多优点，因而该系统已渗透到国民经济的各个领域，特别是对现代物流业具有无法替代的作用。例如，在货物运输中，物流企业常常借助 GPS 实现对运输车辆的调度指挥、跟踪管理、路线规划及导航、报警等功能。可以说，GPS 的广泛应用极大地推动了现代物流业的发展。

（2）地理信息系统（GIS）。GIS 是以地理空间数据为基础，采用地理模型分析方法，实时地提供多种空间的和动态的地理信息，是一种收集、处理、传播、存储、管理、查询、分析、表达和应用地理信息的计算机系统。GIS 问世于 20 世纪 50 年代，是一门综合性的技术，随着计算机技术的快速发展已应用于多个领域。GIS 通常由五个基本部分构成，即计算机硬件、应用软件、数据、用户和方法，这五个部分都有其不可替代的作用，彼此相互联系组成一个完整的应用系统。物流管理中 GIS 的应用主要是利用 GIS 强大的地理数据功能完善物流分析技术。

计算机中的图像数据大多以表格的形式呈现，而 GIS 最主要的作用是能够把抽象的表格型数据用地理图像的方式呈现出来，方便用户浏览和分析显示结果。GIS 技术已广泛应用于农业、国土资源、林业、军事等领域，几乎涵盖了所有的行业。一般来讲，集成 GIS 的智能系统具有如下功能。

第一，优化车辆和运输路线。在物流配送中心，常常需要将货物配送到多个指定地点，即“一起对多终”的运输模式。借助 GIS 技术，能够帮助配送中心的工作人员确定需要使用多少运输车辆，确定每辆车的最佳运输路线，进而实现降低物流运营成本，优化企业管理的目的。

第二，优化节点间配送。在现代物流作业中，不仅有“一起对多终”的运输模式，“多起对多终”的运输模式也很常见，即物品由多个仓库发出，运往多个目的站。在这种运输模式下，因为每个目的站的货品需求量不同，所以可借助 GIS 技术帮助现场工作人员确定由哪个仓库送往哪个目的站所用费用最低。

第三，分配集合功能。大型物流企业常常有多个物流集散中心，为保证企业效益最大化，企业的各个配送中心组成的配送网络必须覆盖整个地区。在这种情况下，企业管理者可借助 GIS 技术完成配送中心的选址规划工作，并保证每个配送中心服务的客户数目大体相当。

第四，节点选择功能。在既定的区域范围内，物流企业通常需要确定一个或几个物流节点，GIS 技术能够辅助企业管理者完成节点选择工作，并确定每个节点的规模和节点间的流量，以实现在满足供需关系的前提下经济效益最佳。

4. 物流信息处理技术

物流信息处理技术主要包括数据仓库技术、数据挖掘技术和分布式数据库技术。其中，数据仓库技术能够对大量的数据进行抽取与查询，在物流信息处理系统中发挥着重要的作用，是物流信息处理技术的核心。

（1）数据仓库技术。数据仓库（Data Warehouse，DW/DWH）是为企业所有级别的决策制订过程，提供所有类型数据支持的战略集合。它是单个数据存储，出于分析性报告和决策支持目的而创建。为需要业务智能化的企业，提供指导业务流程改进、监视时间、控制成本、提高产品质量等服务。

在物流行业中，数据仓库技术主要解决数据的提取、集成及数据的性能优化等问题。通过对数据进行集成化收集和处理，数据仓库可以不断地对信息系统中的数据进行整理，为决策者提供决策支持。

（2）数据挖掘技术。数据挖掘的实际工作是对大规模数据进行自动或半自动的分析，以提取过去未知的有价值的潜在信息，如数据的分组（通过聚类分析挖掘）、数据的异常记录（通过异常检测挖掘）和数据之间的关系（通过关联式规则挖掘）。

在物流行业中，数据挖掘技术通常与数据仓库技术相结合，它可以从数据仓库或其他的数据库中提取隐藏的预测性信息，并能够挖掘出数据间潜在的联系，找出有价值的信息。最后通过综合数据可视化和统计分析技术，使这些信息和决策过程成为一个有机整体，从而有效地提高系统的决策支持能力。

（3）分布式数据库技术。分布式数据库技术是分布式技术与数据库技术的结合，分布式数据库系统通常使用较小的计算机系统，每台计算机都分散在计算机网络的各个节点上，具有数据的分布性和数据库的协调性两大特点。每台计算机中都可能有数据库管理系统的一份完整副本，或者部分副本，并具有自己局部的数据库，位于不同地点的许多计算机通过网络互相连接，共同组成一个完整的、全局的、逻辑上集中、物理上分布的大型数据库。

在物流行业中，由于物流过程中的信息流动是跨企业和跨地区进行的，物流信息系统必须实现跨地区的信息实时传输，应用分布式数据库技术可以实现数据的分布式存储和管理，有效解决因物流信息系统数据量大而造成用户访问数据库的困扰问题。

5. 物流信息服务技术

物流信息服务技术主要为物流信息集成、物流信息共享和物流信息平台的构建提供服务。基于集成技术的物流管理信息系统的集成过程模式，物流信息服务中运用到的相关技术包括网格技术、可扩展标记语言（Extensible Markup Language，XML）技术、Web Service 技术等，以实现信息数据的集成性、完整性、一致性，以及安全访问性。

（1）网格技术。网格实际上是一个集成的计算与资源环境（也叫“计算资源池”）。网格能充分吸纳各种软硬件计算资源，并将它们转换为可方便利用的计算能力。数据网格主要解决在数据密集型计算应用中如何方便、高效地使用分布式数据资源，如何从地理分布的各种异构资源中获取数据，并通过地域分布的协作和处理，从数据源中获取有用信息。网格技术将信息集成作为其主要目标，因此在进行面向物流的多源异构数据的集成和操作时，需要更多地关注网格技术的相关发展。

（2）XML 技术。XML 是一种用于标记电子文件使其具有结构性的标记语言。XML 具有很强的数据描述和数据传输能力，因此其开放性很强。XML 允许用户创建自己的标记语言，因此可以集成来自不同数据源的数据，可以将多个应用程序生成的数据保存在同一个 XML 文件中，实现面向物流的异构数据源的数据集成。

（3）Web Service 技术。Web Service 是一个平台独立的、低耦合的、自包含的、基于可编程的 Web 的应用程序，可使用开放的 XML 标准描述、发布、发现、协调和配置这些应用程序，用于开发分布式的交互操作的应用程序。

通过 Web Service 技术，可以在不修改原有系统的条件下对物流行业的异构系统进行集成。在物流行业的信息集成过程中，可以通过集成平台将原有的 Web Service 技术集成进来，也可以由集成平台提供新的 Web Service，以供用户使用。

2.3.3 物流信息管理系统

物流信息管理系统以物流过程为特定的对象，把物流和物流信息结合成一个有机的系统。这个系统用各种方式收集和输入物流计划、业务、统计的各种有关数据，经过有针对性、有目的性的计算机处理，即根据管理工作的要求，采用特定的软件技术，将原始数据进行处理后输出对管理工作有用的信息。

从整个物流行业的角度看，物流活动以物流企业为中心进行展开，涉及物流企业与运输设备之间的信息交换、对物流设备进行管理，以及与用户进行信息交流，并从政府相关部门或物流枢纽获取信息支撑。物流信息管理系统就其所适用的应用范围，主要包含以下系统。

1. 仓储管理系统

仓储管理系统主要提供一整套仓储业务和作业管理，实现储位分配自动化和智能化，提高仓储作业效率和速度，提供准确的库存信息，并使之与实际库存变化同步。

2. 运输管理系统

运输管理系统是物流信息管理系统的重要子系统，该系统提供以下功能：

（1）运输资源管理，包括车辆、驾驶员，以及允许的运输范围和线路资源等。

（2）运输成本管理，包括单车营运成本的管理。

（3）运输计划管理，包括生成运输计划、运输执行命令系统等。

（4）装载优化，提供优化的装载计划，使车辆车型的使用和搭配达到最优。

（5）路径和站点顺序优化，提供合理的站点顺序和优化的路径路线引导。

3. 订单管理系统

订单管理系统的主要功能是通过统一订单为用户提供整合的一站式供应链服务，这一做法的提出是基于单一功能的物流企业已经不再适应现代物流环境的激烈竞争。国际化跨国物流企业正通过并购航空公司、船运码头和航空港，并充分利用其完整的物流服务资源为客户提供更加高效和便利的物流服务，从而提高物流市场的占有份额，而单一功能的物流服务企业在这种市场环境中将沦为补充服务提供商或被并购的对象。对于第三方物流公司，订单管理和订单跟踪管理能够确保用户享受到全程满意的物流服务，同时，这种服务是透明的，也是稳定和可靠的。

4. 服务管理系统

服务管理系统是在物流系统具有峰值服务量并发的基础上提出的，其功能是通过对服务进行地区、时间的分类和分析，平衡作业资源，使服务资源能够承担更大的业务挑战。

2.3.4 物流信息技术的应用现状

现代物流信息技术通过借助计算机准时、精确和高效率的特点对物流信息进行处理及加工，使运输、仓储、包装、装卸、搬运和流通加工等成为物流活动的主体，并将它们结合在一起统一协调，建立相应的运输管理信息系统、仓储管理信息系统、配送管理信息系统和供应链管理信息系统，从而实现动态运输、自动仓储、智能配送，提高物流效率，降低物流成本，实现最佳的经济效益。下面主要从运输、仓储、配送及供应链等方面说明现代物流信息技术的应用现状。

1. 运输管理信息技术的应用

运输业务是现代物流系统中的核心环节，可以为商品创造空间效用，使商品潜在的使用价值成为可以满足社会消费需要的现实使用价值，利用信息技术提高运输资源管理效率，有助于提高物流活动整体运作效率。

信息技术在物流运输方面的应用主要体现在对车辆及其他移动或固定运输设备的管理现代化，使用的技术主要有 RFID 技术、空间信息技术（GPS 和 GIS）等。其中，RFID 技术的应用主要体现为在途货物的监控、运输车辆的自动收费及运输工具的识别。GPS、GIS 和无线通信技术的结合，使运行在不同地方的运输设备变得透明而且可以控制。通过 GPS 技术可以获取实时的道路信息，并计算出最佳物流路径，给运输设备导航，减少运行时间，降低运行费用。利用 GPS 和 GIS 技术可以实时掌握运输设备的基本信息，并对运输设备进行远程控制，有效避免运输设备的空载现象。

2. 仓储管理信息技术的应用

物流仓储是现代物流系统中的关键环节，在连接、中转、存放、保管等环节发挥着重要作用。信息技术在仓储方面的应用主要集中在采用信息采集与识别技术（如条形码技术、RFID 技术）和电子数据交换技术（EDI 技术）进行库存、出 / 入库管理和数据资源交换与共享方面。条形码技术最早就是应用在仓储管理中，它贯穿了整个仓储管理的始终。RFID 技术可以利用读写器获取货物相关信息，并通过电子标签监控货物存放状态，使货物的登记变得自动化，实现快速提货和取货。EDI 是一种数据交换技术，供应链中各个节点通过 EDI 技术共享信息资源，对于仓储业务来说可以大大降低进货作业的出错率，节省进货商品检验的时间和成本，迅速核对订货与到货的数据，易于发现差错。

3. 配送管理信息技术的应用

配送是物流中一种特殊的、综合的活动形式，它集装卸、包装、仓储、运输活动于一身，将商流和物流紧密结合，通过一系列活动完成将货物送达的目的。配送的主体活动与一般物流不同，一般物流是运输和保管，而配送则是运输和分拣配货，分拣配货是配送的独特要求。目前，条形码和 RFID 技术在分拣中运用比较成熟，在分拣作业中，条形码标签包含了货物的全部信息，通过扫描条形码将货物分类并输送到不同的发货区，使拣货更加迅速、准确。RFID 技术通过电子标签进行出库品种和数量的标示，从而代替传统的纸张拣货单，提高拣货效率。

4. 供应链管理信息技术的应用

供应链管理中的物流信息技术有很多种，其中核心的技术主要包括条形码技术、RFID 技术、EDI 技术、GPS 技术和 GIS 技术。企业可以通过条形码技术随时了解有关产品在供应链上的位置，并及时作出反应，借助 RFID 技术可以实时追踪供应链上的产品，消除供应链体系各个环节上的人工错误，进而提高供应链的透明度。企业借助 EDI 技术可以提高供应链体系中各个对象之间的通信效率，从而促进对客户响应速度的提升，实现供应链上下游信息资源共享，降低整个供应链上信息传递的“牛鞭效应”。GPS 在货物配送领域应用较多，如运输路线的选择、仓库位置的选择、仓库容量设置、运输车辆的调度等都可以通过运用 GPS 的导航、车辆跟踪、信息查询和交通管理等功能进行有效的管理和决策分析，可以帮助企业提高资源利用效率。此外，企业借助 GIS 可以随时调出任何区域的电子地图，查询所有的商业信息和相关地理信息，同时还可以通过 GIS 进行决策管理中的选址和资源分配，提高供应链企业的集成度，使各成员企业的资源得到充分的利用和共享，加强了供应链的整体优势。

2.3.5　物流信息技术应用存在的问题

尽管我国一些优秀的大型物流企业已经走到了信息化的前列，但是需求明确、系统先进的物流企业比例较低，国外物流企业中普遍采用的计算机辅助决策等方面的应用在国内的物流企业中应用较少。很多物流企业的信息化建设的重点还主要集中在基础网络建设及应用软件系统建设的初级阶段。至于业务流程和操作的优化，如集中采购、集中库存及大型配送中心的计算机管理发展尚不完善，从观念到设施还停留在传统运输和仓储的层面上。我国物流信息化发展中仍存在不少问题，主要表现为技术标准缺乏，创新体系不完善，应用领域不广、层次偏低、运营模式不成熟等。本书将从以下几个方面具体说明我国物流信息技术应用存在的问题。

1. 物流信息系统标准混乱

标准混乱是当前我国物流信息技术应用面对的主要问题，对我国与国际接轨造成了一定的阻碍。一般来说，信息技术可以打破时间和地点的障碍，产生标准的壁垒，信息系统将物流各个环节有机结合，成为一个整体，在现代物流中发挥了核心作用。信息系统间的标准化有利于物流企业信息系统之间数据和信息的交换与共享，标准化主要包括物流信息本身的标准化，LIS 的结构、接口和基本模块的统一性。企业建立信息系统大多从自身条件和需求出发，由不同的互联网公司依据不同的标准进行开发，因此会造成各个信息系统标准混乱，主要表现在以下几个方面。

（1）采用不同的数据格式、使用不同的数据库及选择不同的数据协议等，物流相关系统间无法进行通信、信息共享和数据交换，各企业数据库相对独立且封闭。

（2）网络的设计、优化缺乏基础理论的指导，信息量少、实用性小且共享性差。

（3）我国自主知识产权的信息系统还处在模仿和学习的阶段，国内信息系统开发商的理论基础和开发能力与国际同行存在较大差距，在产品成熟度、功能性和系统方面有所欠缺。

随着物流服务范围的不断扩大，企业业务流程和业务模式的变革，信息系统越来越复杂，物流信息系统的标准化变得迫切和重要。

2. 公共物流信息平台建设滞后

物流业务运作涉及与众多部门的协调，如交通、工商、税务、海关、检验、检疫、银行和保险等，公共物流信息平台通过对共用信息（如物流枢纽货物跟踪信息、政府部门间的公共信息等）进行收集、分析和处理，为物流信息系统的各种功能（如车辆调度、货物跟踪及运输计划制订等）提供支持，促进各相关部门的信息沟通，以及为政府提供宏观决策的支持。

平台按服务区域的不同可分为地方性物流信息平台和全国性物流信息平台，按运营方性质的不同可分为主体自身运营的信息平台和第三方信息平台。公共物流信息平台作为一个相对较新的概念，目前还处于起步阶段，存在的问题主要有以下几个方面。

（1）整体规模偏小，效率偏低，尚不能及时有效地提供各种优质物流信息服务，存在小、散、乱等现象。此外，已经建立起的信息平台覆盖范围较为局限，不同的信息平台间不能互联互通、资源共享。

（2）公共物流信息平台建设缺少诚信体系，缺少科学合理的运营模式和现代物流管理的理念。

公共物流信息平台是连接企业、物流节点、顾客和消费者的信息纽带，物流企业能借助信息平台，提供多样化、个性化的服务，整合相关的物流信息，提高配送的可靠性、准确性和顾客的配合度，提高服务效率。公共物流信息平台可以为企业提供单个企业无法完成的基础资料的收集，以及对其进行加工处理的功能。

我国物流业迫切需要建设一批公共物流信息平台，通过平台整合现有资源，利用平台对行业资源实现共享，发挥整体优势，从根本上改善行业的现状。

3. 法律法规建设不足

目前我国缺乏专门针对物流的法律规范，物流活动的法律规范分散在其他相关法律法规中。物流方面的法律规范多表现为部门规章、政府规范性文件、地方性法规及各企业的标准规范等。此外，我国物流业条块分割严重，没有形成统一的物流市场，管理层次较多，地方保护严重。

鉴于此，我国亟须完善对物流信息服务领域的法律法规体系，明确市场准入、企业资质、服务标准以及各参与方的法律责任。同时，应加强对政务性、公益性和商业性信息平台的收费管理与监督，对平台的信息安全与操作授权管理等问题给予明确规定，并通过法律法规的建立健全推动打破各地各部门界限，建立统一的物流市场，为物流信息服务提供一个规范、有序的发展环境。

4. 信息技术应用能力薄弱

我国企业信息技术应用能力薄弱主要体现在以下几个方面。

（1）花费大量资金进行信息技术的投入，但只将其用于处理普通事务，信息技术的应用与业务管理脱节。

（2）物流信息系统功能不完善，已建立的信息系统主要应用于仓储管理、财务管理、运输管理和订单管理等。系统大多停留在基本应用阶段，深度应用不足。

（3）企业网站主要用于企业宣传、信息发布、内部通信和基础应用等，电子商务平台的比例相对较少。

5. 缺乏信息技术人才

我国物流业企业不仅缺乏信息管理以及专门从事网络维护方面的技术人员，熟悉物流管理且精通信息技术的复合型人才更为紧缺。信息技术人才缺乏的原因主要体现在以下几个方面。

（1）我国物流业起步较晚，在人才培养方面，尚未形成相对完整的教育体系。传统的高校教育侧重于应 试和专一性，忽略了实践和综合型人才的培养。另外，职业教育、委托培训的方式也比较贫乏。

（2）近年来，我国物流业进入快速发展阶段，企业间的竞争日益激烈，对人才的需求急剧上升。

（3）随着信息技术应用不断深入，从业人员需要具备更广泛的知识结构和不断提升的业务技能。过去那些仅熟悉单一领域或单一环节业务知识和管理的人才，已不能适应企业发展的要求。

（4）企业对信息技术人才的需求不断增加，一些企业采取高薪加高额奖金等优厚的聘用方式，吸引有经验的信息技术人才。

人才短板的存在使企业即使引进了先进的信息技术设备，也不能转换为企业的竞争优势，提高企业绩效。

2.4 小　　结

本章主要对现代物流信息技术进行了介绍。第 2.1 节对现代物流的概念进行了界定，通过对比现代物流和传统物流，指出能否对物流信息技术进行有效应用是传统物流和现代物流的最主要区别。第 2.2 节阐述了物流信息的含义及内容，对物流信息的经济特征和技术特征进行了探究，并从不同方面对物流信息进行了分类。第 2.3 节对物流信息技术的概念和内容进行了简要的介绍，从关键的物流信息技术和物流信息管理系统两个方面对主要的现代物流信息技术进行了分析。最后结合实际，对我国物流信息技术应用的整体现状和存在的问题进行了总结与展望。

本书同时参考苏春玲（2006）、王喜富（2013）、刘志学（2001）、姚科敏（2006）、张宗成（2006）、于宝琴（2012）、陈章跃（2008）、米志强（2010）、王世文（2006）、李春艳（2012）、韦银（2012）、杨波（2002）等作者关于现代物流信息技术、物流信息化和物流管理信息系统的总结，吸取各位学者的观点，帮助读者更加全面地了解现代物流。

第 3 章　区块链技术在物流领域的应用

本章要点

1. 了解中国物流业发展现状。
2. 了解现代物流国内外研究现状，包括研究现状、发展趋势以及发展过程中存在的问题。
3. 认识区块链技术在现代物流领域的应用情况。

● 引例

IBM 与马士基（Maersk）携手共建新型业务生态：TradeLens 平台

马士基作为全球最大的集装箱航运公司，一直关注如何运用创新技术变革和优化其航运线路中的流程，来进一步提高企业自身的竞争力，降低成本提升效率，从而为客户带来更好的物流体验。IBM 与马士基的合作由来已久，双方共同致力于实现这一目标。然而，全球贸易和航运物流的复杂度太高，每条航线都面临众多的买方卖方、供应商、第三方物流、港口监管、金融机构等网络参与方，想要通过集中化平台解决航运物流面临的问题是非常困难的。TradeLens 平台经过 IBM 与马士基几年的实践，通过区块链平台构建，在 2018 年年底正式商用，目前有超过 100 多个生态系统合作伙伴，旨在促进更高效、更安全的全球贸易，支持信息共享和透明度，并推动整个行业进行创新。

TradeLens 是马士基与 IBM 签署的合作协议的产物，为构建数字供应链奠定基础，该网络支持多个贸易伙伴开展合作，如发布和订阅事件数据，以便在不影响细节、隐私或其他保密权益的前提下制作统一的共享交易视图。TradeLens 支持参与国际贸易的多个利益相关方开展数字合作。托运方、海运承运人、货运代理人、港口和码头运营商、内陆运输商、海关当局及其他利益相关方均可实时访问运输数据和运输单证（包括物联网和传感器数据），从而更高效地进行互动合作。

TradeLens 正在建立由生态系统参与方组成的行业顾问委员会，帮助管理不断发展的网络，塑造平台并推行开放标准。该网络正与联合国贸易便利化和电子商务中心（UN/CEFACT）等机构以及相关行业组织密切合作，帮助确保互操作性。在未来阶段，第三方可以构建应用并将其部署到 TradeLens 市场中，为网络成员带来新的价值。

[**资料来源：** 马世韬 . 区块链在物流业的实践方法和案例分析——区块链在物流业的应用与发展连载之四 [J]. 物流技术与应用 ,2018,23(12):184–187.]

思考题： TradeLens 的优势在哪里？区块链在 TradeLens 平台的设计中做了哪些事情？简单阐述 TradeLens 平台的发展展望。

3.1　中国物流业发展现状

1. 中国是全球物流大国

历经几十年发展，物流业现已成为国民经济的重要支柱产业和现代服务业的重要组成部分，并且中国的物流市场规模已连续 7 年位居全球第一。根据中国物流与采购联合会的资料，2022 年我国社会物流总额达到 347.6 万亿元，2023 年我国物流需求规模再创新高，社会物流总额达到 352.4 万亿元。物流业作为一个重要的基础性和战略性产业，对经济发展起到了支撑作用。

在规模快速扩张的同时，我国物流总体能力有明显提升。从物流总额的构成情况来看，2023 年我国工业品物流总额超过 310 万亿元，占比超过 88%；其次是进口物流总额为 18 万亿元，占比 5.1%；其他领域的物流总额相对较小。2015—2023 年，我国社会物流总费用与 GDP（Gross Domestic Product，国内生产总值）的比率整体呈波动下降趋势，具体比率为 14.4%，反映出 GDP 必需的物流成本在下降。

2. 物流市场开放程度高

改革开放之初，跨国物流企业就开始进入中国。20 世纪八九十年代，先后有联邦快递、敦豪、天地物流、联合包裹、马士基等跨国物流企业在中国建立合资企业。中国加入 WTO（World Trade Organization，世界贸易组织）后，物流业进一步扩大开放。2014 年 9 月，中国全面开放国内包裹快递市场，向符合许可条件的外资快递企业，按核定业务范围和经营地域发放经营许可。自 2006 年起，外资企业在中国可自行设立分销网络，独立经营物流业务。凭借规模、资金、技术和管理等优势，跨国物流企业已从原先主要以合资为主逐步走向独资，从单一业务走向综合物流业务，从集中于中心城市物流业务向构筑全国性物流网络展开。例如，联邦快递在广州白云机场设立亚太转运中心，联合包裹在香港、上海、深圳设立航空转运中心，天地物流在上海、北京、香港设立微型转运枢纽。开放的中国物流市场成为世界物流市场的重要组成部分，成为跨国企业竞逐的焦点。在引进外资企业的同时，国内物流企业国际化也迈出步伐，加大了开拓国际物流业务和海外布局布点的力度。

3. 物流业发展不平衡

当前我国物流业面临的一大问题在于物流业发展不平衡，部分商品仅江、浙、沪等地区包邮可能是未来一段时间的常态。受经济、生产力、基础设施、市场化程度、信息化水平、需求等因素的影响，中国物流业呈现东部发展快、中西部发展慢、城市物流相对发达、农村物流滞后且水平低的局面。从社会物流总额的绝对值构成情况来看，工业品物流总额占社会物流总额的比重从 2001 年的 82.8% 增长到 2023 年的超过 88%，工业物流在国民经济发展中占据主导地位，是推动社会物流总额增长的主要动力。与消费市场紧密连接、竞争激烈、技术水平要求较高的家电、日用化工、烟草、医药、汽车、连锁零售和电子商务等行业物流需求旺盛，特别是快递业呈现超高速发展的趋势，而居于产业链上游、资本密集型的农产品与农资、钢材、煤炭、矿石等大宗物资物流发展相对滞后。

4. 物流市场主体呈多元化趋势

国内物流已经形成多种所有制并存、多元主体竞争、多层次服务共生的格局。从所有制看，国有、民营和外资三足鼎立；从需求看，既有民生需求，也有来自农、工、商等产业的需求；从提供主体看，既有传统企业，也有专业化企业和新兴企业。在近些年物流业重要性日益凸显的态势下，社会资本纷纷进入物流领域。服务产品和服务模式日趋呈现多样性，供应链、平台、联盟、线上到线下（Online TO Offline，O2O）、众筹等多种经营模式加快发展；服务空间分布上有同城、区域、全国、跨境等多种类型；服务时限上有限时达、当日递、次晨达、次日递等多种类别。物流企业不断开拓业务范围，开展代收货款、上门取件、代客报关、代客仓储、代上保险、签单返回等时效业务和增值服务，同时冷链、跨境包裹、社区代收货、智能快递箱、校园快递、农村快递等新兴和专业化业务不断涌现，物流业与电子商务交叉渗透融合进程加快。物流服务竞争方式日趋多样化、差异化，竞争形态发生了很大变化，电商物流、快递快运、物流地产、冷链物流、航空物流、物联网等细分市场成为投资关注点。

3.2 现代物流国内外研究现状

在21世纪，世界经济形势的走向面临更多的不确定因素，经济全球化和区域经济一体化的趋势更加明显。现代物流业作为经济领域的“黑大陆”及“第三方利润源”，在整个经济结构中的地位越来越重要，引起了国内外学术界和产业界的普遍关注，并成为大量研究的焦点。

3.2.1 国外研究现状及发展趋势分析

1. 国外研究现状

近10多年来，西方物流理论发展迅速，并不断地跟随社会经济发展需要进行创新，提出和研究了一些新的理论问题，如精益物流、绿色物流和逆向物流等，把环保、可持续发展等经济理念带到了物流理论的研究领域。接下来将分类介绍当前国外物流业的研究现状。

（1）运输物流。运输在物流活动中占有非常重要的地位，运输方式的选择会直接影响到物流成本的高低。在运输物流方面，国外非常重视由传统单一的运输方式向多式联运转变的研究，多式联运是运输过程中两种或两种以上的运输方式相互连接和传递，共同完成运输任务。美国多式联运研究起步比较早，2003年便首次提出将多式联运作为一门独立的学科进行研究，其认为在多式联运中，公路运输与铁路运输要尽量实现时刻同步，以完成不中断、无缝的运输，转运时要提高效率，协调各个运输部门、环节间的合作。美国的研究者还从运营商的角度研究多式联运，其中主要的运营商包括短途运输公司、车站 / 港口操作方、网络运营商、多式联运经营人。

欧洲运输白皮书分析指出，多式联运将发展成为一个独立的行业，成为支撑欧洲经济增长、增强欧洲全球竞争力的有力工具。白皮书还提到，未来的多式联运网将会由许多子网组合而成，每个子网设有中心站，并通过铁路或深水港码头实现无缝连接。届时，整个欧洲的铁路网将趋于完善，港口货物主要通过铁路和驳船进行集疏运，公路运输只占很小一部分。多重运输方式的内陆枢纽站将为铁路、公路和内河运输之间的转运提供高效服务，相似的枢纽同样存在于空港，为航空与公路、铁路之间的高效转运提供高效服务。

（2）仓储物流。由于国外对物流的重视程度较高，仓储物流业因此得到了较长时间的发展，与之相关的理论与实践研究成果也较为丰富。一方面，国外在仓储设施选址方面通过建立数学模型解决物流管理中的选址问题；另一方面，国外对仓库设置中需要考虑的影响因素也进行了大量的研究分析。在仓储技术上，关于自动化立体仓库及其仓储管理信息系统的研究较多，也比较深入。美国学者主要研究了自动化立体仓库的控制、货位存储优化、建模、仿真及 RFID、Barcode 在立体仓库仓储管理系统中的应用。

（3）配送物流。国外在物流以及物流配送研究方面起步相对较早，目前已经取得显著成就。自 20 世纪 60 年代起，美国开始重视货物配送的合理化的研究。为了提高流通领域的作业效率，美国学者将重点放在了配送中心的研究及信息技术在配送领域的应用上，他们致力于组建多功能化、信息化的配送中心，并将实现实时配送作为研究的重点与趋势。由连锁店共同组建的配送中心，包括批发型、零售型（如沃尔玛公司）、仓储型（如福来明公司），有利于促进连锁店效益的增长。通过将信息技术引入配送领域，对装卸、搬运、保管实行标准化操作，美国物流配送作业的效率得到了显著提高。

美国物流企业的物流配送模式如图 3.1 所示。

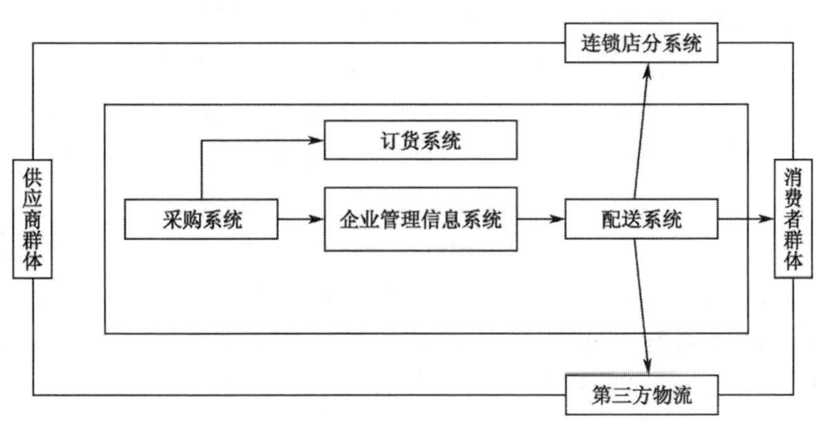

图 3.1　美国物流企业的物流配送模式

在 20 世纪 60 年代，日本从欧美等地引进物流相关的技术，通过多年的努力，日本物流业取得了突飞猛进的发展。由于日本的人口密度大、商业网点多、大小超市及其连锁店星罗棋布，但城市交通拥挤、堵车现象严重，为了保证货物配送的及时性并降低运输费用，日本学者在配送管理、汽车装车、外包管理等方面加强了研究并开发了相关软件。此外，日本的配送企业也非常重视研究探索物流实时配送的新技术和新方法，不断提高物流服务质量、降低物流成本，以增强在市场中的核心竞争力。

（4）第三方物流（第 X 方物流）。自 20 世纪以来，国外许多学者对物流理论进行了深入的研究，对第三方物流理论及运作方式的发展提供了理论基础，主要包括第三方利润源、物流冰山说、黑暗大陆说、效益背反说、成本中心说、利润中心说、服务中心说和战略说等理论学说。

日本早稻田大学的西泽修教授提出了“第三方利润源”理论。他认为，从历史发展的角度来看，人类历史上曾经有过两个大量提供利润的领域：第一个是资源领域，第二个是人力领域。同时，西泽修在研究物流成本时发现，现行的财务会计制度和会计核算方法都无法准确掌握物流费用的实际情况。因此，人们对物流费用的了解存在很大的空白，甚至有很多虚假的信息。他把这种情况比喻为“物流冰山”。

著名的“管理学大师”德鲁克曾经讲过：“流通是经济领域里的黑暗大陆。”德鲁克泛指的是流通。但由于流通领域中物流活动的模糊性尤其突出，是流通领域中人们更无法认清的领域，所以“黑暗大陆说”现在转向主要针对物流而言。“黑暗大陆说”是对物流本身的正确评价，是指这个领域未知的东西还很多，理论和实践皆不成熟。

“效益背反”是物流领域中的普遍现象，是这一领域中内部矛盾的反映和表现。“效益背反”是指物流的若干功能要素之间存在着损益的矛盾，即某一个功能要素得到优化并产生利益时，必然会导致另一个或另几个功能要素的利益损失；反之亦然。

“成本中心说”是指在整个企业战略中，物流只对企业营销活动的成本产生影响，物流是企业成本重要的产生点。因此，解决物流问题并不是为了进行合理化、现代化，也不是为了支持保障其他活动，而是为了通过物流管理和物流的一系列活动降低成本。与“成本中心说”相对，“利润中心说”是指物流可以为企业提供大量直接和间接的利润，是形成企业经营利润的主要活动。另外，“服务中心说”代表了美国和欧洲等一些国家学者对物流的认识，这种说法认为，物流活动最大的作用并不在于为企业降低成本或增加利润，而是在于提高企业对用户的服务水平，进而提高企业的竞争能力。因此，他们在使用描述物流的词汇上选择了“后勤”一词，特别强调其服务保障的职能，通过物流的服务保障，企业以其整体能力来压缩成本以增加利润。

“战略说”是当前非常盛行的说法，越来越多的人逐渐认识到，物流更具有战略性，是企业发展的战略而不是一项具体任务。物流不仅关乎企业各个环节的合理运作，更会影响企业总体的生存和发展。将物流和企业的生存与发展直接联系起来的“战略说”的提出，对促进物流的发展具有重要意义。企业追求的不是物流一时一事的效益，而是着眼于总体，着眼于长远，把物流本身的战略性发展提到议事日程上来。战略性的规划、战略性的投资和战略性的技术开发是近些年促进物流现代化发展的重要原因。

伴随着现代信息网络技术的日益完善和世界运输业的自由化，作为物流业的新兴领域，第三方物流逐渐发展成为现代物流业的主体，在全球物流市场上已占据很大份额，成为现代物流业发展水平的标志和代表。与此同时，第三方物流理论的研究也进入新的阶段，先后有许多学者对第三方物流的概念、特征、存在的意义以及服务的类型等进行了十分有意义的探索。

（5）精益物流。精益物流是运用精益思想对物流活动进行管理，从顾客的角度而不是从企业或职能部门的角度来研究什么可以产生价值，从系统的角度按整个价值流确定供应、生产和配送产品所有必需的步骤与活动，创造无中断、无绕道、无等待、无回流的增值活动流，及时创造仅由顾客拉动的价值，不断消除浪费，追求完善的物流活动。

用针对顾客服务的 7R 标准，即正确的产品（Right Product）、正确的数量（Right Quantity）、正确的质量（Right Quality）、正确的时间（Right Time）、正确的地点（Right Place）、正确的条件（Right Londition）、正确的成本（Right Cost）来给精益物流下定义，即上游供应商应该在合适的时间和合适的场所，以合适的价格和合适的方式，向合适的顾客提供合适的物流服务，使顾客的个性化需求得到满足，价值得到提高。

“精益物流”这个新型概念源自“精益理念”在物流理论中的分析与应用，而“精益理念”则源自美国麻省理工学院教授詹姆斯和丹尼尔 1990 年所著的《改变世界的机器》一书，以及他们后来合著的《精益思考》中的研究成果。它的核心思想是从客户的角度出发，消除物流中的非增值消耗，开发出新的产品，进而提高客户的满意度。

1）精益物流思想理论。精益物流思想旨在通过消除浪费来追求完美的循环路线，以此提升客户价值。终端客户不应该承担供应网络中因为流程浪费导致的成本、时间和质量方面的损失。精益物流以客户需求为中心，致力于提供准时、精确、快速且高效的物流服务。精益物流的基本原理如图 3.2 所示。

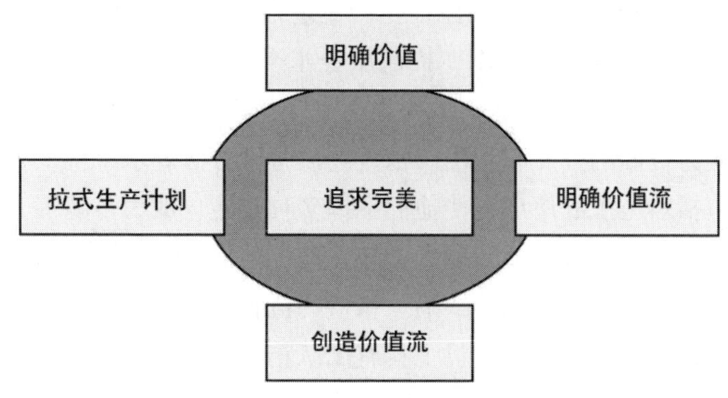

图 3.2　精益物流的基本原理

①明确价值。明确价值需要从客户的角度出发。从最终客户的角度来看，随着原材料逐渐从初级原材料变成最终客户购买的产成品，其价值也随着供应网络逐渐得以增加。另外，从营销和销售的角度来看，波特的价值链概念认为：有两种活动会影响客户的价值，第一种是将原材料转变为产成品，然后对其进行分配、销售和服务的主要价值活动；第二种是主要活动必需的支持活动，如产品设计、制造和配送流程。

②明确价值流。精益物流思想的含义在于，识别价值流即在价值流中找到哪些是真正增值的活动，哪些是可以立即去除的不增值的活动。精益物流思想将所有业务过程中消耗了资源却不增值的活动定义为浪费，而明确价值流的目的就是发现并消除这些浪费。

③创造价值流。精益物流思想要求将创造价值的各个活动步骤流动起来，强调的是不间断的“流动”。实际上“价值流”这一概念本身就蕴含“动”的含义，但是由于根深蒂固的传统观念和做法，如部门间的分工、大批量生产等，阻断了本应流动起来的价值流。精益物流思想将所有停滞作为企业的浪费，用持续改进、单件流等方法在任何批量生产条件下创造价值的连续流动。

④拉式生产计划。拉式生产计划只对客户（或下一个流程）发出的需要更多产品的信号作出响应。它的潜在假设是需求信息在供应链中是可获得的。该计划强调，只要有可能，就应从生产中供应产品，而不是从仓库中提货；同时，企业应尽可能利用客户订单，而不是依赖预测。

2）精益物流管理成功的条件。

①严格拉动的概念。精益物流管理方法严格按照拉动的概念，以最终需求为起点，由后道作业向前道作业按看板所示信息提取材料（商品），前道作业按看板所示信息进行补充生产。在生产流程的安排上，要求生产制造过程（可推广到整个供应链）保持平准化，即保证生产制造过程的安定化、标准化和同步化。这样，不仅可以满足顾客的需求，提高服务水平，而且可以实现低水平的库存，降低成本。

②重视人力资源的开发和利用。精益物流管理方法要求重视人力资源的开发和利用，这包括对员工的培训，使他们掌握多种技能，成为多能工。同时，该方法要求赋予作业现场员工处理问题的责任，确保他们不会将不良品移送给下一道作业，确保产品的质量，做到零缺陷。精益物流管理方法还追求从局部优化到系统优化的转变，要求企业的所有员工具有团队精神，共同协作解决问题，共同致力于不断改善和革新，打造一支高效的团队。

③小批量生产。小批量生产的优势在于能减少制品库存、降低成本、节约库

存空间、易于现场管理，当发生质量问题时，容易查找和重新加工。在生产进度安排上允许有一定的弹性，可按需求进行调整，能对市场需求的变化及时、迅速地作出反应。同时，小批量生产要求在变换产品组合时，生产线的切换程序要简便化和标准化，进而加快生产切换速度，为此要求供应商能小批量、频繁、及时供货。

④与供应商建立长期可靠的合作伙伴关系。精益物流管理方法要求供应商在需要的时间提供需要的数量，进一步要求供应商能对订货的变化及时、迅速地作反应，要具有弹性。因此，必须选择少数优秀的供应商，并与他们建立长期可靠的合作伙伴关系，分享信息情报，共同协作解决问题。从“分蛋糕”到一起“做蛋糕”，实现合作伙伴间的双赢。

⑤高效率、低成本的物流运输方式。精益物流管理方法要求高效率、低成本的物流运输方式，要求供应商小批量、频繁运送。但小批量、频繁运送将增加运输成本，为了降低运输成本，精益物流管理方法要求积极寻找集装机会。进货集装运送是指把来自多个供应商的小批量货物集中起来作为一个运输单位进行运送的方法，这样不仅可以保证按时交货，而且可以节约运输成本。另外，还需要采用使小批量物品的快速装卸变得容易的设备。

（6）逆向物流。随着经济的发展和物流业的壮大，简单的废弃物处理方式已经无法满足物资流通的需求。为了更高效地解决废弃物处理问题并节约资源，理论界逐渐从最初的废弃物治理到将部分废弃物分类分拣并返回生产部门重新利用，从而形成了逆向物流理论。

所谓逆向物流，是指在企业物流过程中，某些物资因失去了明显的使用价值而被当作废弃物准备抛弃，但这些物资中还存在的潜在使用价值使其可以被再利用。因此，企业应为这些物资设计一个回流系统，使具有再利用价值的物品回归到正规的企业物流中来。逆向物流包含正向物流中的各项活动，但以相反的方向运作。它涉及的范围很广，不仅包括废旧产品或包装的回收利用，还包括生产过程中废品和副产品的回收利用，缺陷产品的召回或维修退回处理，以及由于产品过时、过期、不合格、错发、多发等原因引起的退货处理。

逆向物流是物品在渠道成员间的反向传递过程，即从产品消费地到产品来源地的物理性流动。正向物流和逆向物流共同构成了一个闭环的供应链系统。企业通过这一过程中的物料再循环和再利用，使其在环境管理方面取得了更有成效的结果。

逆向物流网络结构如图 3.3 所示。

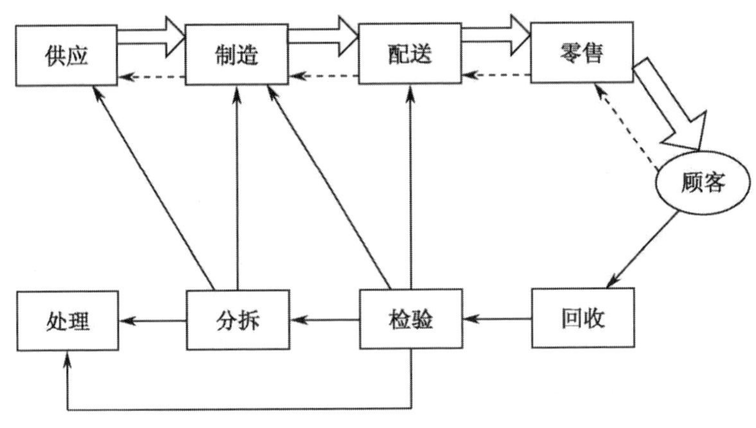

图 3.3　逆向物流网络结构

→表示递向物流；-→表示退货递向物流；⇨表示正向物流

“逆向物流”的概念最早是由詹姆士提出的。他在 1992 年给美国物流管理协会的一份研究报告中指出：逆向物流是一种包含了产品退回、物料替代、物品再利用、废弃处理、再处理、维修与再制造等流程的物流活动。此后，逆向物流研究在欧美国家受到了理论界和实业界人士的广泛重视，其中有影响的学者包括罗杰斯、蒂贝·兰勃格、瑞劳格、斯托克、考皮克等。在众多研究成果中，最具代表性的是由斯托克撰写的《逆向物流》和《逆向物流计划的制订与实施》这两部著作。它们针对产品缺损、过期、发货差错、以旧换新或其他原因造成的反向流动过程，比较系统地探讨了逆向物流的理论问题。

（7）绿色物流。1987 年，世界环境与发展委员会发表了名为《我们共同的未来》的研究报告。报告认为：为了实现长期、持续、稳定的发展，就必须采取各种措施来维护自然环境。环境共生型的物流就是要改变原有的经济发展与物流、消费生活与物流的单向作用关系，在抑制物流对环境造成危害的同时，形成一种能够促进经济发展和人类健康发展的物流系统，即向绿色的物流、循环型物流转变。1994 年，著名的物流专家詹姆斯·考帕教授在实证研究的基础上，通过对库存策略、运输工具的选择以及 JIT（Just-in-Time，适时制）战略的分析，进一步探讨了绿色物流的重要性。

（8）供应链物流。供应链的基本概念可以理解为：企业从原材料和零部件采购、运输、加工制造、分销，直至最终将产品送到顾客手中的这一过程，被看作一根环环相扣的链条，这就是供应链。供应链的概念是从扩大的生产概念发展而来的，它将企业的生产活动进行了前伸和后延。例如，日本丰田公司的精益协作方式中，就将供应商的活动视为生产活动的有机组成部分而加以控制和协调，这就是前伸。而后延则是指将生产活动延伸至产品的销售和服务阶段。因此，供应链就是通过计划、获得、存储、分销、服务等这样一些活动，在顾客和供应商之间形成的一种衔接机制，从而使企业能满足内外部顾客的需求。供应链与市场学中销售渠道的概念既有联系也有区别。供应链涵盖了产品到达顾客手中之前所有参与供应、生产、分配和销售的公司和企业，因此其定义包含了销售渠道的概念。供应链对上游的供应者（供应活动）、中间的生产者（制造活动）和运输商（储存运输活动）及下游的消费者（分销活动）都给予同样的重视。供应链体系结构模型如图 3.4 所示。

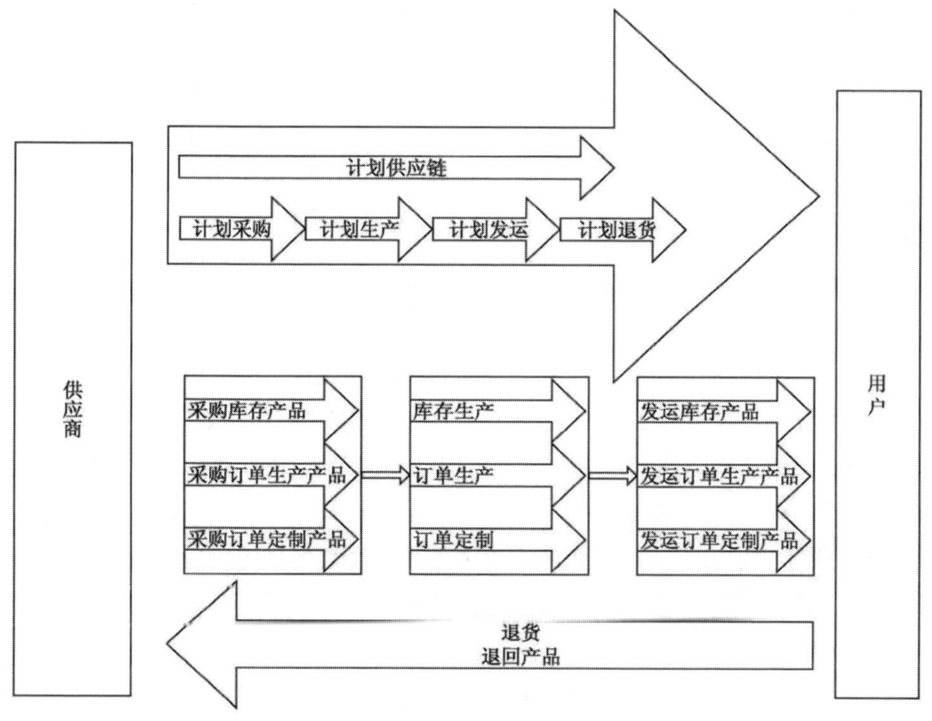

图 3.4　供应链体系结构模型

在国外，许多专家学者对供应链物流理论、基于供应链的库存控制理论、物流供应链中的价值链理论及其相关技术方面进行了大量的研究。1983 年和 1984 年发表在《哈佛商业评论》上的两篇论文开创了供应链研究的先河，但也只是首先使用了“供应管理”这个说法,并没有给出其明确的定义。供应链管理（Supply Chain Management，SCM）的概念最早源于美国学者迈克尔· 波特在 1980 年出版的《竞争的优势》一书中提出的“价值链”思想。迈克尔· 波特是第一个提出企业价值链思想的人，约翰· 沙恩克和菲· 哥芬达拉加则对价值链的概念进行了扩展。他们认为，任何公司的价值链包括价值生产作业的整个过程，这个过程从最初的供应商手里得到原材料开始，一直到将最终产品送到用户手中结束。此后，迈克尔·波特在其《竞争战略：工业与竞争者分析技术》一书中又对价值链进行了重新定义，即它是一系列连续的价值创造作业，从基本的原材料开始，经过供应商、生产者，一直到消费者使用的和在运输途中的最终产品。供应链是价值链的一种主要表现形式，供应链的概念被提出来以后，供应链管理的思想在各个行业迅速普及开来。Lee 等（1997）提出了“牛鞭效应”，并提出建议和对策——通过改善供应链中的沟通、加强教育、实现信息共享、进行渠道整合、优化库存管理与合理定价，来提高运作效率。

供应链是一个包括供应商、制造商、销售商在内的企业网络系统，涉及物流、资金流和信息流，美国及欧洲的许多国家（如爱尔兰、荷兰、德国等）的学术机构和企业界也积极开展与供应链管理相关技术的研究，研究能够使多个公司像一个公司一样有效地运作的供应链技术。Supply Logic 总裁提出了供应链发展的 4 个阶段：第 1 个阶段是供应管理；第 2 个阶段是供应链管理；第 3 个阶段是供应链集成管理；第 4 个阶段是需求 / 供应网络协同。

管理科学界著名学者塞尔柱库·埃仁古克（S.Selcuk Erenguc）提出了供应链发展的 4 个方向：第一，供应链中供应、制造、销售 3 个环节具有相当丰富的研究内容，如重新评估传统多级库存问题、对比全局最优解和局部最优解，以建立更为有效的供应链；第二，供应链中所有环节的库存管理决策的集成化方法；第三，供应链中信息共享及其作为生产运作标准的问题；第四，供应链中供应、制造、销售 3 个环节的集成化模型问题，这是供应链中极其重要的研究领域。

到目前为止，人们已经对生产销售模型和动态领域中的供应链模型等进行了研究，但也仅是做了一些初步工作。著名供应链管理专家马丁·克里斯多夫曾经预言：“21 世纪的竞争将不是单个企业之间的竞争，而是供应链与供应链之间的竞争。”“市场上将只有供应链而没有企业。”这预示着 21 世纪的市场竞争将从企业之间的竞争上升到更高层次的“扩展的企业”——供应链之间的竞争。1983 年，在联邦德国举行的第四次国际物流大会提出了“物流一体化”的概念；1985 年，在日本举行的第五次国际物流大会再一次重点强调了物流一体化的思想，特别是采购、需求、配送和库存管理的一体化，这包括运输网络合理化、共同的物资代码和数据库的创新，以及配送和库存管理能力的集中安排等；1997 年，在北京举行的亚太国际物流会议上，日本专家介绍了经济发达国家已经广泛采用的物流一体化管理的情况，这种管理涵盖了从原材料采购到生产、产品销售、售后服务，直到产品回收的整个物流过程的管理，而不仅仅是从产品出厂开始的运输、保管、装卸和包装的过程。

概括而言，物流一体化涉及预测顾客的愿望和需求，获取满足这些愿望和需求必需的资金、物资、人员、技术和信息，优化实现顾客需求的商品或服务的生产网络，利用这些网络及时地实现顾客需求。

2. 国外物流发展趋势

随着现代化信息技术的日益完善以及网络经济的发展，国外对物流领域的研究逐渐侧重于对供应链物流的精益化管理、物流系统运作的高效化实施以及物流业务过程的实时化控制。本书总结了国外物流发展趋势，指出其逐渐将重点转移到以下几个方面。

（1）规模化专业物流与共同配送。国外专业物流企业是伴随制造厂商经营取向的变革应运而生的。由于制造厂商为迎合消费者日益精致化、个性化的产品需求，而采取多样、少量的生产方式，因此高频度、小批量的配送需求也随之产生。目前，在美国、日本等发达国家，专业物流服务已形成规模。共同配送是经过长期的发展和探索而优化出的一种追求合理化配送的物流形式，它在美国、日本等发达国家被广泛采用，并产生了较大的影响。这种物流形式对提高物流效率、降低物流成本具有重要意义。

（2）现代化装备技术与管理水平。目前，发达国家已经形成以信息技术为核心，以运输技术、配送技术、装卸搬运技术、自动化仓储技术、库存控制技术、包装技术等专业技术为支撑的现代化物流装备技术格局。其发展趋势主要表现为信息化、自动化、智能化和集成化。其中，高新技术在物流运输业的应用与发展中表现尤为突出。

（3）重点化绿色物流。21 世纪对物流的环保提出了新的要求，绿色物流应运而生。绿色物流主要包含两个方面：一是对物流系统污染进行控制，即在物流系统和物流活动的规划与决策中尽量采用对环境污染小的方案，如采用排污量小的货车车型进行近距离配送，以及选择夜间运货以减少交通堵塞、节省燃料和降低排放等；二是建立工业和生活废料处理的物流系统。发达国家政府还在污染发生源、交通量、交通流三个方面制定了相关政策，形成倡导绿色物流的对策系统。

3.2.2　国内研究现状及问题分析

1. 国内研究现状

我国引入物流概念相对较晚，对物流的研究大多集中在物流运作的单个功能模块上，而且聚焦于流通领域，对物流领域的研究仍在进一步深入中。

随着近年来网络经济的发展和电子商务的普及，大批新型物流企业、物流中心、物流园区等如雨后春笋般不断涌现，中国物流理论的研究领域也发生了巨大的变化，众多学者们结合中国现阶段的具体情况提出了一些具有中国特色的物流理论，这些理论研究不但分析了中国现代物流的本质，也对中国物流业的实践给予了及时、有效的指导。同时，中央和各级政府也加大了对物流业发展的推进和指导力度，现代物流理论研究、学术交流、技术和产品展示交易、人才培养和业务培训等各类活动空前活跃，标志着中国现代物流进入了快速发展阶段。

（1）物流系统和供应链集成研究。物流系统是指由两个或两个以上的物流功能单元构成，以完成物流服务为目的的有机集合体。它具体表现为在一定的时间和空间里，由所需输送的物料及与之相关的设备、输送工具、仓储设备、人员和通信联系等若干相互制约的动态要素共同构成的具有特定功能的有机整体。物流系统的“输入”是指包括采购、运输、储存、流通加工、装卸、搬运、包装、销售、物流信息处理等环节的劳务、设备、材料、资源等，由外部环境向系统内部提供的过程。中国企业物流系统结构如图 3.5 所示。

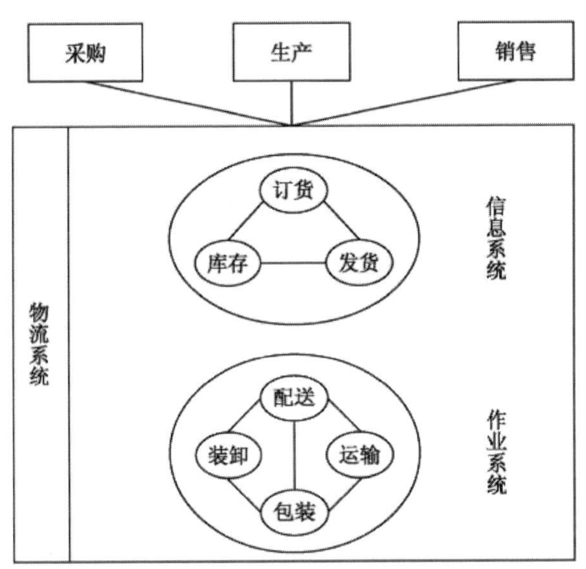

图 3.5　中国企业物流系统结构

应用系统思想来分析和研究物流问题并非始于今日，但《物流系统论》的贡献在于，它将物流作为一个理论学科，置于系统论框架中进行研究，使读者能够通过对物流的要素和结构分析来了解物流的作用与功能，理解物流作为一个产业的概念，并重点论述了“要素集成化”作为物流系统论的核心原理。在此基础上，有学者通过建立“区域物流系统动力学模型”，把这种系统放在了一个区域范围内进行了实证分析和研究，如有的学者将研究视角放在了供应链与物流管理的结合点上，从企业的产业链静态层面及物流、信息流和价值流等动态层面，分析集成供应链的形成；有的学者把企业内外部物流集成化作为中国当今企业发展的新模式，推动了物流管理功能独立的组织形式和职能的集成化；还有的学者根据供应链涉及的研发、资源、制造、物流、信息和决策 6 个柔性子系统关系，研究建立了供应链柔性系统集成模型。此外，《物流一体化理论与方法研究——物流业务流程重组》一文通过对中国物流案例的实证性分析，揭示了物流一体化具有社会性和技术性的双重本质，指出物流管理信息系统的发展方向是基于业务流程重组的管理信息系统，从而丰富了物流一体化重组理论。物流一体化包括三种形式：垂直一体化物流、水平一体化物流和物流网络。不仅如此，为了推进供应链管理的边界研究，有学者提出实现“产品和服务与顾客的需求实现无缝连接，从而提高企业的柔性以及顾客价值”。

（2）物流战略研究。对物流战略的研究主要集中在三个角度：一是从货主物流需求的角度，研究即时物流战略、协同或一体化物流战略和高度化物流战略。二是从竞争优势的角度进行战略选择，探讨物流战略的内容对竞争战略的影响及物流战略的选择问题。在这个问题上，有的研究认为战略选择可以直接导致物流模式的差异，因此物流战略的选择往往决定了物流模式的选择；有的研究专门针对中国第三方物流存在的问题，提出了精益物流、价值链联盟、虚拟化战略三种可供选择的第三方物流企业发展战略；还有的深入研究了第三方物流战略的形成动机，认为它是“核心能力和资源外取理论的一种衍生形式”。三是从理论应用的角度，从物流与商贸流通的关系入手，研究区域性商贸流通现代化进程的物流跨越式、社会化、一体化、集成化和专业化发展战略及其规划和选择。有学者进一步提出，通过培育中国物流企业的核心能力，用品牌战略构建中国物流业的竞争战略。

（3）物流组织模式研究。价值链的形成和发展不仅改变了传统企业内部间的组织结构，也改变了产业间的关系和结构，产生了第三方、第四方物流组织。以第四方物流为核心，对提供物流服务的各个机构，尤其是第三方物流公司，进行整合，使其在数量上和质量上的服务能力都得到显著提升，解决单独依靠一家企业或第三方物流机构无法完成的问题。因此，物流联盟这一组织形式应运而生。物流联盟是介于独立的企业与市场交易关系之间的一种组织形态，是企业间由于自身某些方面发展的需要而形成的相对稳定、长期的契约关系。物流联盟是以物流为合作基础的企业战略联盟，是指两个或多个企业之间为了实现自己的物流战略目标，通过各种协议、契约而结成的优势互补、风险共担、利益共享的松散型网络组织。这种物流组织模式的塔形演化方式如图 3.6 所示。

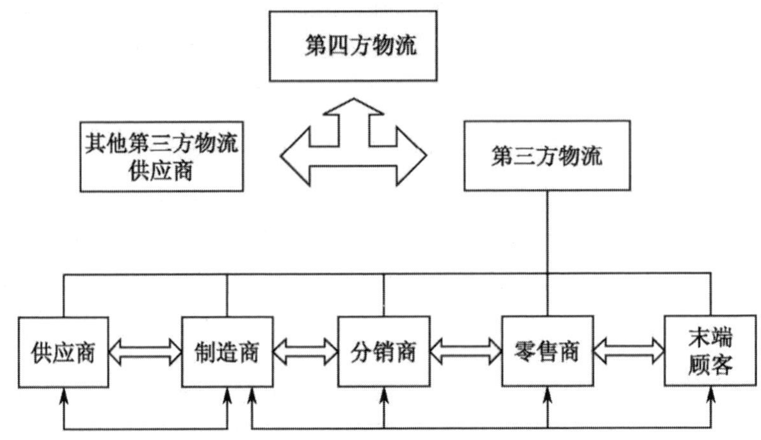

图 3.6　物流组织模式的塔形演化方式

《物流联盟形成机理研究》一文在论证物流联盟是节约交易费用的基础上，提出物流联盟也是有效利用组织和市场双重优势的一种创新观点，揭示了物流联盟的形成机理。而《现代物流业形成发展机理与推进策略研究》一文则认为，物流联盟是交易双方在物流领域的战略合作中主动进行的一种有组织的市场交易，物流联盟在交易费用方面的针对性和效果超出一般的"双边规制"。因此，交易协调的"三方规制"在物流领域的应用就是第三方物流，联盟企业双方在相互合作、组织协调交易的同时，仍然可以保持各自的相对独立性。物流联盟是一个利用组织和市场进行有效交易的组织，但它是不是一个克服市场失灵和组织失灵的制度安排，还值得进一步研究。

（4）第三方物流（Third-Party Logistics，TPL）理论研究。中国学者对第三方物流的研究主要集中在三个方面：一是从第三方物流运作研究的角度入手，研究第三方物流决策的进一步改进问题、引入服务竞争力的第三方物流决策模型的改进问题、企业第三方物流的采用与企业竞争力问题以及供应链管理环境下第三方物流企业的评价选择问题等；二是从电子商务的"瓶颈"出发，研究在电子商务环境下如何开展物流管理，从而引申对第三方物流的研究，电子商务条件下的第三方物流配送模式包括集货配送模式、散货配送模式、综合配送模式；三是从第三方物流运作研究的内容来看，骆温平在其编著的《第三方物流——理论、操作与案例》一书中，介绍了物流与第三方物流的基础理论，分析了国外第三方物流的成功经验，详细阐述了物流服务的操作技术部分，包括物流港口的设计与投标、物流服务项目的监管、现代仓储与物流中心的建设及第三方物流的合同等，还介绍了国内外成功的第三方物流案例。郝聚民则从战略的角度，排除了一般的运输、仓储、配送等基本物流管理内容，而重点关注第三方物流服务产品的设计、第三方物流的营销管理、第三方物流的客户服务及第三方物流的组织设计等问题。

（5）供应链管理研究。进入 21 世纪，企业之间的竞争不再是单个企业的竞争，而是供应链与供应链之间的竞争。竞争方式的改变使供应链管理成为近些年来的研究热点，供应链管理的研究成果将对物流的发展产生巨大的影响。目前，关于供应链管理方面的研究主要表现在：供应链管理综述与体系构建、供应链风险、供应链契约与竞合博弈及供应链成本及绩效管理等方面。

1）供应链管理综述与体系构建主要从绿色供应链、金融供应链及供应链集成的角度研究了供应链体系的现状、体系构建与发展策略等，主要研究内容如下。

①从综述角度对全球供应链管理理论的流派、供应链建模方法、国家自然科学基金在供应链管理研究领域的资助情况等进行了分析。

②供应链体系构建方面的研究指出我国绿色供应链管理的理论和实践都处于起步阶段，存在许多制约因素，并结合国内外的相关实践和理论研究探讨了金融供应链管理体系。

③供应链集成研究，构建了组织一体化的供应链集成过程模型。

2）供应链风险。从供应链风险传导模式、风险评估、风险控制等方面研究了供应链的风险问题。在供应链风险传导模式的研究中，以供应链风险的传递方向为依据，提出了供应链风险的 5 种传导模式及各自的特征。在供应链风险评估方面，提出了一种案例模糊推理的方法；在供应链风险控制方面，建立了供应链风险预警指标体系及评估模型，构建了基于风险的企业成本控制模型，以对供应链合作风险进行优化。在未来的供应链风险研究中，应提高供应链风险模型的实用性，更加关注供应链网络模式下的风险管理的研究。

3）供应链契约与竞合博弈。研究的内容主要集中在以下几个方面：一是运用基础资源论、网络组织理论、委托代理理论、权力理论以及标尺竞争理论诠释了供应链竞合关系的缘起；二是研究了供应链合作伙伴的收益分配协调机制和多级供应链竞合博弈协调模型，根据博弈理论，提出了基于制造商共享契约前后的收益分配模型、多级供应链竞合博弈协调模型，并探讨了闭环供应链协调、逆向供应链的演化博弈等问题；三是从供应链协作关系层面出发，提出了描述动态供应链协作信任的阶段理论模型。

4）供应链成本及绩效管理。主要研究了供应链的成本构成、影响因素及其成本控制方法，探讨了对供应链企业的绩效管理和评估，建立了供应链绩效评价的遗传算法，这些研究成果对改善并提升供应链的竞争能力具有一定的价值。

2. 中国物流业发展存在的主要问题

从各个发展阶段来看，中国物流业发展虽然取得了一定成绩，但总体而言，中国物流业发展尚处于初级阶段，物流业的总体水平仍然偏低，主要表现在以下几个方面。

（1）发展物流业的基础设施建设有待提高。中国的物流基础设施建设能力不足，虽然某些省份内部物流设施建设有所发展，但就全国而言，尚未建立起布局合理、衔接顺畅、能力充分、高效便捷、协调并进的初级综合交通运输体系。物流基础设施投资不仅总量上呈现不足，而且地区之间、行业之间、仓储与运输之间以及不同运输手段之间的配套性、兼容性较差，特别是物流园区建设、物流技术装备等能力有待加强，因为落后的基础设施已经不能满足经济发展对不断增长的物流服务的需求。

（2）发展物流业的技术装备总体水平偏低。中国的物流技术装备总体水平较为落后，传统物流业仍占据一定的地位，物流服务的组织化水平和经营的集约化程度不高。目前中国的交通运输和仓储的现代化水平还不够高，配送中心、集装箱运输、散货运输等发展相对缓慢，导致商品在物流过程中的破损率高，流通费用较大；各种运输方式之间装备标准不统一，物流器具标准不配套，物流包装标准与物流设施标准之间缺乏有效的衔接，这些问题在一定程度上延缓了物流机械化和自动化水平的提高；同时，企业物流信息管理水平和技术手段比较落后，缺乏必要的公共物流信息平台，从而制约了物流运行效率和服务质量的提高。

（3）现代物流人才缺乏。目前，中国人才培养还无法完全满足物流业发展的需要，在一定程度上阻碍了物流业的发展与先进经验的学习。由于物流行业融合了管理学、营销学、信息技术、货运代理、国际贸易、交通运输等多种学科的知识，同时又离不开丰富的实践经验，并且需要不断地进行知识更新与补充。因此，这一行业的专业型人才培养周期较长，优秀的专业人才数量有限，加之中国物流产业发展时间短，国内高校开设物流管理的专业较少，专业设置不尽合理、与实践严重脱节等，以上这些因素都导致了从事物流管理的人才极其匮乏。

（4）物流业务附加值较低，物流成本过高。中国物流与采购联合会公布的数据显示，我国物流业务附加值较低，物流成本过高。过高的物流成本分化到应用层面上，可以归纳为以下几个方面。

1）物流业务附加值低。我国物流单位货运量每吨收入远低于美国，物流业务增值服务少、物流业务附加价值低，仍处于低水平、粗放的阶段，很难适应目前多品种、多批次、少批量的流通方式的变化。

2）物流社会化程度较低。“条块分割”“地区封锁”“行业垄断”这些计划经济“后遗症”仍大行其道。在这种情况下，物流领域中的相关行业、部门、系统自成体系，独立运作，相互之间缺乏必要的协调，这影响物流整体效率水平的提高。

3）物流组织管理水平有待提升。物流组织管理水平较低，导致物流总费用中的仓储保管费用及管理费用显著偏高。根据中国物流信息中心发布的《2023年全国物流运行情况通报》，我国物流管理费用与 GDP 的比率为 1.8%，相比之下，当前美国的该比率却低得多。其中最主要的是体制性和机制性约束，内部分割、垄断、封锁的现象依然突出，尚未建立公正、公平、公开的物流竞争市场，没有形成可控与自由运作的现代物流机制。但是这一情况也在逐渐改善，2023 年，我国物流管理费用为 2.3 万亿元，与 GDP 的比率比上年下降 0.1%。

4）保管费用过高。高保管费用主要源于我国库存水平高，相比之下，美国社会商品库存额与 GDP 的比率约为在 3%，而我国的这一比率却高达 20% 以上。统计数据显示，我国某段时期规模以上工业企业流动资金年周转速度只有 2.1 次，重点生产资料流通企业只有 2.8 次，远低于发达国家 10~20 次的周转速度，这也就同时意味着资金占用、收入减少、企业的核心竞争力降低。

（5）物流信息技术发展滞后，物流信息化拉动力不强。催忠付（2014）对我国物流信息化的发展现状及趋势进行了总结。我国物流信息化的发展存在发展滞后、拉动力不强等一系列问题，严重阻碍了其进一步发展，主要表现在以下几个方面。

1）作为物流信息化根基的社会信息化水平偏低。我国电子信息产业发展迅速，总量较大，但与美国、日本等发达国家还有一定差距。目前，我国通信业、信息服务业、软件行业的水平仍显不足，这些行业代表着社会信息化的水平，但无法为物流信息化提供足够的支持。

2）物流外包及第三方物流发展不足，物流信息化拉动力不强。物流外包业务发展不足，第三方物流企业难以发展。物流信息化主要由第三方物流企业推动，所以导致了物流信息化需求不足。传统企业仍局限于“大而全”的经营模式，难以接受业务外包的现代思维，因此不愿轻易将物流业务交给第三方。同时，物流企业的服务质量很难让人满意。物流企业必须自我反省，以信息化提高物流服务质量，为自己争取更多的物流业务。

3）信息技术在物流中的应用较少。条形码技术、RFID、GPS、GIS 等物流信息技术在物流中的实际应用太少。信息技术在物流资源的整合和物流效率的提高方面发挥着不可替代的作用，但由于标准、成本等原因，信息技术很难在物流企业中得到大规模的应用。

4）面向中小企业的物流信息系统细分市场缺失。市面上的物流信息系统主要是面向大型企业的，而针对中小企业的物流信息系统则相对较少，即使有也难以很好地与企业的业务流程和战略目标相适应。国内的软件商已经意识到这一点，开始向中小企业信息化市场进军。

5）物流信息平台的建设问题。物流信息平台建设存在各自为政、重复投资、重复建设、无序竞争的现象，一些所谓的信息平台功能有限，只能实现信息共享等最基本的功能，成熟的投资机制尚未形成，缺乏资金来源，一些平台只是实现了信息的发布和共享等初级功能，称不上是真正的信息平台。目前，具有高级功能的物流信息平台较少，加之缺乏后续建设资金和功能完善机制，既有设备未能充分发挥作用，造成了极大的资源浪费。

6）物流信息标准混乱。随着全球经济一体化和物流国际化的发展，物流标准化问题日益凸显。首先，物流信息标准不统一，导致许多部门建立的信息数据库成为一个个信息孤岛，无法与物流各个环节中的参与方实现数据交换和信息共享，致使物流作业效率低下，严重影响了我国物流业的发展。在物流信息系统和信息平台的建设过程中，数据传输协议、接口规范、语言规范等技术标准混乱，彼此难以互联互通和实现信息共享，这为以后的资源整合和区域信息平台的搭建设置了障碍。其次，物流术语、计量标准、物流设备标准、作业和服务标准等都无法统一，存在严重的数据重复输入、资源浪费等问题，对国家已经颁布的各种物流标准、行业标准并没有进行深入学习和及时准确地在企业中推广。同时，由于物流产业跨部门、跨行业，物流信息标准归口在多个标准化技术委员会，各部门、各行业之间条块分割、各自为政、标准不统一，致使物流作业各个环节缺乏高效衔接，物流活动难以顺畅进行。

（6）物流企业缺乏专业化运营，运作效率不高。目前我国的大多数物流企业规模较小，一般都是由传统的仓储、运输企业转型而来的，在管理水平、技术力量及服务范围上尚没有质的提高。中小物流企业的整体运作水平较低，缺乏先进的管理理念和模式，运输资源重复投资、重复建设，造成资源的无谓浪费，存在综合运输规划不合理等问题。综合以上分析可以将问题归纳为以下几个方面。

1）运输环节的卸载搬运次数过多。中小物流企业一般在中心城市下设立若干个分理处，货物一般由各分理处集中分拣以后，再用小、中巴车分批运到公司总部。总部根据不同地区分类后，再用大型集装箱卡车进行运输，这无形中加大了作业量。再加上缺乏应有的机械和设备，大部分货物靠人力搬运，手动叉车数量有限，托盘配备很少。货物从客户处到公司发货需要进行第一次装卸搬运，然后分理处回归货位进行第二次装卸搬运，接着是货物装车运往总部的第三次装卸搬运，再经过集装箱卡车运输过程中的第四次装卸搬运，货物到达目的地后，物流公司分理处进行第五次装卸搬运，最后是收货客户来提货时的第六次装卸搬运。如此频繁装卸搬运工作，极易导致货损、货差现象的发生。

2）运输时间长导致货物交付延迟。目前，零星用户、零星货物、零星整车的“三零”货急剧增加，普通零担货物运输已成为货物运输的重要内容，中小物流企业大部分业务是零担货运，由于货物的分散性和到达地点的不统一性，从公司利益来考虑，没有凑够整车货物是不会发货的，这样就延长了运输时间，货物处于长时间等待状态，不仅使货物被延迟交付，而且损坏了公司的信誉。

3）延迟运输使货物储存成本增加。由于运输延迟，一部分货物要暂时储存在物流公司，这样就占用了仓库，形成了空间成本。另外，物流公司还需要负责保管货物，以防货物被盗、损坏、污染、腐烂等，即存在库存风险成本。

4）分拣效率不高。物流企业的货物分拣第一步是由分理处先进行分拣，然后送往总部又经过分拣归类，最后装车，这一过程全靠人工进行。若有新的理货员理货就要及时协调，否则就会出现编号及理货混乱的情况。另外，有的货物体积太小，形状不规则，这样编号就很难写到货物上，有的写上去也看起来很模糊，容易造成货物发错地方、丢货等，而且也给分拣工作带来了不便。分理处的货物分拣装车运到总部后，需要再进行分拣归类，各分理处和各个地区的货物混在一起，靠人工从中拣选，给分拣工作带来了较大的难度。

3.3　区块链在现代物流领域的应用情况

目前，5G、大数据、人工智能、物联网等技术与区块链深度融合，发挥其各自潜能，相辅相成。产业区块链逐渐呈现出“四化”趋势，即行业联盟化、连接标准化、平台公共化、资产数字化，在物流行业中的港口航运、网络货运、多式联运和物流联盟等场景产生深度应用。吕宏（2023）提出用信息技术改造传统物流产业的路径和政策建议，可为政府发展物流产业，提高传统物流产业的竞争能力提供参考。贾嘉（2019）、孙凯（2019）、易强（2020）多位学者先后对区块链技术在物流领域的应用现状进行了总结。

3.3.1　区块链在现代物流中运用的可行性

1. 区块链技术去中心化的要求与无物流垄断企业现状相符

我国现代物流的发展起步较晚，但近两年来得到了快速发展，国家也相继出台了一些扶持措施。然而，目前还没有一家物流企业能够达到超大规模发展的高度，市场竞争依然激烈，多家企业并存是主流态势。一方面，在国内物流市场上，无论是自建物流的电商企业阿里巴巴、京东商城，还是第三方物流的领军企业“三通一达”、顺丰和EMS，都面临着彼此的激烈竞争。根据中物联发布的2023年度中国物流企业10强榜单来看，中远海运集团、厦门象屿、顺丰控股位列前三，其中物流业务收入达到千亿级的企业有5家，它们成为行业中坚力量，行业聚集效应持续显现。另一方面，在国际物流领域，外资的敦豪速递、联邦快递以及中国邮政快递和民营的顺丰速运等，也正处在激烈的“跑马圈地”中。没有哪家物流企业可以垄断市场，也没有哪家物流企业可以扮演物流中心的角色，这种市场比较分散，竞争比较充分的现状，正好与区块链技术去中心化的要求相符合。

2. 区块链技术的高效特点与现代物流发展对高效物流的内生需求相符

现代物流是互联网时代的产物，其在传统物流发展的基础上集成了互联网、大数据、云计算以及物联网等一系列现代信息技术。在传统的商业模式下，受到时间与空间的限制，人们的消费行为具有显著的区域性特点。随着互联网和电子商务的兴起，人们的消费行为开始突破时间与空间的约束。一方面，迅速将人们潜在的消费需求激发出来，使我国网上零售额在短短的十几年内达到一定规模；另一方面，对传统物流提出了更高的要求，催生了快递业的快速发展。2023年，我国快递包裹量达到1320.7亿件，在电商物流的基础上，近年来出现并快速发展的现代物流就是要满足消费者这种突破时空约束的消费需求。

从现实情况来看，我们的现代物流脱胎于传统物流，其真正的服务特质还没有完全发挥出来。例如，在国内物流领域，“物流最后一公里”的问题十分突出，目前只有京东物流和菜鸟联盟比较好地解决了这个问题，而更多的物流企业仍面临这个问题。在跨境物流领域，物流的效率与物品质量保障，也是各物流企业必须解决的问题，虽然部分企业开展了海外仓、先发货后下单等业务，尽可能地缩短全球送达时间，但其动辄一个月的物流时间，与境内物流依然存在着巨大差距。

作为一个农业大国，生鲜农产品物流是我国现代物流发展的一个重要领域，目前，只有顺丰生鲜等少数几家企业的生鲜物流勉强能满足消费者的需求。而整体上我国生鲜农产品物流的途中损耗率依然高达20%以上，现代物流通过传感器可以对配送途中的农产品湿度、温度等情况实时进行掌握，及时调整温度，最大限度地保障农产品质量。

从根本上来看，现代物流通过大数据技术和信息的共享，将获得更高的效率。这种对物流高效的追求，与区块链技术的高效性特质是相符的，也让区块链可以更好地与现代物流相结合。

3. 区块链技术的安全性特质与现代物流的安全要求相符

随着现代物流的发展，对物流安全的要求越来越高，面临的安全风险也日益突出。首先，物流配送的流转过程中始终面临货物丢失的风险。一件货物从出厂到最终到达消费者手中，需要跨越多个区域，经过不同主体的处理，经历多个环节，而每一个环节都可能出现安全问题。尤其是在电子商务环境下，交易的频次和货物跨越的区域都要大于传统商业环境，风险也会成倍增加。例如，7 天免费更换货的承诺虽然提升了消费者体验，但也明显增加了退换货的频次，进而大大增加了货物丢失的风险。

其次，征信体系的不健全也带来了道德风险，导致客户信息容易泄露。在现代物流环境下，不仅有货物信息产生的大数据，还有客户信息的大数据，随着现代物流对货物全程的追踪，犯罪分子甚至可以根据货物的流动来定位客户，一旦客户信息泄露，不仅可能给客户带来人身伤害的风险，物流企业也可能面临索赔的困境。近年来频繁出现的网络欺诈，也反映出当前网络环境为客户信息泄露提供了可乘之机，而网络上经常出现的叫卖快递客户信息，更是提示这种风险的严重性。因此，必须有安全的现代物流环境，才能为现代物流发展提供保障。

最后，电子支付面临着较大的风险。随着互联网线上购物的兴起，第三方互联网支付逐渐成为人们的选择。然而海量的在线支付资金始终面临着巨大的风险，特别是随着现代物流对国际市场的开拓，很多国家尚未形成成熟的支付技术与支付环境，使用的支付系统漏洞是比较现实的问题。从近年来的金融犯罪案件来看，国际金融黑客攻击支付系统越来越多，容易因为资金支付的处理与原始指令不同步，或者因为诈骗行为使消费者的资金损失，在一些跨境物流中，类似的问题更加突出。因此，支付环境的安全与否将影响人们对现代物流的信心。区块链技术中交易可追溯的特性以及交易数据不可更改的特点，可以在现代物流的支付中作为有保障的追踪工具，最大限度地保证交易过程的安全性。

3.3.2　区块链与现代物流结合的优势

具有去中心化、开放性、透明性和不可篡改等特性的区块链与现代物流的结合可以有效地解决物流行业的痛点，为物流行业的创新发展提供新思路。

1. 物流行业的痛点

物流是构建互联网经济的重要基础，随着全球互联网化的推进，物流行业的发展速度日益加快，对物流企业的需求也会越来越多样化。各大物流企业纷纷加速战略布局的同时也会吸纳社会物流资源，从而为客户提供更全面的物流服务，这种“大物流”的模式会使物流供应链里的核心企业快速实现规模化，也能在一定程度上降低核心企业的物流成本。但由于社会化物流的行业存在信息不对称、信息兼容差、数据流转不畅通等问题，会导致社会化物流中的生产关系的信任成本越来越高，主要体现在以下几个方面。

（1）信息孤岛化。物流行业仍属于传统行业，其地域性强、信息化严重薄弱、企业之间信息资源连接不足，导致各大公司之间产生信息孤岛，从而导致普遍存在供需信息不对称现象。随着行业的发展，壁垒逐渐形成，各个企业之间的物流资源重复建设情况严重，并且因为存在竞争关系，不互相开放，不仅造成了资源的极大浪费，而且直接导致企业间的竞争陷入价格战的泥沼。同时物流行业的中间环节多，从货主到终端消费者需要历经物流公司、专线、车队、货车司机等几个层面的流转，导致物流成本居高不下，物流效率低。信息不透明的孤岛化现象更导致行业出现货主找车难、车主找货难，尤其是返程找货困难。司机收入难以保证，季节性明显，从而导致行业出现信息中介，进一步拉高了物流成本，遏制了司机的收入。

（2）企业交互成本过高。企业的物流系统都是中心化的，为了实现物流供应链上下游企业之间的数据共享与流转，企业之间不得不通过接口对接，由于整个供应链的信息流存在诸多信用交接环节，系统的对接工作将会十分繁重，并且，即使通过现有技术实现数据的互通，也无法保证数据的真实性和可靠性。

（3）物流征信评级无标准。社会物流生态中存在大量的信用主体，包括个人、企业和物流设备，这三种不同类型的主体构成了整个物流生态，而如何安全、有效地在这三者之间构建高信任的生产关系，是目前诸多物流核心企业面临的痛点。如何确保一线物流从业者为消费者带来高质量的服务，如何确保企业能够承担应有的社会责任，如何确保智能设备能够安全运转，不被外来入侵者攻击等，都存在不小的挑战。

（4）中小微企业融资难。物流供应链中的中小微企业除了规模有限，企业的信用等级评级也普遍较低，甚至没有信用评级，很难令投资者或银行信服，无法获得贷款和融资服务。

（5）泄露用户隐私。无论是中国的邮政、顺丰，还是国际范围的 UPS、FedEx 等，对于用户的隐私信息都无法做到百分百的保护，用户信息泄露，甚至导致海量用户信息在互联网上被公开贩卖，使用传统手段难以根除这种种弊端。

2. 区块链提供的解决思路

浦东平等（2018）提出利用区块链相关技术特征及模式理念，架构电子商务核心模块中的流通体系、支付体系、信用体系，可实现电子商务信息价值链的互联互通。在防伪溯源的应用中，区块链通过时间戳、分布式存储及非对称加密等技术，能够对商品生产和流通的各个环节形成不可篡改的记录，在技术上保证数据是真实有效和唯一的。电商运营人员和最终消费者可以通过全链路物流信息的比对，来有效防止非法和虚假物流记录，从而达到追溯源头和商品防伪的功能。目前，为了杜绝制假售假、提高商品品质，国内电商头部企业已经纷纷开始运用区块链技术上传、追踪、查证跨境进口商品的物流全链路信息。数据涵盖了生产、运输、包装、通关和第三方检验等信息以及进口商品的原产国、装货港、运输方式、进口口岸、保税仓检验检疫单号、海关申报单号等全流程信息。因此，电商平台销售的产品通过区块链被打上了独一无二的身份标签，这让消费者利用溯源系统查询商品真实来源变得简单快捷。

相峰等（2019）提出区块链技术将为解决电商物流业中广泛存在的信息泄露、信息孤岛、信息造假以及跨境电商结算手续繁杂等问题带来革命性突破。在电商物流运输的应用中，现存的 RFID、传感器等技术由于标准众多、接口复杂，难以与现有的电商物流运输系统形成统一接口，而区块链技术提供了一种轻量化且独立于各种系统之外的统一接口，配合移动边缘计算（Mobile Edge Computing，MEC）技术，可以在运输终端实现货物信息的智能化管理。当在途货物出现异动时，系统内的货物数据会相应变化，区块链上各个节点在分布式账本技术的支持下会对货物的变更数据同步进行记录和存储。在区块链的赋能下，运输过程中的货物信息对于托运人、承运人以及其他相关人员都是公开透明的，从而确保了货物运输信息和资金的安全可追溯性。

在电商物流配送的应用中，基于区块链技术的数据共享平台可以将快递包裹寄件、揽件、运输、末端配送、签收的全流程数据进行上链，从而确保了包裹流转过程的公开透明。由于区块链系统保存了寄件人和收件人的信息，当快递员进行配送时，可以通过特定系统进行实名认证，避免了包裹被无关人员冒领、错领。如果包裹在配送过程中出现事故，用户可以通过区块链系统对包裹信息进行追溯，确认流转过程中引发问题的环节和责任人。另外，基于非对称加密机制的配送系统可以利用密钥对进行物流信息和用户信息的加 / 解密，从而保障数据的安全性及寄件和收件人的隐私。

在电商物流智能仓储的应用中，仓储环节效率的高低直接关系到电商物流货品的安全性和时效性。利用区块链技术，并有效结合 RFID、GPS、传感器、条形码等科技对电商物流仓储进行智能化管理，可实现对出仓、入仓货物的有效实时监控，从而减少查找、识别、追踪货物的人力成本、时间成本。货运管理人员通过区块链系统可以实时追踪储物柜信息与货物运输状况，当出现问题批次货物时能够第一时间进行拦截。托运人可以基于分布式账本技术连接专属货柜，通过移动设备追踪和查询货品的仓储信息。简言之，在仓储环节充分利用区块链技术不仅可以增加整个流程的透明性，而且可以保障仓储运营商在安全和受信任的环境下对货物进行保管和运输。

在物流金融领域的应用中，通过引入区块链技术，将区块链与物流金融信息数据库相链接，利用链式账本实时记录各个参与方的交易信息，从而建立高效、安全、透明、可信任的交易环境。物流企业、融资企业和金融机构可以基于区块链系统实时共享交易数据，以减少不必要的审查和检验，达到高水平协作。另外，在资金流通过程中，区块链的非对称加密算法、数字签名、零知识验证技术，可以确保用户数据的安全性和隐私性，并且保障金融机构在进行授信时参照的数据是准确有效的。由于交易参与方每笔交易信息可以被区块链及时、准确地记录下来，分布式的账本数据将更加透明化，避免因信用记录伪造而造成的风险。

3.3.3 区块链技术在物流领域的应用现状

物流行业是区块链技术的典型应用领域，区块链的应用有助于大幅提升物流效率，降低物流成本。国内的互联网公司以及快递行业的领先企业都已在2017年前后开始加入区块链技术研发或产品部署的行列。

腾讯公司早在2016年就开始布局区块链；2017年发布了《区块链方案白皮书》；2018年3月，腾讯携手中国物流与采购联合会共同签署了战略合作协议，推出了区块供应链联盟及运单平台。阿里巴巴紧随其后，2017年着手打造基于区块链技术的跨境食品供应链；2018年2月，天猫国际与菜鸟物流针对跨境电子商务业务全面启用区块链技术，进行跨境商品的信息跟踪、上传、查证，涵盖国外生产、国际运输、通关和报检，以及第三方检验的商品进口全过程，为每个经由天猫国际售卖的跨境进口商品打上独一无二的“身份证”。但消费者区块链还处于起步阶段，很多技术还在不断发展完善中。京东同样不甘示弱，2017年发布了区块链防伪追溯开放平台，面向京东生态内的品牌商免费开放。

国内提供区块链技术支持的公司主要有腾讯、华为和京东，国际航运巨头如马士基则将区块链重点应用到国际物流领域，国际快递如UPS、FedEx和DHL也都开展了区块链技术的应用，主要应用领域为货物追踪和电子运单服务。京东系除了有技术层的资源与安全支持，京东物流、京东全球购和京东金融还分别将区块链应用到货物追踪、跨境电商和金融支付领域。阿里系同样重点打造在跨境电商和货物追踪方面的应用，同时阿里健康还将区块链应用到医药物流和食品安全溯源领域。国内快递企业除了在国内快递领域应用区块链，顺丰还将区块链应用于医药物流，零售商领军人物如沃尔玛则将区块链技术重点应用到食品安全溯源方面。

区块链技术在国内物流领域的应用现状见表 3.1。

表 3.1 区块链技术在国内物流领域的应用现状

序号	类型	公司	技术支持	医药物流	食品安全溯源	跨境电商	金融支付	货物追踪	国际物流	电子运单服务	国内快递
1	信息技术	腾讯	√								
2		华为	√								
3	国际物流	马士基							√		
4		UPS						√			
5		FedEx							√	√	
6		DHL		√					√		
7	电商平台综合体	京东	√		√						
8		京东全球购				√					
9		京东金融					√				
10		天猫国际				√		√			
11		阿里健康		√	√						
12		京东物流						√			
13		菜鸟物流									√
14	国内物流	中通快递									√
15		顺丰		√							√
16	零售业	沃尔玛			√						

3.3.4 区块链对现代物流发展的影响

1. 促使现代物流的智能化程度大幅提高

传统物流过程烦琐、环节众多，包括揽收、分拣、装箱、经过分拨中心、干线物流和派件网点等，并且这些环节多为人工操作，导致整个快递物流时间过长。

而区块链技术具有去中心化、公开透明等特性，将其与现代物流相结合，可以优化资源利用率、减少中间环节，使物流运输环节更加智能，从而大幅提高现代物流的便利化程度。例如，2017 年 9 月，区块链技术研发企业微软与马士基联合保险机构等多方，共同打造了全球首个针对海运保险的区块链平台。该平台运用区块链技术的透明性、安全性和标准化等特性，实现了物流程序的智能运作，有效提高了海运物流交易量和对账效率等。2018 年 6 月，阿布扎比港口子公司 Maqta Gateway 研发推出了 Silsal 平台，该平台将独特的数字用户身份与区块链技术相结合，实现了各种物流运输信息的智能追踪，大幅缩减了各种物流文书材料的作业时间。并且，在 Silsal 平台上，消费者获取物流交易更新状态的方式更加智能，不再需要通过传统物流的文书、电话等渠道获取，这提升了物流信息交流的便利性。整体而言，区块链技术的运用促使物流智能化程度大幅提高，使现代物流运作更为便利。

2. 推进现代物流运输模式创新发展

2018 年以来，世界各国政府、企业和组织对区块链技术的重视程度进一步加强，以区块链技术性能为支撑的“区块链 +”迅速发展，进入了行业应用的全盛时期。在此背景下，区块链技术逐步与溯源防伪和物流供应链等现代物流业务相融合，形成了“区块链 + 供应链物流”的新模式。以海运物流为例，2017 年年初，马士基与 IBM 共同研究区块链技术，致力于创建一个包括货运代理商、海运承运商和港口等在内的全新供应链物流运输体系，至当年年底，马士基的 1000 万集装箱实现了在一条区块链上全部登记；2017 年 8 月 14 日，新加坡的太平船务和港务集团两家海运巨头也与 IBM 达成合作，致力于创新以区块链技术为基础的东南亚供应链物流运输业务网络。再如，2017 年 5 月，韩国三星旗下最大子公司 SDS 开始布局区块链，为韩国物流业发起了区块链试点项目。同年 12 月，SDS 公司成功完成了一项基于区块链技术的进出口和货物出货量的实时跟踪试点。此外，UPS 快递公司加入了专注于货车和船舶运输行业的区块链货运联盟，致力于共同开发区块链技术在供应链物流系统中的使用标准。因此，区块链技术的应用推进了现代物流运输模式的创新发展。

3. 增强了现代物流的安全性

区块链技术的信息公开、透明和不可篡改等特性，实现了物流运输过程的全程可追溯性，使现代物流的安全性大幅提高。例如，2018 年 3 月，宝贝格子将区块链技术应用于商品采购、检验检疫、运输配送等物流全过程。消费者通过查询商品溯源证书，便可以获得航空运单号、运输方式和批次号等详细物流信息，收货后扫描二维溯源码，便可以了解商品的来源工厂、质量信息、物流信息和监管信息等，实现了各个物流环节有“链”可查。此外，全球最大零售商沃尔玛连锁公司在中国完成了利用区块链技术追踪猪肉产销全过程的试点计划，有效增强了猪肉物流的安全性。而区块链技术与数字身份认证体系融合形成的 Silsal 平台，可以对交易过程进行验证，随时记录物流过程中的各类信息，杜绝伪造签名、冒领包裹等问题，大幅降低货物物流安全风险。此外，在美国上市的寺库利用区块链技术的信息透明、可追溯和不可篡改等优势，有效解决了奢侈品流通与艺术品交易过程中产生的信任问题。区块链技术实现的物流全程可追溯性，可以缩短产品供应链物流的追踪时间，提升物流运输的整体质量与安全性，并且有利于促进物流实名制的落实。

4. 推动了跨境物流迅速发展

随着区块链技术应用领域的增多及其在跨境电子商务中应用的不断深入，现代跨境物流业逐渐兴起并迅速发展起来。例如，为了打消消费者在全球购方面的假货疑虑,2018 年 3 月 10 日,京东打通了全链路跨境物流系统和区块链防伪平台，结合跨境物流生态系统与区块链技术，搭建了一个跨境商品精准追溯生态体系，实现了跨境物流供应链环节的全程可视化，有效提升了跨境物流服务水平。菜鸟和天猫启用区块链技术建立的跨境物流系统，已经实现国际货物进口全部信息的跟踪，包括货物原产地、海关报告、运输方式、途经与抵达港口、检验和第三方验证等。截至 2018 年 2 月底，天猫的区块链物流系统已经实现全球 30000 种进口商品的物流线路查询，涉及的国家超过 50 个。2018 年 4 月 12 日，沃尔顿链的技术支持公司思力科与全球领先跨境物流平台货兜科技签订了“兜保”战略合作协议，为跨境物流效率的提升奠定了良好基础。此外，2018 年，阿里巴巴旗下的 Lynx International 公司、中国邮政等企业，也将区块链技术应用于跨境物流业务中，进一步推动了跨境物流业的发展。

3.4 小　结

本章主要分析了区块链技术在物流领域的应用。第 3.1 节介绍了中国物流业的发展概况，指出了中国是全球物流大国等几个显著特点。第 3.2 节介绍了国内外学者对物流业的相关研究，并对国内外物流发展的趋势和存在的问题进行了总结。第 3.3 节分析了区块链在现代物流领域的可用性，介绍了区块链与现代物流结合的优势，梳理了当前区块链技术在物流领域的应用现状，最后总结了区块链与现代物流相结合带来的影响和意义，即区块链与现代物流的结合有助于提高物流智能化程度，推动物流运营模式创新，提高安全性，进而有效提高物流作业效率和管理水平，给物流产业带来一次全新的技术变革。

第2篇

应 用 篇

区块链技术由多个传统信息技术组合而成，在实际应用中，发挥作用的是这些不同技术的综合效应。本篇包含4章，主要对区块链技术在当前物流领域的应用进行介绍，包括物流配送、物流仓储、物流金融以及跨境电商4个方面。第4章主要介绍区块链技术在物流配送领域的应用，简述了当前物流配送领域的现状与问题，并围绕该行业的痛点与区块链技术的优势讨论了区块链技术在物流配送领域的应用设计、现状及未来发展趋势。第5章主要介绍区块链技术在物流仓储领域的应用，首先，明确了当前物流仓储领域的现状与问题，进而阐明了区块链技术与仓储相结合的可行性，并完成了需求分析与设计。第6章主要介绍区块链技术与物流金融相结合的应用，围绕区块链通识认证的特点与相关技术，明晰了区块链技术在当前物流金融领域的应用设计与未来发展路径。第7章主要围绕区块链技术在跨境电商领域的应用展开，明确了区块链技术在跨境电商领域的三个主要应用场景：跨境支付、跨境物流与跨境产品安全，并简述了这些应用的具体实施方式与发展趋势。

第 4 章　区块链技术与物流配送

本章要点

1. 了解物流配送发展现状。
2. 了解物流配送发展过程中存在的问题。
3. 分析区块链技术在物流配送领域的应用设计，包括应用现状及未来展望。

● 引例

新加坡公司 Yojee 利用人工智能和区块链帮助物流公司调度车队

Yojee 是一家成立于 2015 年 1 月的新加坡公司，致力于设计自动化物流网络，为物流公司提供实时跟踪、提货和交货确认、开票、工作管理和司机评级等服务。目前 Yojee 已经构建了使用人工智能和区块链的软件，充分利用现有的最后一英里交付基础设施帮助物流企业调整它们的车队。该软件能够优化和管理车队，利用机器学习将物流交付工作自动分配给司机，减少对人工调度员的需求，这不仅降低了物流供应商的成本，还为客户提供了更便捷的交付。此外，Yojee 的软件还利用区块链技术来跟踪和存档交易与交货细节，以便在必要时始终可以对其进行验证，保证了货物的安全性。

针对电子商务公司，Yojee 推出了一个名为 chatbot 的软件，帮助电商公司在没有人的情况下预订送货。chatbot 可以将客户的详细信息（地址、交货时间等）反馈至系统，然后系统自动安排正确的快递。

Yojee 的软件对于小型物流公司尤其有价值。小型物流公司由于货量不够大，很难与大型国际公司竞争。所以 Yojee 在它的平台上将小型物流公司捆绑在一起，以便它们能够受益于规模经济。此外，为了让更多小型物流公司加入平台，Yojee 的系统在确保物流公司相互合作的同时可以在不暴露物流公司的 IP、路线和客户信息资源等信息。

[**资料来源：**水心．区块链在国外不同领域的应用案例 [J]. 光

彩,2017(9):34–36.]

思考题：Yojee 的区块链应用场景运用的是区块链的哪些特点？如果让你来设计 chatbot，你认为还有哪些方面可以得到补充？

4.1 物流配送发展现状

物流配送本身受到产品类别以及配送区域地理状态的影响极大。学者姚源果认为，当前生鲜农产品冷链物可以通过结合实时路况信息，建立路径优化数学模型来解决成本高、运送时间长的问题。本章接下来将结合我国实际数据来介绍物流配送发展现状。

总体来看，我国物流业基础条件逐步提升，道路交通发展迅速，使物流业在我国可以快速发展成型。物流包括包装、装卸、信息处理、储存、运输、流通加工、配送等互相结合的完整链条，最终为用户提供综合、多功能的全面服务。物流要考虑的问题包括生产商到消费者的商品配送问题，从供应商到生产商的原材料采购问题，以及生产过程中生产商内部的运输和存储信息。物流是满足消费者需求和统一制造及运输和销售市场条件的战略措施。利用企业之间的互联网技术和信息管理系统，可以实现商品需求、客户管理、销售跟踪等信息的快速及时传递，从而实现信息协调。在信息协调的同时，要提高物流流通的效率，实现及时准确的分配，真正做到信息在物流中的流动，并带动物流资本流动的综合运行。

进入 21 世纪以来，我国的物流业迅猛发展，国家已在 10 年内建设了 100 个物流中心和 7 个国家级交易中心。联网信息技术的日益成熟推动了物流业的快速兴起。近 10 年来，中国物流业整体规模迅速增长，物流业务量增速逐年提高。2022 年，中国快递包裹业务量为 1105.8 亿件，业务收入为 10566.7 亿元；中国快递包裹企业实力明显增强，中国邮政、顺丰速运位列世界 500 强企业，中通、韵达、圆通、申通等企业的业务量均超过百亿件规模；中国快递基础设施投入持续加大、服务能力不断增强。随着物流业在国民经济和社会中的作用逐步加大，以及政府部门对物流业的发展政策不断推动，2017 年物流业的发展步入了一个新的阶段。截至 2023 年，社会物流总额达 352.4 万亿元，按可比价格计算，同比增长 5.2%。

我国物流基础设施建设也取得了长足的进展。经过几十年的建设，我国已经基本建成了由铁路、公路、水运、民航和管道运输组成的物流运输设施体系。运输线路和作业设施得到了较大的改善；以发展现代物流为核心的物流园区、物流中心、配送中心等大批涌现。随着经济的发展和技术的进步，共用通信网的规模、技术层次、服务水平都发生了质的飞跃，互联网的应用逐步普及，现代物流技术逐步得到了应用。

此外，为适应市场竞争的需要，一些大型工业企业开始重视现代物流技术的应用，以订单为中心改造现有业务流程，在生产组织、原材料采购、产品销售及配送和运输等方面实行一体化运作，降低了库存，减少了资金占用；商业企业则加快改制重组，发展连锁经营，统一配送和加快电子商务的步伐，专业化物流企业迅速发展。

近几年来，通过改造传统国有运输和仓储企业，发展民营物流企业，积极引进外资物流企业，以及实现生产流通企业物流社会化等途径，专业化物流企业发展迅速，逐步形成了不同所有制形式、不同经营模式和不同经营规模的专业物流企业共同发展的格局。物流的服务功能增强，服务水平提高，全社会物流总成本占 GDP 的比重也逐步降低。现代物流业的发展，促进了国民经济整体效益的提高，据中国物流采购联合会测算，一批采用现代物流的工商企业，物流成本降低的幅度更大。

为了更深入地了解我国物流配送现状和发展趋势，可以参考国家发展和改革委员会副主任欧新黔的表述：在 2004 年，工业企业流动资金周转率为 2.16 次 / 年，发达国家一般超过 15 次 / 年。社会物流总费用占国民生产总值的比重为 21.3%，高于国外发达国家一倍以上。中国对外贸易运输（集团）总公司总裁张斌曾介绍当时能参与客户物流资源的内外统筹配置，为客户提供量体裁衣的个性化物流服务的企业还很少。由此可见，我国社会物流虽然得到了快速发展，但与国民经济发展的需要相比，仍难满足高速发展的物流需求。

随着经济全球化及信息化进程的加快，近年中国现代物流业的发展更为迅猛。21 世纪以来的物流产业是最有影响的变革领域之一，电子商务模式给物流领域提供了变革的极大推动力，电子商务发展等于对整个物流进行了一个重新定义的过程，对物流所有的环节和所有的方面都产生了革命性的影响。物流配送业必须适应互联网爆炸性发展、竞争激烈的新经济环境，追求发展速度、追求完美、追求客户满意的新概念。

4.2　物流配送发展存在的问题

如 4.1 节中所讲，物流配送本身受到道路环境因素与运送商品类别的影响。因此，尽管目前我国社会物流配送需求持续高速增长，物流业增加值稳步上升，物流配送服务在我国仍占主导地位，但物流配送发展的总体水平还比较低，存在的问题也比较突出，主要体现在以下几个方面。

1. 城市物流配送系统缺少整体规划和设计

城市物流配送系统的核心不仅体现在智能技术的应用方面，更为关键的是资源的整合和充分共享。目前，我国许多城市的物流配送组织以分散经营为主，由于缺乏统一的协调、组织、规划和设计，各配送企业面临信息共享不足、基础设施重复建设、物流配送效率低下、配送车辆调度随机等问题，导致城市交通压力增大。城市物流配送需要有相应的设施支持，如小件物品集货、临时中转类分拨、收件及商业区装配卸货等设施，这些设施的布局对城市配送网络的基本结构起着决定性作用。然而，由于这些设施投资大、回收时间长，物流企业不会主动进行建设。对于一个城市总体来说，需要对物流网络布局有整体的规划，而对于一家企业而言，配送体系也需要进行优化与设计，这样才能提高整体的配送效率，降低物流成本。近几年，我国的物流作业组织主要以小型的个体分散经营为主，没有进行物流资源的有效整合，每家快递公司各自为政，没有统一的协调组织。一方面，收件人员、送件人员及货物混乱，给安全管理带来了很大的隐患，造成交通拥堵；另一方面，货运车辆杂乱，致使交通堵塞，物流配送效率低下，既浪费了社会资源又恶化了社会环境。

2. 城市物流配送系统缺少行业信息的挖掘与整合

随着信息化技术的发展，城市各大物流公司开始在物流信息化水平方面加大投入力度，但仍然存在不足之处。随着电商的快速发展和增长，物流配送的需求也呈快速增长趋势，但在实践中并没有充分地将大数据、物联网技术等先进的技术应用到物流配送中，所以提高物流配送信息化水平是当下最应该改善的问题。物流配送信息化建设首先是公共物流信息平台的建设，公共物流信息平台是通过计算机网络技术，利用对物流相关信息的收集、处理及分析，为配送人员、物流企业、政府等相应部门提供物流信息服务的公共性平台。公共物流信息平台进行资源的整合、大数据的处理，为行业内的企业及用户提供数据的处理功能和结果，为行业的发展提供指示和指导。但现阶段的实际情况是，在城市中缺少这种公共性平台的建设和构建，导致一些规模较小的企业无法及时了解市场行情，造成重复建设的情况，增加了企业成本，也造成了社会资源的浪费。

3. 城市物流配送资源管理效率有待提高

如今的物流配送市场面临着客户对物流的服务要求不断提高、竞争对手越来越多且运营成本又不断增加的情况。在这种情况下，配送企业很难通过提高价格来消化成本。随着物流业业务量的不断增多，每个物流企业都面临着管理和资源调配效率跟不上业务增长速度的问题。由于物流配送需求具有不确定性的特征，主要表现在货物的收货人分布范围很广，以及每天的配送线路都不固定，所以配送企业车辆多、车型杂、行驶路线复杂以及货物配车等困难都对公司的资源调配管理提出了更高的要求，但现实情况是多数企业的管理水平都很难随着业务规模的增加而提高。

4. 农村物流配送存在基础设施不全、时效差、重复配送问题

配送过程中，交通运输是一个重要的问题，虽然当前我国已基本实现“村村通、路路通”，但现有的公路条件难以满足配送的需求，并且商业环境较为落后。虽然我国的商业发展迅猛，但商业信誉却是制约配送发展的一大障碍。由于配送企业了解客户物料、商品供应情况，这可能导致企业计划外露，因此配送企业与客户之间往往缺少足够的信任。所以，这是目前配送发展缓慢的主要原因之一。农村电商物流面临的“长物流链”与“高空载”问题在政府和快递企业的共同努力下得到了一定程度的缓解。然而，农村的快递服务需求分布较为分散，需求量也相对较少。从区到县、县到乡镇的干线运输可以实现规模化配送和共同配送，但从乡镇到村的配送则面临运输距离远、时间长、收派量少、空载率高的问题，形成了“长物流链”。这些问题并没有很好地解决农村电商物流“最初一公里”和“最后一公里”难题，反而拉长了物流链。

快递物流企业的运营成本高、时效性低。在农村地区，由于增加了“县到镇”和“镇到村”两个配送环节，随之而来的运输成本也相应增高。与城市地区相比，农村地区分布在更为广阔的地域，更为分散，导致配送和揽件的成本较高。对于乡镇代理而言，提升快递的时间效率会带来更高的成本。因此，乡镇代理会选择降低取送货频率，通过提高装载率来降低自身的运营成本。然而，这种做法会导致快递变“慢递”，从而降低客户的满意度。

“农产品进城”与“工商业品下乡”的配送过程中存在严重的重复配送现象。农产品电商平台主要采用农场直销的方式进行，区域化特征比较明显。在配送农产品订单时，他们采用“自行配送 + 第三方配送”的方式。目前，很多农产品对冷链配送的需求并不明显，物流需求等同于一般产品，从而导致重复配送。零散农产品选择自行配送，投入成本大；选择第三方配送，难以实现规模化，容易产生高成本、低效率的问题。

5. 配送管理面临的主要问题

配送管理面临的主要问题是其核心作用难以有效发挥。传统模式是以单一的分散型配送为主，而配送中心并没有发挥出组织、协调、平衡、管理等综合作用。现阶段物流配送流程是由各个物流企业独自完成的，同时，企业的经营范围还存在差异，如深圳盐田港物流中心只提供国内货物出口的中转、存储功能，而市内配送业务并不涉及，造成企业可提供的服务内容较少。

6. 制度环境有待改善

配送发展所需的制度环境主要是指融资制度、人才使用制度、产权转让制度和市场准入与推出制度等，但当前的这些制度并不完善，特别是在发生纠纷时，无法准确有效地解决冲突。显然近几年物流业快速发展的基本特征是沿原有的条条块块轨道进行的，最典型的是各地方政府、各相关中央部委的物流发展规划彼此难以衔接，更谈不上整合和统筹规划。规划的主要内容也在于扩张、建设，而不在于整合和市场的培育。这反映了当前管理体制上的障碍和政府职能的转变已经直接影响到物流的发展。

7. 物流基础设施出现“瓶颈”现象

我国实际完成的货运总量与需求增幅之间存在差距，这样的差距主要集中体现在铁路运力偏紧和沿海水路运力偏紧两个方面。虽然我国铁路总营业里程位居世界第三，完成的工作量位居世界第二，每公里完成的货运量位居世界第一，但仍然不能满足社会物流需求，全国各地每天向铁路部门申请大量车皮，但实际只能满足一部分的要求。同时，煤炭、石油、焦炭、金属矿石、钢铁及有色金属、水泥等大宗基础原材料资源只有部分能通过铁路运输，其他部分只能通过公路、水路运输，既增大了物流费用，又由于运输批量小、速度慢，加剧了运力紧张的局面，同时也造成了产品滞压、库存增长的现象。

近几年，我国在一线城市及沿海港口城市的基础设施建设方面，都投入了大量资金进行物流规划，但由于地域性差异、区域经济发展问题、自然环境影响等因素，使物流配送基础设施建设存在极大的不均衡现象。例如，山川地带的自然环境条件使运输设施建设与物流配送需求的不相适应，运输量仍不能满足配送需求，运输主干线供需矛盾也日益凸显。再如，基础设施不完善、信息装备不发达、自动智能化程度不成熟、装卸搬运的机械化水平低与现代化的集装单元化使用率不高等。

8. 物流模式粗放，供需不平衡依然存在

目前，我国物流行业的企业规模普遍相对较小、管理水平不高、设备落后、缺乏核心竞争力，大量企业仓储、运输等设施无法适应现代物流集约化高效运营的需要，难以提供一体化的供应链物流服务，导致制造企业寻求不到合适的物流服务供应商。同时，工商企业的物流活动主要依靠企业内部物流，特别是大型国有企业，这样会导致社会化物流需求和专业化物流供给能力不足同时存在的问题。

物流企业的运作模式习惯于自成体系、自我服务，大量潜在的物流需求还无法转化为有效的市场需求。同时，物流企业的规模小、实力弱、功能单一，服务

质量和效率难以满足社会化物流的需要。近几年，我国物流配送作业发展的重要瓶颈之一就是配送业务需求的多样化和专业化、智能化服务的供给问题，也是目前发展的主要矛盾之一。首先，物流配送的需求波动变化较大，第三方物流企业的配送运作比例大；其次，物流配送专业化、智能化服务供给能力还达不到要求，尤其是针对高端企业的供应链服务，专业化、智能化服务需求的满意度不高；另外，还存在基础性服务和增值性服务水平低、质量差，增值性服务所占比例低等现象。

近几年，我国第三方物流的发展速度很快，但真正能够提供一体化服务的企业还不够多，物流社会化、专业化、组织化程度低，造成物流效率低下、现有资源利用不足、社会物流依然粗放。社会物流粗放问题也明显地表现在物流市场不成熟方面，我国物流外包业务绝大多数还只是集中在传统的运输业务和仓储业务方面，一些新兴的物流业务外包比重很低。物流企业绝大多数都涌向运输领域，造成我国运输能力，特别是公路运输能力极为分散，恶性竞争，导致运价过低，超载超限现象严重。

4.3　区块链技术在物流配送领域的应用

在物流领域，区块链技术将通过其独特的技术特点，发挥不可篡改的、透明化的信息流传递与信息共享功能。区块链产业链中的基础平台层为整个社会的区块链生态圈提供技术支持，致力于开发区块链的基础协议，搭建区块链的底层架构，如以太坊、Fabric、Hyperchain 等开发平台为基于区块链的去中心化应用提供整个区块链生物圈的底层技术支撑；应用层主要为最终用户服务，开发者可以基于不同的用户需求开发不同的去中心化应用，如金融服务领域的 Ripple 公司、公证防伪领域的 Factom 公司、供应链领域的 Skuchain 公司。区块链技术在物流领域的应用主要表现在应用层的智能合约的嵌入，通过区块链技术解决物流领域的实际问题。

尽管区块链技术的各个部分（如智能合约）早在 1995 年就已经问世，但是在实际应用和关注度上没有进一步的发展。直到区块链技术带来的去中心化平台的应用，才真正让智能合约得以发光发热。正是由于技术之间的互补性，当前区块链所具备的三大特点使区块链技术成为物流行业趋之若鹜，甚至将引发物流行业根本性变革和快速飞跃的核心技术。例如，当前我国蚂蚁链的信用平台解决了货主与运货员之间不信任并缺乏有效担保手段的问题。下文将首先阐述区块链的三大特点，并介绍区块链技术在物流配送领域的应用现状和未来应用展望。

第一个特点是去中心化的设计，中心化需要一个类似于银行一样的中介验证交易，去中心化就是所有的节点都可以验证交易的真伪。中本聪使用了非对称加密技术，即在加密和解密时用了不同的加密算法。如果使用相同的密钥，则称为对称加密技术。在 A 向 B 发送信息时，需要用到加密和解密的密钥。公钥和私钥是成对出现的，地址是公钥，签名是私钥，每一个人只需保管好自己的私钥。非对称加密技术和分布式存储的使用，使数据存储的节点众多，极大地提高了数据存储的安全性，并使去中心化成为可能。去中心化的构架为物流融入共享经济时降低中心化成本提供了技术支持，促进了共享仓储资源和共享运输资源的快速发展。

第二个特点是在去中心化的设计基础上，为了防止对账本进行恶意的篡改，采用工作量证明，即共识机制通过对工作的结果来证明完成了一定量的工作。同时，区块链技术采用最长链机制，即最长的链才是正确的链。共识机制和最长链机制保证了区块链中任何人都无法不按规则修改数据，所有上传到区块链的数据都是不可篡改的。

第三个特点是通过未花费的交易输出（Unspent Transaction Output，UTXO）结构，使每一笔交易都能追溯到上一轮的交易，一直追溯到矿工挖出区块那一刻，所有数据的更新对系统内的所有成员来讲，信息都是可见的。

4.3.1 区块链技术在物流配送领域的应用现状

众所周知，物流行业将是区块链技术的典型应用领域，将有助于大幅提升物流效率，降低物流成本。国内的互联网巨头、电商领军者及快递行业的领先企业，都已于 2017 年前后开始加入了区块链技术研发或产品部署的行列。

当前我国头部互联网和区块链技术提供商发展迅速，京东、阿里巴巴、腾讯、顺丰等企业均结合区块链技术来解决当前物流难题。区块链技术在物流领域解决的问题包括企业仓储问题、物流服务规范与信用问题、整合各行业资源以及中小企业之间缺乏沟通等问题。大部分供应链尚未建立物流公共信息服务平台，对物联网、云计算、互联网及区块链的利用不够充分。有能力建立物流信息系统的企业很少，加上企业之间的信息往往不共享，信息孤岛现象普遍存在，造成产品在运输过程中的具体状态模糊、虚假信息泛滥、信用成本高昂等问题，既无法保证产品在运输过程中的品质和安全，又无法实现各运输环节信息的可监控和透明性。

虽然目前我国的物流业发展迅速，但是依然没有摆脱低效的阴影。物流信息泄露现象严重，加上尚未实现无纸化办公，有些手续繁杂耗时，更是耽误了宝贵的运送时间，这给产品的质量和安全问题施加了无形的压力，人工成本居高不下，其他运营成本也跟着升高，整个物流系统显得臃肿低效、时效性低、耗时长。运用区块链技术后，物流的整个生产、运输、仓储、销售的信息都会被真实且不可篡改地记录下来，从而构建基于区块链技术的物流供应链上下游信息服务平台。当区块链的数据信息进行全网公布时，所有人都能看到货物在物流过程中的实时状态，实现了信息的共享，避免信息盲区和信息孤岛情况的出现；当物流某个环节中出现问题时，相关部门也能做好应对措施和准备。同时，整个物流系统将迎来翻天覆地的变化，当信息传递变得及时有效，整个物流系统将在信息透明的情况下开展工作，从而大大减少了很多等待和辨别真实信息的时间，无纸化办公也能逐步实现，这将进一步提升物流效率，降低很多不必要的交易成本、人工成本和因信息不对称而导致的时间延误。最终，这将提高物流的运送效率并降低企业的运营成本。

4.3.2　区块链技术在物流配送领域应用的未来展望

1. 产品生产与物流追溯

商流和物流紧密相关，从客户的角度来看，它们既注重商品的原材料和生产工艺所决定的产品质量问题，又关注物流过程中对产品的保护和保障。劳动分工的精细化和企业核心竞争力的构建，使采购寻源与物流外包不再是企业实现利润的主要环节。同时，由于供应链越做越长，供应网络也日益复杂，消费者在收到和使用最终消费品时，越来越难以获取准确的生产和物流信息。

区块链的信息难以篡改的特点保证了可以存储和分享的信息的真实性，在区块链技术的支持下，产品生产和物流追溯系统可以为消费者提供供应链的防伪溯源。例如，Hyperledger 超级账本建立的钻石供应追踪系统就是把区块链技术应用在钻石的追踪过程中。该系统在钻石的采挖、原石交易、设计与切割、进出口贸易和零售环节，都会详细地记录买卖关系人及物流参与人的信息，从而保障钻石的货真价实。另外，在钻石需要二级交易时提供钻石的身份信息，为钻石提供价值担保，甚至帮助联合国、政府和非政府组织监测合法钻石的流转，阻止冲突钻石进入合法市场，对冲突钻石的出口实行制裁。

天猫国际“全球溯源计划”就是区块链在物流溯源上的一个应用案例，其区块链运作由蚂蚁金服提供技术支持。在进口流程中，运用区块链把生产、物流和通关的相关动作与信息全都记录在区块链中，可以让消费者清楚地查询到可信任的产品信息，提高消费者的满意度，进而拉动跨境电商商品的需求。IBM

与沃尔玛合作实现了在沃尔玛售卖的猪肉的溯源，顾客可以通过扫描专属二维溯源码来查询沃尔玛售卖的商品的溯源信息，从而保障食品安全，提高消费者对食品的信任度。

物流追溯可以应用于产品与物流的追踪。在药品生产领域，通过区块链技术将物流、药品及发票信息上链，可以记录药品由生产到销售的全流程。针对医疗领域的特殊性，区块链技术除了能够保管医疗数据，还能建立起医药物流过程中的全程可追溯系统。其去中心化的分类账功能还能让医药物流中的参与者，包括药品制造商、分销商、药房、医院、医生和患者，都能对药品进行追踪，在杜绝信息篡改和错误的前提下，这可以保障医药品的高质量和物流安全。加盖时间戳的区块链数据信息能够追溯医药物流过程中的责任划分，记录医药产品在流转过程中的存储时间信息、运输过程中的温度信息等关键数据，将存储和运输中的失误操作永久记录，随时进行纠错，并明确划分责任主体。

区块链技术也可用于解决食品安全问题。当前的供应链系统缺乏整体性，上下游企业大都在单独地完成自己的工作，各供应链环节进行的工作复杂难以辨识，加上信息不透明、不共享，导致一旦出现食品问题，追究责任时经常会面临无从下手的窘境。由于供应链的溯源能力不强，不法商家利用这一漏洞生产假冒伪劣食品，在食品生产过程中偷工减料，欺瞒消费者，尽管相关部门已经采取了一系列打假措施，并运用物联网技术进行防伪，但是这些行为仍然屡禁不止。

结合物联网技术，将区块链运用到食品生产、加工、包装、运输、销售等环节中，通过物联网技术感知食品的状态，而区块链则负责实时记录、上传和播报食品在整个物流过程中的各方面的情况，让供应链的上下游企业和监管机构能够实时掌握食品的信息。例如，在冷链物流过程中，通过物联网技术和区块链技术，从生鲜产品的最初操作环节开始，就将生鲜产品的生产、加工、产地预冷阶段的情况等具体的信息产生的数据记录在区块链中，在生鲜产品进入运输阶段后对其进行电子标记编码建立数据库，利用温度传感器实时记录产品信息，将温度、湿度信息与位置信息相匹配，实现综合信息上链，一直到终端的消费者。在区块链技术的加持下，生鲜产品在冷链运输过程中经过的节点，产品的温度、湿度、质量、装卸搬运和存在的微生物等具体信息都会根据时间的先后顺序记录在区块链中。在消费者进行购买时，扫描二维码，就可以知晓产品的真实信息，杜绝了假冒产品以次充好、以假乱真的可能性，信息透明，避免了不良商家对于消费者的信息欺瞒，从而达到防伪的目的，解决了当前的食品安全和假冒伪劣的问题。同时，当产品出现问题时，可以根据区块链中的数据信息迅速找出出现问题的环节和部门，为追责提供明确方向，从而避免责任推诿、无人负责的情况出现。

2. 供应链信息传递与共享

供应链主体与外部环境的网络信息资源交流与互动，可以降低物流活动中的技术和市场不确定性。区块链的数据更新是由去中心化的分布式主体共同完成的，在供应链中，原材料生产商、制造商、分销商、配送商和零售商主体可以借助区块链技术构建的物流信息系统共享仓储信息、销售信息。区块链即服务（Blockchain as a Service，BaaS）将使整个互联网信息能够自由验证，因此区块链技术的应用将提高销售点信息（Point of Sale，POS）或购买点信息（Point of Purchase，POP）的真实性，同时也将促成供应商管理库存（Vendor Managed Inventory，VMI）这一业务模型的广泛应用。同时，对于享有大数据优势的平台化中间商原有的获利商业模式将受到极大的挑战。

区块链的去中心化，能让更多的人以平等、公平、透明的方式参与到业务的运作中，有望实现真正自由的完全竞争市场，打破由于信息的垄断和信息不对称形成的垄断，消除不必要的市场失灵现象。在充分信息的前提下，“看不见的手”将发挥作用，将更多利润分配给那些真正能为社会创造价值的公司，同时将更多的社会资源分配给能够给市场带来消费者剩余和生产者剩余的企业，从而使整个社会的资源分配更加合理。换句话说，区块链技术将帮助市场通过价格机制的作用，帮助市场更快地淘汰掉生产率低下的企业，为那些具有创新和技术革新的优秀企业创造更大的市场空间。

3. 电子运单与智能合约

在传统的商业模式下，纸质运单往往更加安全，因为电子版的单据容易被篡改和无法认证，所以不具备与加盖公章的纸质版单据同等的法律效力。区块链技术可以使上传的单据具备加密性和不可篡改性，从而保证电子单据的真实可信和传递的安全性。区块链技术的“数据自动更新”功能将保证各个物流节点之间分享的电子单据的内容完全一致，电子签名也可以代替纸质签名，避免了烦琐的单证流转，也节省了传递纸质单据所需的时间成本和物流成本。尤其是在伴随国际贸易业务的庞大物流供应链体系中，所有的销售合同、原产地证明、装箱单、提单、报关单等单据的电子化、可视共享化，可以大大提高国际贸易的效率，加强货主、货代、海关和船公司、航空公司等承运人之间的便捷有效沟通，降低跨国沟通的交易成本，确保物流的顺畅性。

智能合约是区块链技术在物流领域的具体应用之一，它通过数字化方式验证和执行合同内容，从而节省了在物流领域中需要验证才能执行的合约的验证时间。使用智能算法取代人为控制的验证和执行环节，既可以有效地节省人力成本，缩短流程所需的时间，还可以降低人为的不可控因素造成的验证不科学和执行不公正问题。例如，在冷链物流运输环节，每个物流节点都需要在中转收货中检验运输设备和运输物品的温度，并拒收温度不在要求的控制范围内的物品。温度的检测不仅消耗时间成本，还可能增加冷链物流温度失控的风险，同时也有可能因为人为的原因误收或故意错收已经存在温控问题的商品。智能合约可以与RFID技术配合使用，运输生鲜物品的集装箱在行驶过程中，RFID技术将存储的温度信息实时传递到信息终端，并通过智能合约验证温度是否在可接受范围内。如果在物流的任何环节出现温度失控的情况，智能合约将立即终止合同，并执行向物流实施者索赔的流程。如果实现了全程温控，在进入买方的收货地或零售商的收货地时，将直接执行入库流程，并结算物流费用。智能合约以低成本解决了物流多方主体之间的交易问题，通过技术手段在企业与企业之间建立起信用，同时还保证了业务的运行效率。

4. 智慧物流中的应用

潘卓等（2019）对区块链在智慧物流发展中的运用进行了全面总结。智慧物流作为一种新型、高层次的物流形式，利用信息技术与各种智能化控制设备的有机结合，将物流从人与物相连推动到物与物相连的一个新阶段。智慧物流对加快商品流通速度、强化商品流通的品控效率、改善客户服务质量有明显作用，同时它以信息技术为桥梁来联系各方，从侧面凸显出信息流安全的重要性。郝玉琨等利用智能合约构建了关于智能云箱的集装箱智能化管理运营平台，在智能云箱中利用智能传感装置来监控物品，并通过区块链将各参与方联系到一起，借助物联网平台强化追溯能力，然后通过在链上添加适配器解决区块链写入效率不高的问题，最终达到简化物流运输复杂流程的目的。柯君卓等探讨了将区块链运用到最后一公里配送问题中的可能性，得出这样做可以保护个人交易信息不被泄露、减少仓库配送点、智能规划配送路线等益处。李晓萍等基于区块链技术设计了以物流服务集成商为主导的信息平台，为供应链企业提供商品溯源、智能物流运输与库存管理等服务。Singh等提出了一种基于区块链并具有人工智能的智能化物联网体系结构，能够支持物联网进行安全、分散的数据分析，并根据现有的物联网标准参数进行比较评定，从而降低准确性、延迟、集中化以及安全和隐私等问题带来的危险。Rozmaf等研究了一种通过目标主办物流节点的物流平台，该平台以物联网技术作为通信方式、以区块链技术实现信息公开，形成一个数字化的分布式节点网络平台，该平台利用实验室模型得出了初步的实现结果。Rathee等将区块链技术应用于通信物联网中，提出了一种混合型的安全工业物联网框架，该框架能够实时提供保密和保护控制，从而减少针对智能物联网设备可能存在的一些恶意威胁，该技术与传统方法相比较，有更大的成功率。

区块链技术融入智慧物流后，对数据统计分析带来了很好的改善与提升。区块链技术使各参与企业的物流信息能够汇集到分布式账本中并以加密算法保存。同时，利用大数据进行有效整合，保证数据的安全、透明与可信，增强预测的精确度，从而提升物流效率。此外，以区块链为基础相连接在同一网络中的物联网智能设备间的信息交互也具有更高的可靠性，对整个智慧物流系统产生了更明显的优化作用。

4.4 小　结

本章主要介绍区块链技术与物流配送的融合应用。第 4.1 节介绍了我国物流配送的发展现状，尽管目前我国社会物流配送需求持续高速增长，物流业增加值稳步上升，但物流配送发展中仍存在诸多问题。第 4.2 节进一步介绍了我国物流配送发展存在的问题，诸如城市物流配送系统缺少整体规划和设计、城市物流配送系统缺少行业信息的挖掘与整合等问题。第 4.3 节介绍了区块链技术在物流配送领域的应用。区块链具备的三大特点使区块链技术成为物流行业趋之若鹜的核心技术，甚至有望引发物流行业的根本性变革和快速飞跃。国内的互联网巨头、电商领军者及快递行业的领先企业，都已于 2017 年前后开始加入了区块链技术研发或产品部署的行列，产品生产与物流追溯、供应链信息传递与共享等细分领域将衍生区块链技术在物流配送领域中的进一步应用。

第 5 章　物流仓储与区块链技术

本章要点

1. 了解物流仓储的发展现状和存在的问题。
2. 了解区块链技术在物流仓储领域的应用设计分析。
3. 掌握区块链与物流仓储结合的可行性和需求分析与设计。

● 引例

阿里巴巴集团旗下的菜鸟网络

菜鸟网络是阿里巴巴集团旗下的物流信息平台，致力于打造智能化、高效率、低成本的物流服务。菜鸟网络在物流仓储领域应用区块链技术的具体措施和策略包括以下三个方面。

（1）溯源体系。菜鸟网络采用区块链技术实现商品从生产、包装、入库、出库、配送到消费者手中的全链路可追溯，保证商品质量安全和消费者权益。

（2）仓储信息共享平台。菜鸟网络通过区块链技术建立仓储信息共享平台，实现物流企业之间信息共享和对接，提高物流效率，降低物流成本。

（3）物流金融服务。菜鸟网络通过区块链技术实现物流金融服务，为物流企业提供融资、保险、票据等金融服务，推动物流业务的快速发展。

菜鸟网络应用区块链技术解决了物流仓储领域的实际问题，如商品质量和安全问题、信息孤岛和不对称问题、物流融资难问题等。通过区块链技术的应用，菜鸟网络实现了物流信息共享、数据安全和透明、物流效率提升和降低成本的目标。

[**资料来源：**武亚男．菜鸟网络跨境物流发展中的问题及对策研究 [D]. 哈尔滨：哈尔滨商业大学 ,2020.]

思考题：区块链技术如何为物流仓储业务带来变革？未来物流仓储领域的发展趋势是什么？该如何应对？

5.1　物流仓储发展现状

自从生产活动兴起，仓储便应运而生，它作为生产活动不可或缺的一环，伴随着生产的进步而不断演进。仓储业是指专门从事货物仓储、货物运输中转仓储，以及围绕仓储展开的物流配送活动。传统仓储仅仅是指仓储企业按照客户要求进行的库存管理和库存控制等仓储业务。而现代仓储业的范畴更为宽泛，它不仅涵盖了货物存储、保管、中转等传统仓储服务，还扩展至流通领域的加工、组装、包装、商品配送、信息分析、质押监管融资等增值服务，以及仓库基础设施的建设与租赁等多元化业务，形成了一个综合型的仓储型物流企业集群。

近年来，随着物流业的迅猛发展，物流仓储已经成为现代物流系统中的核心环节之一。仓储管理作为物流供应链中的关键组成部分，通过一系列有效手段对仓库及库存物资进行科学管理，包括物资的出库、入库、盘点等环节，以达到对仓库物资的合理管控。

从发展阶段来看，我国仓储业的发展历程涵盖了人工仓储、机械化仓储、自动化仓储、集成自动化仓储、智能自动化仓储五个阶段。目前，我国仓储业正处于自动化仓储的深入发展阶段，主要应用包括 AGV（自动引导车）、自动货架、自动存取机器人、自动识别技术和自动分拣系统等先进物流设备，并通过信息技术手段实现仓储作业的实时控制与管理。

当前的物流仓储行业有以下几个特征。

1. 市场需求减弱且企业成本压力较大

近几年，虽然我国仓储市场规模逐步提升，但由于仓储业兼具资金密集和劳动密集的特性，仓储业的利润水平往往难以覆盖其高昂的成本，尽管行业利润在逐年增长，但成本的增长速度对于企业来说同样令人难以接受，这进一步加剧了企业整体成本的负担。此外，当前仓储业的盈利模式过于单一和基础，也是导致盈利水平较低的一个重要原因。

根据中国物流与采购联合会发布的数据显示，2023 年中国仓储指数全年均值为 51.5%，较 2022 年提高了 2.1 个百分点，增幅显著。从季度分布来看，2023 年中国仓储指数在四个季度中的均值分别为 49.9%、51.9%、52.6%、51.6%，前三个季度呈持续回升的趋势，第四季度虽略有回落，但均值仍位于扩张区间，整体向好态势未有改变。这数据表明，中国仓储需求在不断扩大，仓储行业正展现出持续向好的发展态势。

具体到 2023 年 12 月，业务利润指数为 52.2%，较上月回升了 1.9 个百分点，达到了去年 2 月以来的新高。同时，该月平均库存周转次数指数为 53.3%，较上月回升了 1.1 个百分点，继续在扩张区间内增长，这表明商品周转效率持续提升。中储发展股份有限公司副总裁王勇认为，尽管去年 12 月的仓储指数出现了小幅回落，但其值仍保持在 50% 以上的扩张区间内，这表明仓储业仍然保持着良好的运行态势。此外，业务活动预期指数虽然有所回落，但仍位于扩张区间，显示企业对后续发展持谨慎乐观的态度。

仓储业企业的盈利模式主要包括基础存储业务、保税仓业务、质押监管融资业务、配送和报关报检等增值业务，以及仓储地产业务。其中，基础存储业务作为仓储物流企业最原始、最初级的盈利模式，其特点在于简单直接，主要为客户提供单纯的存储服务及最简单的装卸服务，对经营管理和人力资源的要求相对较低。目前，国内市场上大部分仓储企业仍依赖于这种单一的服务模式，这也是导致仓储行业整体盈利水平较低的主要原因之一。仓储物流增值服务是目前传统仓储企业转型发展的主要方向，而保税仓业务、仓储地产业务的盈利水平较高，但这类业务市场进入门槛也较高。

2. 仓储技术获得较快发展，仓储企业之间的竞争加剧

仓储物流系统作为物流与供应链的核心环节，其作业效率、服务质量和运营成本一直是企业重点关注的指标。一个高效且合理的仓储物流系统可以帮助企业显著提升物资流动的速度，降低成本，保障生产顺利进行，并实现对资源的有效控制与管理。现代“仓储”已超越传统意义上的“仓库”“仓库管理”，它是在经济全球化与供应链一体化背景下，为满足供应链上下游需求而设计的。在特定的有形或无形场所中，仓储运用现代技术对物品进出、库存、分拣、包装、配送及其相关信息进行有效计划、执行和控制，构成了一项综合性的物流活动。显然，仓储物流技术是企业建立先进合理仓储物流系统的关键。

随着工业社会的不断进步，仓储物流技术正在经历从机械化向自动化，乃至智能化的转型发展阶段。这一转变不仅体现在仓库形态上，由最初的人工堆放平面库，逐渐演进为刚性自动化立体库，并最终迈向高柔性自动化立体库。无人、高效和空间利用率高等优点，使自动化立体库逐步成为制造业和商业领域推崇的优选仓储解决方案。在仓储物流数字化建设中，智能传感器技术、窄带物联网（NB-IoT）和 5G 等先进技术正不断得到应用。自动化技术和信息技术的应用已经成为仓储技术的重要支柱。其中，自动货架、自动识别和自动分拣系统，以及条形码技术、RFID 等识别技术，已经被越来越多的企业所关注和应用。此外，供应商管理库存、零库存管理等先进技术，也开始在一些大型企业中得到实施。

同时，由于国内部分仓储设施难以满足日益增长的物流活动需求，加之原有的仓储企业普遍缺乏改造基础设施所需要的资金，这促使外国的物流公司纷纷投资建库。而我国的大型企业也积极响应，不断建设现代化仓库以作为发展物流的重要平台。这种趋势无疑加剧了仓储企业间的竞争力度。

中国仓储地产寡头竞争格局明显，而第三方仓储服务市场竞争相对分散。这种分散性主要体现在两个方面：一是涉及行业的广泛性，包含电商、零售、机械、汽车等多个生产制造及商贸流通行业；二是参与主体的多样性，既有自建仓储的生产制造企业，也有专注提供第三方仓储服务的企业，不同行业和类型的企业都有不同的竞争特征。

近几年，电子商务蓬勃发展极大地推动了我国仓储行业的快速增长，仓储布局逐步向二、三线城市延伸。除了传统仓储地产企业持续发力，商业地产企业及中外各类财团也纷纷跨界，先后进入仓储地产领域，形成多元化竞争格局。

随着我国电子商务和对外贸易的发展，以普洛斯为代表的传统物流地产商、传统房地产企业、电商企业、快递企业和金融机构等纷纷进驻仓储产业，共同推动仓储行业的布局与发展。从市场竞争情况来看，普洛斯作为国内规模最大、技术领先的仓储物流供应商与一体化解决方案提供商，凭借现代化、信息化的智能仓储物流服务，在行业中处于绝对优势地位；从客户类型来看，普洛斯选择合作的客户主要聚焦于大中型客户，涵盖全球 500 强企业、跨国企业及国内大型企业集团等；从行业区分来看，普洛斯的主要客户覆盖第三方物流、电商零售、制造和医药等多个关键行业。

3. 智能快递柜新业态业绩持续增长

作为极易被忽略的仓储新业态——智能快递柜，在 2020 年迎来了业绩增长的爆发期。受新冠疫情的影响，“无接触”成为全年热门关键词之一，而智能快递柜在这一趋势下发挥了关键作用，助力实现快件的“无接触”配送。

据统计，截至 2023 年年底，我国已累计建成 1267 个县级公共寄递配送中心、28.9 万个村级寄递物流综合服务站和 19 万个村邮站。其中，邮快合作建制村的覆盖率已超过 70%。此外，新增交通邮政联运邮路 1300 余条，农村邮路汽车化率同比提升 9 个百分点。打造了邮政快递业服务现代农业金牌项目 143 个、银牌项目 20 个、铜牌项目 60 个。自智能快递柜进入末端市场以来，就凭借灵活性、安全性和便捷性等优点，迅速获得了广大消费者的认可。无接触配送模式的普及更是培养了消费者到柜取件的习惯，进一步推动了智能快递柜行业市场规模迅速扩张。数据显示，2022 年中国智能快递柜市场规模达到 421 亿元，同比增长 16.62%。据国家邮政局统计数据披露，2021 年中国智能快递柜投放量已达到 200 万组，同比增速高达 159%。

4. 仓储智能化水平持续提升

随着国内互联网技术的飞速发展，蔓延到仓储业已经是不可遏制的事情，与此同时，促进了仓储业发展效率与水平的提升。2022 年，中国仓储市场规模达到了 1356.9 亿元，同比增长 12.6%。其中，智能仓储市场规模达到 642.8 亿元，占比高达 47.4%，同比增长更是达到了 17.1%。预计 2023 年全年，中国仓储市场规模将进一步扩大至约 1500 亿元，同比增长约 10.6%。其中，智能仓储市场规模将达到约 750 亿元，占比约 50%，同比增长保持在约 16.7% 的高水平。以京东物流为代表的生活消费品智能仓储业龙头，不仅为整个行业树立了发展标杆，也带动了整个仓储业智能化水平的提升。

2020 年 6 月，京东物流宣布将升级“千县万镇 24 小时达”时效提升计划，进一步面向重点县镇继续布局物流新基建。根据该计划，京东物流在 2020 年拟投用 12 座亚洲一号智能物流园区，且这些园区全部面向二到五线城市。此外，京东物流还计划新建及扩建 13 座城市仓和转运仓，以加速快递服务进镇、进村，并大力推广云仓模式、厂仓合一、店仓合一等创新物流业态，实现京东物流和品牌商物流之间的资源共享。与此同时，京东物流的北斗新仓也顺利建成并投入使用，这标志着亚洲首个全流程智能柔性生产物流园的诞生。通过智能算法的全面升级，北斗新仓内运营的各个工作环节得到了显著优化，每天可减少打包复核动作约 18 万次，堪比 14 支机械手臂的工作量。这一改进不仅不会影响工作的准确程度，还极大地提升了工作效率，减少了人为失误，实现了物流流程的自动化和智能化升级。

京东在仓储行业的智能化发展只是当前仓储业如火如荼推进智能化进程的一个缩影。随着仓储业智能化水平及整体氛围的不断提升，将会涌现出越来越多的智能化仓储，进一步推动行业业态的升级。

5. 仓储业向供应链一体化服务平台转型

随着主营业务结构的调整和全球及全国供应链体系的日益完善，仓储企业正向供应链一体化服务平台转型，成为整个供应链条上紧密结合的一环。

中储股份作为仓储行业的龙头企业，依托其仓储资源和管理能力的优势，成功打造了大宗商品供应链一体化服务平台，成为仓储业向供应链服务一体化转型的标杆。钢铁和有色业务已经成为企业百亿级别的产品线，同时利用互联网、大数据、云计算等先进技术整合社会资源，推出了中储智运平台，致力于构建“数字物流、供应链生态圈”的生态系统。

除此以外，苏宁、菜鸟等消费领域的仓储平台也依托自身的供应链优势，大力向供应链一体化平台转型。例如，2020 年 7 月，苏宁在西安投入重金建设的西安国际港务区物流园，该项目建成后可覆盖西北地区苏宁电子商务、跨境电子商务业务销售商品的集中存储、干线运输、零售配送及运营结算等全链条职能。苏宁西安国际港务区物流园的建成，将助力于西安国际港务区做强开放型贸易大通道，为电子商务、商贸物流产业注入强劲的发展动力。

5.2 物流仓储发展存在的问题

我国物流仓储的发展明显滞后，存在的问题也比较多。近年来，随着物流行业的快速发展，物流仓储在观念、服务对象，以及服务水平上均有了不同程度的变化，传统仓储行业运营的不适性日渐明显。本节将物流仓储发展存在的问题归为以下几类。

1. 仓库众多但布局不合理

目前，我国仓储行业面临着仓库数量众多但布局分散的现状，其主要原因是我国最初发展物流业时没有将其体制理顺。长期以来，我国的仓储行业没有形成统一的管理，部门间各自为政，导致仓储资源被分割。由于各行业、各部门为了满足自身需求，纷纷在经济集中和交通便利的地区建设自己的仓库，结果导致仓库数量众多，形成了部门、地区分割，自备自用，相互封闭，重复建设的局面，进而造成资金分散、管理落后、设备陈旧、仓库利用率低下等问题，以至于仓储布局极不合理，造成了部分地区仓储过剩和部分地区仓储能力不足的两极分化局面。例如，铁路部门根据其需求建设铁路仓库，而农业部门也根据需求建设农业仓库，但它们所建设的仓库大多数是同质的，在这种管理制度下导致了仓储的盲目建设、布局不合理且社会化程度低，最终导致仓库资源过剩且大多数处于闲置状态的局面。根据我国仓储协会调查，我国仓储的利用率不足 40%，也就是说我国绝大多数仓储资源没有得到充分利用。

2. 仓储企业平均规模小且服务单一

随着电子商业的兴起与繁荣，我国涌现出大量规模较小的仓储企业。这些仓储企业的综合实力偏弱，现代化物流技术应用程度不高，功能单一，设备陈旧落后，大多数只能提供仓库出租这样的基础仓储服务，服务内容相对单一，并且缺乏规范化的管理，难以满足市场经济发展的要求。

随着我国经济的高速发展和流通体制改革的不断深化，以及对外开放和对外贸易的持续扩大，物流领域亟须高速发展，尤其是仓储业，需要快速发展以适应这一新形势。例如，对仓库类型的需求开始多元化，对仓库内部提出了流通加工、信息化管理的需求。对于很多传统的仓储企业而言，由于无法提高其服务水平，使客户流失、仓库出租困难，最终导致仓储资源的浪费和沉没成本的产生。而对于仓库需求者而言，找到能提供理想仓储服务的仓储企业变得十分困难，这无疑都阻碍了仓储行业和电子商务的进一步发展。

3. 仓储行业信息不对称

由于仓库资源遍布全国各地，且缺乏便捷的信息交流渠道，所以全国各地仓储的供需信息是不流通、不对称的。这种情况导致了我国仓储市场出现供不应求与供过于求的现象。一方面，有许多仓储企业的仓库长期处于闲置状态；另一方面，许多急需仓储资源的供应商却难以找到合适的仓库。

4. 仓储技术发展不平衡

邹宇飞（2021）对智能化仓储系统的现状进行分析，并对物流仓储行业的发展进行研究。目前，许多企业对提高仓库作业智能化的重要性认识不足，仅有一些大型企业的现代化仓库配备了非常先进的智能仓储设备。智能仓储系统是运用软件技术、互联网技术、自动分拣技术、光导技术、射频识别（RFID）技术、声控技术等先进的科技手段和设备，对物品的进出库、存储、分拣、包装、配送及其相关信息进行高效的计划、执行和控制的物流活动。该系统主要包括识别系统、搬运系统、存储系统、分拣系统及管理系统。

在我国，物联网感知技术的应用情况比较良好，RFID 技术是仓储业应用最广泛的物联网感知技术。在一些先进的仓储配送中心，RFID 标签及智能无线射频手持终端得到了广泛应用。这是因为 RFID 技术与托盘系统的结合在仓储配送中心的闭环应用中，可以有效降低成本。此外，在普通的仓储系统中，除了基于条形码的自动识别技术得到广泛应用,“电子标签辅助拣选系统”也有一定的应用。这里所谓的电子标签并非 RFID 标签，而是采用电子指示标签进行拣选作业的系统。这一系统通过计算机系统将出入库订单分解后，传输到货架各货位，利用电子显示技术引导拣货，是一种简洁实用，应用较广的辅助拣选系统。然而，不同仓储企业对智能仓储技术的发展和应用有较大差异，这种技术发展的不平衡状态影响了我国仓储行业整体的运作效率。

5. 缺乏仓储方面的人才

发展仓储行业，既需要掌握高端物流业务开发能力的专业技术人才；也需要一线操作型技能型人才；更需要仓储管理型人才，能够担任物流仓储企业的领导者、经营者角色。然而，我国目前这几方面的人才都相对匮乏，亟须加强相关人才的培养。

6. 仓储管理方面的法制与法规尚不健全

随着我国生产的发展和科学水平的不断提高，已经建立的仓储方面的规章制度已经不再适合当前的实际情况。目前，我国还没有一部完整的《仓库法》，这导致仓储管理人员的法治观念相对薄弱，仓储内部的依法管理水平也比较低下。因此，仓储企业很难运用法律手段来维护企业的利益。

5.3 区块链技术在物流仓储领域的应用

现代物流发展的最大趋势就是将网络化与智能化结合在一起，智能物流仓储作为仓储领域发展的必经阶段，正受到广泛关注。刘娜等（2019）通过分析智能物流仓储的信息化发展特点，找到现代物流仓储信息化建设的难点，探索 5G 新技术支撑智能物流仓储信息化建设的路径。区块链系统以其高度的灵活性，几乎能够记录供应链流程中的每个步骤，从购买到运输直至交付，每个步骤都可以安全地存储并记录在区块链中。密码学的应用使区块链能够用数字资产和签名替换纸质资产与签名，这将使企业节省资金并提高安全性，从而也增加了客户的信任度。区块链技术不仅可用于记录信息，还支持智能合约，这些合约可用于验证端到端制造流程中提供的服务，确保了高度的信息安全性和可靠性。在区块链中，每个链接都保证在创建后始终保持未修改的状态。更重要的是，区块链引入了一种方法，可以用一个统一的物流信息源替换老化的、互锁的记录系统，这些信息可以在全世界范围内共享，这对于智能仓储的发展具有重要意义。

5.3.1 区块链与物流仓储结合的可行性

1. 区块链技术应用于物流仓储的优势

（1）保证货物安全，避免快递爆仓丢包。尽管我国传统物流行业在近几年来成长迅速，但依然存在一些问题没有得到解决，如效率低、经常出现丢包爆仓现象、错领误领、信息泄露、因物流业务链条长导致资源没有充分利用等。而依靠区块链技术，能够真实可靠地记录和传递资金流、物流、信息流。物流行业利用区块链基础平台，可以优化资源利用率、压缩中间环节、提升行业整体效率。

区块链提供一种分布式、多节点的、大家可以共同操作的数据库，可以在多个位置或节点保存数据副本。每个区块包含如卖方、买方、价格、合约条款及相关的任何详细信息，通过双方以及多方独有的签名进行全网验证。如果全网加密记录一致，则这条数据有效，并且上传到整个网络以达到信息共享且信息绝对安全的目的。这样的机制确保了信息的交互，决定了物流的规模与效益。这样，系统中的每个人都可以进行记账，不但使整个系统获得了极大的安全性，而且保障了账本记录的公开透明，去除了人工信息和纸质信息的流程，大大降低了成本，提高了效率。

货物的运输流程也可以清晰地记录到链上，从装载、运输到取件，整个流程清晰可见，可优化资源利用、压缩中间环节并提升整体效率。通过区块链记录货物从发出到接收过程中的所有步骤，确保了信息的可追溯性，从而避免丢包、错误认领事件的发生。对于快件签收情况，只需查看区块链即可，这就杜绝了快递员通过伪造签名来冒领包裹等问题，同时也可促进物流实名制的落实。此外，企业也可以通过区块链掌握产品的物流方向，防止窜货，利于打假，保证线下各级经销商的利益。

（2）可以优化货物运输路线和日程安排。区块链在国外已经有了一定规模的应用，比如将区块链用于集装箱的智能化运输，据说这是全世界首个将区块链技术应用于大型物流运输领域的实例。集装箱信息被存储在数据库中，而区块链的存储解决方案会自主决定集装箱的运输路线和日程安排。这些智能集装箱还可以对过往的运输经验进行分析，不断更新自己的路线和日程设计技能，从而提高效率。对于收货人来说，他们不但能从货物离港到货物到达目的港为止全程跟踪其物流消息，而且还能随时修改并优化货物运输的日程安排。

（3）解决物流仓储中小微企业融资难问题。区块链技术还可以帮助解决物流供应链上中小微企业融资难问题。近年来，我国物流供应链行业处于持续、快速的发展阶段，一批具备较强供应链管理能力的物流企业迅速崛起。然而，物流供应链上的企业大多是中小微企业，这些企业的信用等级普遍较低，很多企业没有得到信用评级，因此难以获得银行或金融机构的融资贷款服务。而区块链技术在物流行业的应用，使物流商品具备了资产化的特征，有助于解决上述问题。区块链技术可以将信息化的商品价值化、资产化，这主要是因为区块链技术所记载的资产不可更改，不可伪造。它固定了商品的唯一所有权，使所有物流链条中的商品可追溯、可证伪、不可篡改，从而实现物流商品的资产化。因此，利用区块链基础平台，可以使资金有效、快速地接入物流行业，从而改善中小企业的营商环境。

2. 区块链技术在物流仓储行业中的应用场景

区块链技术解决的问题类型很多，其中大多与资产所有权转移过程中产生的信任摩擦相关。因此，可以得出这样的结论：快递物流行业中涉及多流融合的业务场景非常适合区块链技术发挥其价值和效果。应用区块链技术可以显著提高快递物流行业中结算业务的处理速度及效率，有效解决物品的追溯防伪问题，并充分保证信息安全及寄件人、收件人的隐私。接下来，本节将列举出四种适合应用区块链技术的快递物流行业的业务场景类型。

（1）高价值市场。将高价值商品进行数字化后，记录在区块链上，进行资产所有权的维护。

（2）资产所有权交易。资产进行数字化后，记录在区块链上，进行资产交易过程的记录管理。

（3）共享数据场景。行业中共享数据的参与方，以区块链账本的形式记录这些共享数据。

（4）合规审计。区块链对企业内部之间的交易进行不可篡改、可追溯的数据记录，合规审计工作需要这些高质量数据的输入，因此在技术上可以做到更加迅速和高效。

场景一：快递保价。

围绕保价场景，快递公司负责商品运输，物流仓储负责快递流转，保险公司提供商品保价服务，商家负责商品销售，卖家购买保价服务，政府则进行行业监管。那么，要把哪些东西记录在区块链上呢？需要将几个关键点，即商品的物流详情、账户信息、身份认证、理赔记录，以及其他参考数据等信息记录在区块链上。保价本质上就是合约的概念，当客户对包裹进行正常签收后，会自动触发账户理赔流程，合约随之正常结束，保费也自动清算结束。如果出现问题件或遗失件的情况，则会触发保险公司的理赔流程。

场景二：公益快递。

针对公益活动，比如“一分钱”活动，该活动从每个公益包裹的费用中拿出一分钱捐赠给公益组织的账户。在此场景中，物流仓储企业负责快递的流转工作，公益组织负责执行公益活动，扶贫商家则提供公益扶贫商品的销售等。那么在此场景中，区块链记录的就是商品的物流详情，包裹签收后，相关信息就会记录到区块链上，并自动触发从物流公司的公益账户向公益组织账户的转账。当公益活动结束后，整个流程是公开透明的，这有效避免了大众对社会公益活动的不信任感。

场景三：行业黑名单共享。

目前，物流仓储企业从业人员的黑名单主要还是以线下模式为主。但有望通过区块链技术，让每个物流公司将从业人员黑名单记录到区块链上。这样，其他公司也可以进行查询，而且这些数据一旦记录就不能被修改，并能够追溯到该人员在哪家公司及具体的不恰当行为等信息。

场景四：邮政寄递渠道安全事件监管。

很多快递公司都会安装安检机，而政府也想知道每家物流公司是否存在运输安全隐患事件。通过分布式记账的模式，可以让各个快递公司在出现安全事件时，将其有效信息记录于区块链上，使监管机构可以实时监控这些数据且不可篡改。

5.3.2 区块链与物流仓储结合的需求分析与设计

物流仓储行业的现代化将在全球范围内产生广泛影响，通过全面降低成本，并允许物流过程中的实体与更多的个体机构进行合作，物流整体将得到全面改善。这些效率的提高最终将在过程的每一个环节节省成本。这种转变不仅仅是即将到来，它已经在发生，而且这种转变的积极影响将在未来几年继续在全球产生共鸣。

1. 区块链可以改变物流仓储的六种方式

（1）区块链将为数据透明度带来信任。对信息真实性的信任是当前物流业面临的一个巨大问题，许多公司要求在供应链的各个环节中保护每一方的保密性，但这可能会增加透明度的难度。私有区块链的实现使参与事务的每一方都可以清楚地、分散地访问传输过程中的重要信息。这些数字分类账中的数据块具有高度的准确性，并且受到严格的篡改保护，可以为那些需要内部信息的人提供受控的访问权限。基本上，私有区块链中涉及的每一方都有自己的数据副本，外部人员无法更改或访问这些副本，因此事务历史能够保持透明。

（2）智能合约为创建、签署和履行协议提供了一种全新的方式。据区块链运输联盟（Blockchain in Transport Alliance，BiTA）联合创始人克雷格·富勒（Craig Fuller）表示，每天因交通费用纠纷而锁定的资金约 1400 亿美元。此外，平均一张发票需要 42 天的时间才能完全结算。通过区块链开发的智能合约是物流过程中自动化法律协议的一种安全方法。最著名的平台是 Hyperledger Fabric 和 Sawtooth。在这些平台上，智能合约可以监视流程中的每一步，并检查代码中列出的规则，以确保每一份合约都能得到完全履行。此外，这些智能合约可以为供应链两端的实体提供可靠性，并允许较小的参与方参与这个过程。众所周知，对于小型初创企业来说，在没有重要的参考资料或强大声誉的支持下，进入供应链是非常困难的，智能合约可以通过确保合同能够完成来帮助缓解这个问题。

（3）使用区块链可以保护信息。使用传统的分类账系统，恶意攻击者可以访问和更改整个供应链中存储的数据。而区块链不仅提供了一个分散的信息平台，其准确性还通过检查和审计进行验证。此外，区块链还提供了加密工具，以确保数据以安全的方式输入或修改。在当今这个互联互通的世界中，对安全性的日益增加的需求将需要一个像区块链这样的系统来确保信息安全。

（4）可靠的基于许可的访问。区块链系统可以在块本身的不同层控制对信息的访问。例如，可以以一种只允许相关方访问该信息的方式保护合同数据，而更通用的信息，如发货大小或重量，则可以公开提供。控制对该信息的访问不仅提供了额外的安全层，而且还增强了链内实体之间的信任，并允许它们彼此独立工作。

（5）区块链可以为多方利益相关者的资产管理带来清晰度。使用区块链的数字分类账系统，可以方便地跟踪资产，并与索赔人进行配对，而不会产生任何所有权混淆。这种永久记录提供了一种清晰的方法来处理资产的转移和验证，尤其对那些可能很难使用当前记录方法进行管理的资产。

（6）区块链为订单管理提供了一个可伸缩的解决方案。区块链近乎无限的可伸缩性确保即使是最大的交付任务也不会受到区块链功能的阻碍。特别是随着如此多的“当日送达”服务的兴起，传统的跟踪方法落后的可能性很大。

2. 区块链技术在物流仓储领域的应用设计

目前，区块链技术在物流仓储领域的应用设计主要体现在以下几个方面。

（1）流程优化。通过区块链网络，可以实现物流与仓储各环节凭证签收的无纸化，将单据流转及电子签收过程写入区块链进行存证，以确保交易过程中的信息流与单据流一致，从而为计费提供真实准确的运营数据。在对账环节，双方将各自计费账单上的关键信息（如货品、数量、货值、运费等）写入区块链，通过智能合约完成自动对账。同时，将异常调账过程也上链记录，使整个对账过程既高度智能化又高度可信任。

（2）供应链协同。通过区块链网络，可以将供应链上下游的核心企业、供应商、经销商等进行网联，各参与方共同维护一个共享账本。该账本允许数据在各方之间进行存储、共享和流转，从而保证了区块链上所有企业能够可信、高效地同步信息。这样，企业可以可靠地掌握上下游企业的情况、建立交易关系、跟踪交易状况。这种多方数据的实时共享更安全、更高效，消除了人工耗时的流程，并有助于降低欺诈和错误的风险，进而降低企业管理成本。

（3）物流与供应链征信。通过区块链网络，可以收集物流与供应链各个环节可信数据（如交易信息、结算信息、服务评分、物流时效等），并通过区块链网络的多方交叉验证机制，确保数据的真实性。再通过行业标准评级算法，利用智能合约自动计算企业 / 个人的征信评级，并将评级结果写入区块链。在有效保护数据隐私的基础上，实现有限度、可管控的信用数据共享和验证，为行业提供高信任度的物流与供应链征信服务。

（4）电子存证。通过区块链网络，可以让物流与供应链各个环节的电子数据在生成、存储、传播和使用全流程中保持可信。用户可以直接通过程序，将操作行为全流程记录于区块链上，比如可在线提交电子合同、维权过程、服务流程明细等电子证据。区块链还提供了实名认证、电子签名、时间戳、数据存证及区块链全流程的可信服务，从而建立整个信任体系。通过其完整的结构，区块链能够解决供应链上包括信息孤岛、取证困难等一系列问题。

（5）物流与供应链金融。通过区块链网络，可以将物流与供应链金融链条中的各参与主体（如资金方、供应商方、核心企业、经销商、监管方、物流方等）进行网联，并将线下交易场景中的资产（如仓单、应收账款等）数字化后上链。上链后，这些资产实现数字资产化，区块链网络的可信机制能有效地实现资产价值化，进而，数字资产可以实现多级穿透式拆分流转，并且使核心企业的信用穿透到供应链两端的中小微企业，解决中小微企业融资难、融资贵的问题。

（6）物流跟踪与商品溯源。通过区块链网络，可让物流与供应链各个环节中的商品实现从源头到生产再到运输直至交付的全程追溯。时间戳、共识机制等技术手段保证了数据的不可篡改和追本溯源等功能，为供应链溯源提供了技术支持。同时，区块链将监管和消费者纳入监督体系，实现了三方监管，保证了供应链流程的透明性，打破了传统的信息孤岛现象。

5.4 小　结

本章主要从物流仓储发展现状、物流仓储发展存在的问题，以及区块链技术在物流仓储领域的应用设计分析几个方面来进行介绍。第 5.1 节介绍了当前我国物流仓储行业的几个特征，包括需求减弱且企业成本压力较大、仓储技术获得较快发展，以及仓储企业之间的竞争加剧等。第 5.2 节阐释了物流仓储在发展中存在的问题，如仓库众多但布局不合理、仓储企业平均规模小且服务单一等。第 5.3 节介绍了区块链与物流仓储结合的可行性，以及区块链与物流仓储结合的需求分析与设计。区块链技术应用于物流仓储领域可以为数据透明度带来信任，为创建、签署和履行协议提供了一种全新的方式等，实现了六种转变，并在实现过程中也有多种应用场景。

第 6 章　区块链技术与物流金融

本章要点

1. 了解我国物流金融发展现状。
2. 了解我国物流金融发展存在的问题。
3. 了解区块链技术在物流金融领域的应用设计分析。

● 引例

中国领先的独立支付及清结算服务平台——随行付

2017 年 11 月，基于区块链技术的随行付合同物流金融服务平台正式投入运行，该平台的上线也标志着“区块链＋合同物流金融”进入落地运营阶段。截至目前，随行付已经开设了 28 家省级分公司，业务覆盖全国 300 多个城市，其线下推广团队规模超过 50 万人，与来自全国的物流小微企业进行合作商讨，为其匹配个性化的金融服务支持。相对于市场上其他供应链金融服务平台而言，该平台专员的客户来自全国各地，并且都采取上门服务的方式开展尽调以及确权事宜，专业化、职业化较为显著。此外，随行付打造了专业的技术开发团队，其整体规模接近 100 人，同时还获得诸多软件著作权，成功研发了诸多内部业务管理系统，包括智能风控系统以及数据中心服务平台等。随行付线下团队不仅规模庞大，还注重专业知识能力的培养，项目执行和落地更加迅速。因此，对于我国众多中小跨境出口电商企业来说，随行付强大的落地能力可以为它们提供优质的跨境金融服务。随行付目前平台业务多元化发展，已经涉及娱乐、服装百货以及保险等诸多领域。2017 年，该平台开始进入物流金融领域，借助区块链技术构建物流金融服务平台，有效解决了中小物流企业应收账款的确权难、转让难、融资难问题。

随行付是行业中首家在物流合同领域使用区块链技术的金融服务平台，所采用的技术主要以分布式数据存储以及加密算法和共识机制为主，解决了多主体参与下信息不对称的问题。区块链技术能够实现实时记录资金流向和变动，对物流以及信息流展开实施追踪，有效解决了信用传递效率低以及传递失效等问题，提升了中小物流企业信贷收集效率。随行付采取的区块链解决策略能够减少物流企业在信用传递和收集方面的成本支出。随行付全牌照跨境支付能力促使跨境支付与物流金融融合，长期以来，跨境支付问题一直制约我国跨境电商和跨境物流金融的发展。在这方面，随行付已经获得相应的全牌照跨境支付能力和资质，如全国银行卡收单牌照（由中国人民银行颁发）等。并且与十余家银行展开合作，各大商业银行能够借助区块链平台及时分享物流公司业务相关数据，如物流企业应收账款登记、确权以及物流运输协议流转等。由此可见，借助这一平台机制能够实现追溯跨境应收账款生成全程，并及时对底层应收账款资产开展穿透核查，从而使物流金融与跨境支付融合，促进跨境物流金融的发展。

[**资料来源：**易燕.基于区块链技术我国跨境物流金融的发展展望——以随行付为例 [J]. 对外经贸实务，2020(4):77–80.]

思考题：随行付如何在跨境物流金融领域中应用区块链技术？主要包括哪些方面？为什么选择区块链技术与物流金融结合？有哪些好处？

6.1 我国物流金融发展现状

1978 年，“物流”概念正式引入我国。物流金融是指在面向物流业的运营过程中，通过应用和开发各种金融产品，有效地组织和调剂物流领域中的货币资金运动。这些资金运动包括发生在物流过程中的各种存款、贷款、投资、信托、租赁、抵押、贴现、保险、有价证券发行与交易，以及金融机构所办理的各类涉及物流业的中间业务等。有别于国外以金融机构推动物流金融服务发展的模式，目前，国内物流金融服务的推动者主要是第三方物流公司。郭文等（2019）对我国物流金融的发展现状进行了全面的总结。姜晓茹（2021）对物流企业的物流金融的新业务模式进行了探索。

我国物流金融的发展总体上可以分为以下两个阶段。

第一个阶段是我国物流金融的起步阶段。在该阶段，我国物流金融的主体主要是银行。20 世纪 90 年代，中国邮政储蓄是第一个开始对物流金融板块进行探索的金融机构。随着金融行业和物流行业的不断发展，大型的生产企业、物流企业逐渐加入物流金融的探索中。其中，2005 年是我国物流金融的繁荣时期，四大银行均在这一年开展了物流金融服务，同时，部分物流企业也开始积极发展物流金融业务。

第二个阶段是我国物流金融的成长阶段。在该阶段，我国物流金融的主体逐渐由银行向物流企业转变。2006年6月,中国建设银行第一次提出了保兑仓业务。同时，由于银行对物流行业的了解不够深入，物流行业的加入避免了在物流金融业务中出现不必要的损失。物流行业逐渐在物流金融业务中发挥愈发重要的作用，进而形成了以物流企业为主导的物流金融业务。

近年来，物流金融的发展日益趋近于可视化、模型化、区块化、垂直化以及精细化。物流金融主要涉及三方主体：金融机构、第三方物流与客户。随着物流金融成为物流巨头和供应链企业的第一利润来源，它已成为获得客户资源及垄断资源的重要手段。同时，物流融资作为物流金融的核心，其运作模式也呈现多样化的趋势。例如，根据融资对象及产品经营方式的不同，可分为基于存货和基于贸易合同两种分类方式,具体包括存货质押、融通仓、应收账款融资和订单融资等;根据金融机构参与程度的不同，又可分为资本流通与资产流通两种类型，具体包括垫资、仓单质押、授信融资与信用证担保等模式。

当前，我国物流金融的发展现状呈现以下几个特点。

1. 物流金融市场规模持续扩展

据《中国物流金融市场监测》显示，自2018年，我国物流金融市场规模逐年增长。2020年,我国物流金融市场资金量规模增至约8万亿元,相较于2019年，同比增速达到5.82%，为相关物流企业提供了超过600亿元的综合收益，经济效益和社会效益同时显现。

随着新兴技术的发展，物流金融业务的数字化、智能化得到了更好的技术支撑。越来越多的供应链企业、仓储物流公司、科技型企业联合具有前瞻性的银行，开始创新并开展物流金融业务。物流金融行业市场规模快速增长，预计2025年市场规模将达到13.6万亿元。

2. 中国物流金融发展处于成长阶段

目前，中国物流金融处于高速发展的成长阶段。从物流区域市场来看，上海、广东、江苏等经济发达地区物流产业发展迅猛；从专业物流企业的发展来看，民营企业，以及具有多元化股权结构的新兴物流企业正蓬勃发展；从物流细分市场来看，发展迅速的领域主要集中在以“三资”企业、私营企业等非国有经济为服务对象的“第三方物流”。

我国第三方物流呈现快速增长的趋势。尚普咨询集团数据显示，2022年，我国第三方物流收入规模为7.1万亿元，同比增长8.7%，在物流总支出中占比达到 44.7%。物流产业的发展将成为我国经济发展的新兴产业和新的经济增长点。同时，我国物流总成本占 GDP 比重逐年下降，物流发展质量和效益稳步提升。

3. 物流金融业务模式多样化

我国物流金融业务模式呈现多样化的发展特点。本书在这里选取其中主要且运用广泛的模式之一——质押模式，进行详细阐述，其他主要且运用广泛的模式还包括垫资、保兑仓等。我国的质押融资主要包括仓单质押和动产质押。

仓单质押贷款是指银行与借款人、保管人签订合作协议后，借款人将使用自有存货或第三方库存作为抵押物交付给物流公司。物流企业随后签发存货仓单给融资公司，融资企业根据存货仓单向银行申请承兑，从而获取贷款。具体模式如图 6.1 所示。

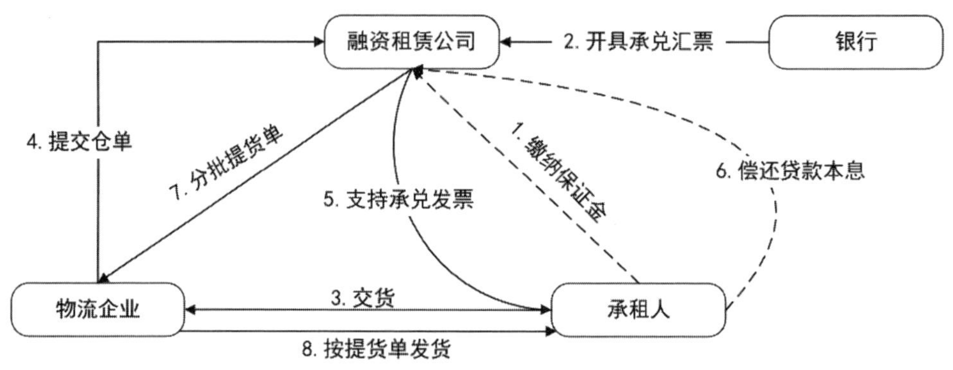

图 6.1 仓单质押模式

动产质押模式是指借款人向银行等金融机构申请动产质押贷款的过程。在这个过程中，仓储公司接受银行的委托。对借款人交付的货物进行价值评估。评估完成后，仓储公司开具仓单给借款人，并出具评估证明给银行。借款人向银行提交已抵押的仓库收据后，银行向其发放贷款。在该过程中，中介银行与借款人将签订人企合作协议和账户监管协议；银行与仓储公司将签订不可撤销的质押权保证书；借款人与仓储公司之间则签订仓储协议。具体模式如图 6.2 所示。

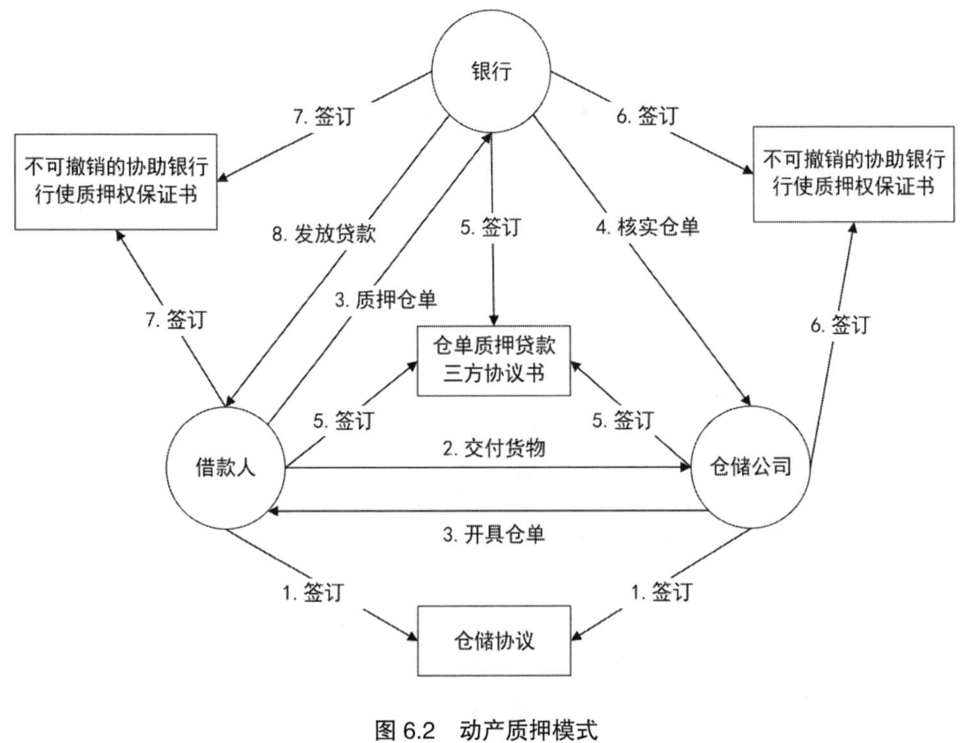

图 6.2　动产质押模式

6.2　我国物流金融发展存在的问题

虽然我国物流金融不断发展并取得了巨大成就，业务也得到了较为明显的提升，然而与发达国家相比，仍有诸多不足，具体表现在以下几个方面。

1. 支撑物流金融发展的环境欠佳

一方面，相应法律、法规和机制并不完善。我国物流金融起步较晚，并且随着新技术的成熟而迅速发展，但与之相关的法律、法规和相应的机制并未跟上物流金融的发展速度。在信用制度和质押制度方面，都存在一定程度上的缺陷。尽管我国在物流金融领域已经出台了相关的行业标准，但总体上仍处于相对混乱的形势。不同地区、不同企业在物流单据方面存在不规范的问题，针对物流金融的相关制度也缺乏规范统一的行业准则，相关监管也存在不够到位的问题。

另一方面，我国物流企业存在整体发展水平不平衡的问题。我国物流行业存在“范围广、分布散”的特点，加上物流企业各自的起点和基础有所不同，因此导致我国物流企业存在地域差异与发展不平衡等问题。部分企业，尤其是中西部经济欠发达地区的物流企业，仍是以运输、仓储为主，处于较为落后的发展阶段。

而其他部分企业则正在根据市场需求向现代物流企业转变，仅有少部分企业走在现代物流业的发展前沿。

2. 物流的国际化服务能力亟待提升，金融服务意识缺乏

我国国际物流服务生态体系还远不足以支撑中国的贸易全球化布局，物流的国际化服务能力亟待提升。此外，缺乏金融服务意识也是导致物流企业发展缓慢的原因之一。除了物流企业，物流金融产业链上的其他企业也存在着缺乏金融服务意识的问题，例如，物流企业自身的资金实力不足，管理机制与管理能力不够完善，缺乏专业性人才参与等，能够在供应链中准确定位自身服务功能的物流企业相对较少。多数物流企业仍停留在提供运输与保管等服务，从而收取服务费的传统业务模式阶段。而且，物流企业与金融机构、客户企业之间没有实现信息共享，导致信息获取的不对等和协同能力的缺乏。

3. 信息管理与物流征信评级不够完善

一方面，物流金融涉及金融机构、客户与第三方物流企业三方主体，而多数情况下物流金融业务的开展都需要联络多方主体。在此过程中，难免会发生信息的缺失或错漏，从而造成信息不对称的问题。

另一方面，由于金融机构在提供物流金融服务时会涉及大量的资金流动，当金融机构对资金需求方的信息掌握较少，同时也没有一个完善的信用与风险评估体系对资金需求方的信誉及风险状况予以客观评价时，金融机构就会基于“谨慎性原则”和“规范性原则”不予放贷。因此，部分企业，尤其是中小型的物流企业在办理物流金融服务时就会面临诸多问题。例如，仅仅只靠自己的资产并不能得到本身所需的物流金融服务，而用自身资产进行担保的连带责任过大，金融机构设置的担保物门槛很高等。这部分企业因此并不能得到金融机构的支持来扩大生产规模，进而影响行业发展。

4. 缺乏基于市场需求的物流金融人才

物流金融在我国起步较晚，培养的专业型人才远远不能满足企业的需求。物流金融作为一个新兴的学科领域，是“物流业＋金融业”的结合，需要兼具物流、金融及综合性专业知识的人才。然而，我国目前人才培养的速度和质量无法跟上市场的需求。同时，物流金融作为一个交叉学科，既包括物流相关的知识，又包括金融方面的知识，而目前我国开设物流金融研究方向的高校仅十余所。随着物流金融的高速发展，对这方面的专业型人才的需求必定愈发急切。因此，对于我国目前的物流金融市场而言，物流金融人才是相对缺乏的。

5. 下游客户数据失真

我国物流金融企业在进行业务办理时，需要首先确认客户的权利，以确保交易信息的准确性和合理性。在确认之后，才能将仓库收据交付给银行，最终由银行发放贷款给融资企业。但在实际交易过程中，部分物流金融企业为争取到更多的客户资源而降低交易成本，存在向许多并未达到资质条件的不良客户提供担保的行为，即没有经过客户确权便进行交易。在此情况下，业务人员只能根据存在融资需求的客户所提供的交易记录来给付资金，无法准确评估该客户的数据是否真实，从而导致下游客户数据失真。随着新技术的发展，物流金融企业应认真履行自身职责，以谋求更大发展。

6.3　区块链技术在物流金融领域的应用

随着信息化时代来临，虽然传统物流行业的发展模式受到冲击，但物流行业搭上了新技术的快车，物流金融业务得到了高速发展。区块链技术通过构筑去中心化的信用模式，既颠覆了传统金融商业模式，又改进和提升了现代金融服务水平。因此，将区块链技术应用于物流金融领域，可以使物流金融发展更加规范化、专业化和现代化。

6.3.1　区块链与物流金融结合的可行性

目前，区块链技术的应用已不再局限于货币领域，尤其是在物流金融领域中的应用已取得了良好的效果。区块链在物流领域的应用探索可以追溯到 2015 年前后，主要集中在流程优化、物流追踪、物流金融和物流征信等方向。在物流金融中，应用区块链技术构建产品的交易、存储、销售及融资等环节，实现资产的数据化管理，从而实现对相关企业运行信息及资产信息的全程管控和精准匹配。区块链技术在物流金融领域中的应用不断验证着区块链与物流金融结合的可行性，其可行性具体表现在以下三个方面。

1. 区块链技术在应用中已积累了相关经验

随着区块链在版权保护、物流链、供应链金融、跨境支付，以及医疗五大领域内产生深度应用，它为传统行业提供了流动性的技术服务，帮助重资产企业向轻资产转型，同时积累了一定的应用经验。区块链技术广泛应用于金融领域，其去中心化性质使金融投资的表现优于传统方法，并优化了人力资本配置，缩短了银行借款的审核时间，助力企业快速获得资金。此外，区块链助力金融交易中的数据实现去中心化、交易过程中不可篡改，以及交易流程可追溯等特性，进而减轻了时间延误和人为因素带来的负面影响。区块链技术在应用过程中所积累的经验将有助于区块链技术与物流金融的进一步结合，使物流金融的发展更趋于可视化、模型化、区块化、垂直化及精细化。

2. 区块链系统交易机制满足物流金融的要求

区块链是一种基于比特币的底层技术，它本质上是一个去中心化的信任机制。在区块链系统中，每一个分布式节点都能产生大量的数据，这些数据形成永久存储和长期持续的链。区块链系统通过分布式节点共享来集体维护一个可持续生长的数据库，从而实现信息的安全性和准确性，具有安全性强、透明度高的特点。此外，区块链系统交易机制可以实现金融体系的信用穿透，有助于解决金融领域融资难、融资贵等问题。将区块链技术与物流金融相结合，能够真实记录交易过程，验证交易可行性，从而降低主体之间因尚未建立相互信任而产生的高机会成本，并协助物流金融解决系统运行中的安全问题。

3. 区块链系统的主体关系与物流金融主体关系并无冲突

物流金融业务主要涉及金融机构、客户与第三方物流企业这三方主体。其中，金融机构与第三方物流企业联合起来为资金需求方企业提供融资服务。在这个过程中，金融机构扮演风险承担者和流动性提供者的角色，而第三方物流公司则发挥平台商的作用。三者在物流金融中各司其职，共同推进业务的进行。区块链系统的主体关系呈现分布式、去中心化的特点，这与物流金融的主体关系并无冲突，反而有利于解决物流金融领域由于参与方在信息对称性、管理水平及经济实力等方面存在明显差异而导致业务水平降低的问题。

6.3.2 区块链与物流金融结合的需求分析与设计

区块链在物流金融方向的应用可依托于区块链上可信的存证数据，如征信评级、应收账款、固产 / 动产等。这些数据可以向金融机构证明交易的真实性和票据的真实性，帮助金融机构完善中小型企业的 KYC 画像，进而解决中小企业融资难的问题。两者结合的具体需求分析与设计可分为以下四个方面。

1. 区块链技术与仓单融资过程的结合

传统的仓单质押业务是以物流企业为中心建设的仓单业务系统，分为场内仓单质押和场外仓单质押。但在实施过程中，存在银行对仓单信息获取不及时的问题，这可能导致内部人员在仓单上伪造银行押解信息，进而给资金方造成损失的风险。基于区块链构建的数字仓单可以使物流企业、经销商和银行对仓单的权属等状态达成共识，形成不可篡改的共享账本信息。区块链为不互信的各方创造了信任环境，可以有效避免人为造假行为。

在仓库管理中，物联网技术能够准确感知货物的重量、位置、轮廓、运动状态、管理权限等精确物流信息，这促进了动产质押业务从现有的自发自主描述化的模式向系统确认的模式的转变，有助于区块链技术与物流金融在仓单融资方面深入融合。

如图 6.3 所示，基于区块链和物联网技术实现仓单融资的过程具备以下特点。

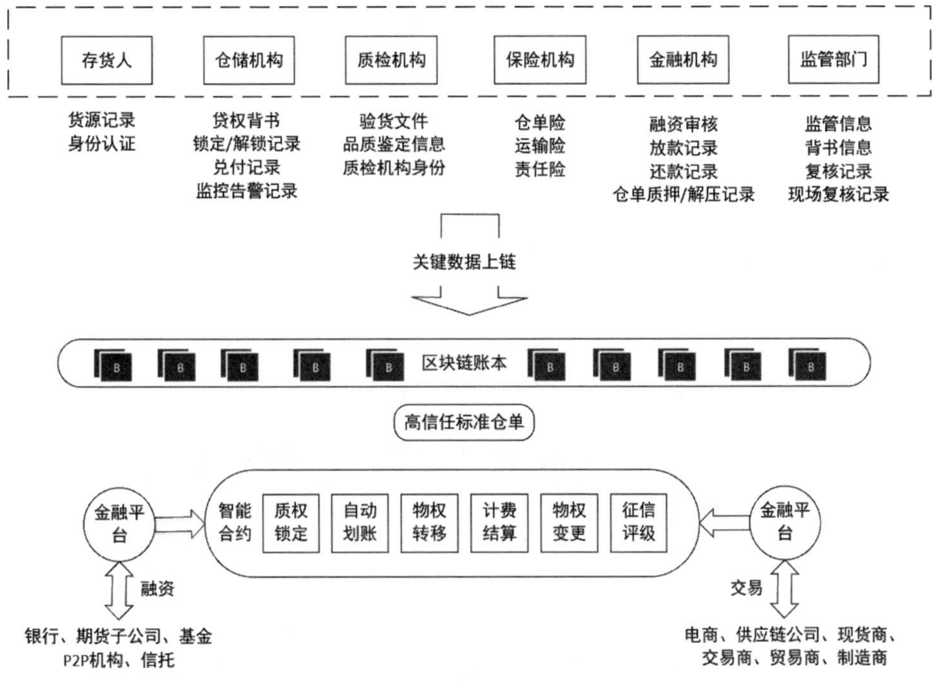

图 6.3　基于区块链和物联网技术实现仓单融资过程

（1）基于权威 CA 建立真实可靠的信用主体，通过数字身份和电子签章等技术，确保参与多方的身份真实，并对每笔交易进行签名，实现交易的合法性和不可抵赖性。

（2）通过区块链和物联网技术确保质押物的真实性，使融资过程中的买方、卖方、金融机构、核心企业这四个参与方共同操作一份真实可靠的数据，从而减少信息不对称和信用摩擦成本，避免传统中心化金融平台的缺陷。

（3）区块链的自治性能够规避道德风险，通过智能合约的自动执行，避免人为操作时出现的执行错误或下游客户数据失真等现象，能够确保按照预先声明的合约在规定的时间内去执行。

（4）区块链可以保证信用主体积累的交易数据真实可靠，且不可被篡改，包括主体的融资数据、还款数据，以及质押物的数据，这些数据都可以作为后续买卖双方交易前的融资风险评估依据。

（5）通过联盟链的方式，协同物流上下游企业和个人去完成共同的商业模式，建立可靠的生产关系的同时，也建立一套行业标准。

如图 6.4 所示，在基于区块链的动产质押融资过程中，将登记公示机构、质权人、出质人、次债务人及第三债务人加入联盟链节点，实现登记公示、单证、交互、确认四大环节的协作。同时，形成全过程的文档记录，将原有的手动处理单证、线下签章、单证集中式保存的形式更改为线上确认，将涉及权益与合同执行的环节通过共识机制写入区块链账本中。

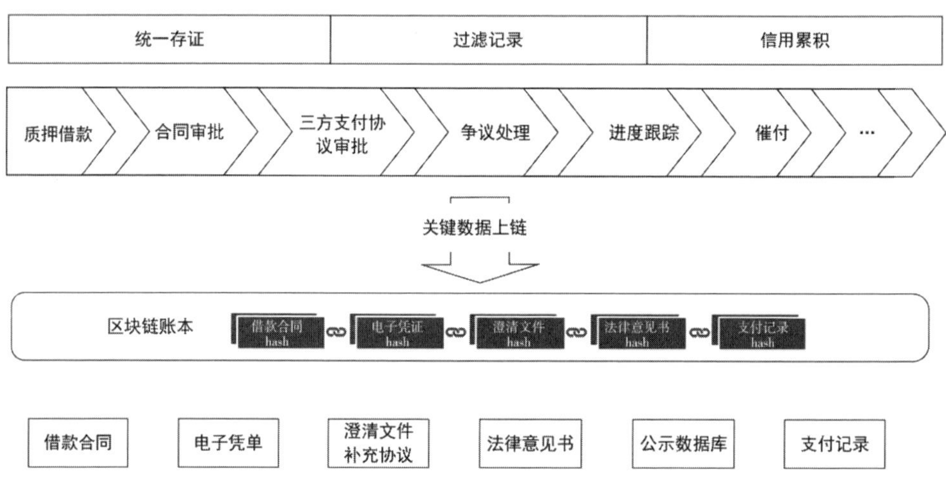

图 6.4　基于区块链的动产质押融资过程管理

2020 年 9 月 27 日，我国石化行业首笔融合区块链与物联网技术的数字仓单质押融资业务成功落地，为化解石化中小企业融资难、融资贵的难题提供了新思路。此笔业务由中化能源科技有限公司、中国建设银行内蒙古分行、南储仓储管理集团有限公司合作实施，构建了“区块链数字仓单平台”，打通了第三方仓储这一液体物流的关键节点。通过物联网和数字孪生技术的应用，使实时指向与被度量的实物资产真实可靠，并以此为依据在区块链上设立可信的商业票据，确保这些票据始终可以指向位于底层的实物资产。融资方北京龙润达石化产品有限公司从申请仓单开立到银行拨付放款用了不到 1 天的时间，相比市场上常见的贸易型融资服务，成本降低了 40%。

2. 区块链技术与供应链金融服务的结合

2013 年，博鳌亚洲论坛发布了《小微企业融资发展报告：中国现状及亚洲实践》。报告显示，国内有借款需求的小微企业，应收账款质押的使用率仅为 5.3%，这表明中小微企业应用账款融资市场潜力巨大。2014 年 4 月，中国银监会颁布的《商业银行保理业务管理方法》指出，在企业开展保理业务时，必须审查交易背景的合法性和真实性。在实践中，虽然可以通过监管和手段实现履约过程中多方交互，但仍然存在诸多尖锐问题。

区块链技术作为近年来新兴前沿技术之一，能够将供应链上的企业串联起来，整合供应链业务流程，从而实现企业的信任穿透，确保业务真实、数据可信，防止履约风险，提升资产流动性，降低企业融资成本，盘活金融资源。

基于区块链的去中心化特点，以供应链金融服务（应收账款融资）为核心，以债权凭证为载体，帮助入链供应商盘活应收账款，降低融资成本，增加财务收益，解决供应商对外支付及上游客户的融资需求。这一方案可以解决以下几个问题。

（1）真实信息共享传递。利用区块链分布式账本和加密算法的技术优势，将供应链企业纳入区块链底层平台，记录供应链各主要参与方在生产、销售、采购、物流等环节的关键数据，形成不可篡改的真实贸易信息数据链。这样可以让数据可信流转、业务真实准确，实现供应链上的企业信息可追溯，以及相关资产的数字化。

（2）多主体协作。区块链技术可以提供去中心化、多方平等协作的平台，降低核心业务、融资企业、物流提供商、金融机构等物流金融主要参与者在协作过程中的信用风险与成本。

（3）信用多层级传递。区块链技术能够打通供应链上下游各层级之间的交易关系，将核心企业在交易中的主体信用传递到没有与其发生直接交易的远端企业，从而健全企业征信体系。

（4）流程智能化。区块链技术可实现供应链相关操作流程的自动化，减少其中人为参与的不可控因素，提高业务流程的运营效率。

（5）防范履约风险。智能合约本质上是事先在区块链上约定合约条款的计算机程序。借助智能合约，可使供应链业务、物流、商品交割、债券清算等在区块链上实现，确保交易双方或多方履约，推动交易顺利进行。

如图 6.5 所示，基于区块链技术的供应链金融服务平台应具备实名认证、电子签章、电子凭证、资金管理等主要功能，它提供了一个为核心企业及其供应链上下游企业和金融机构服务的多方协作平台。该平台融合区块链的数字供应链金融平台，搭建了金融机构、产业链核心企业、链属企业、供应商等多方在内的联盟信任体系和价值网络，能够传递并释放核心企业信用，降低产业链资金结算成本、融资成本，增强资金和资产流动性，促进整个供应链金融生态的良性发展。

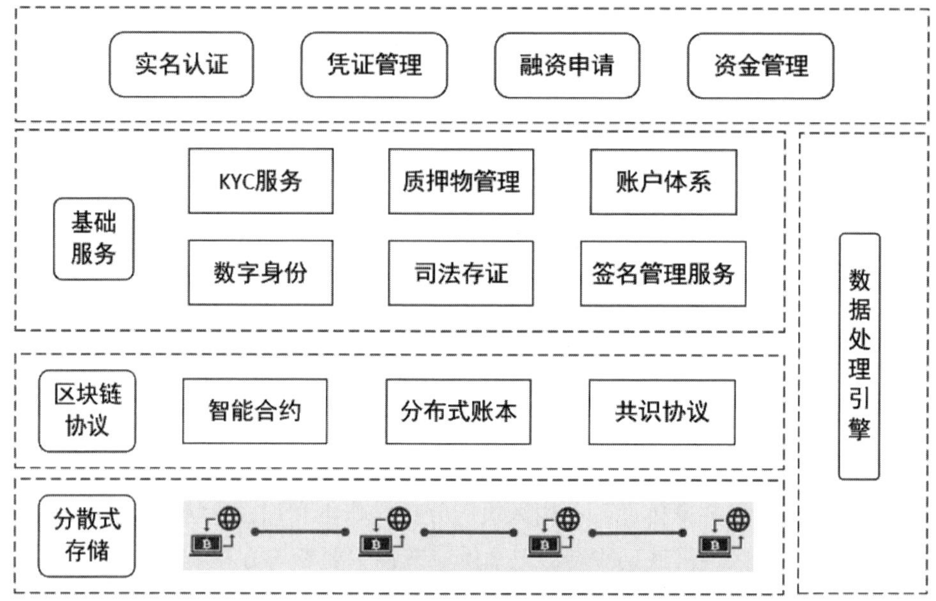

图 6.5　基于区块链的供应链金融服务平台

腾讯推出了国内首个“供应链金融 + 区块链 +ABS”开放平台——微企链。该平台主要依托财付通的清算能力，为企业提供应收账款融资等供应链金融服务。通过供应链上下游企业和银行等金融机构上链，平台完整记录信息，并将核心企业的应收账款打造成可拆分和流转的债权凭证，实现数字债权凭证的流转、拆分和兑付，保证信息的不可篡改性，防止重复融资，且可追溯。其主要模式如图 6.6 所示。

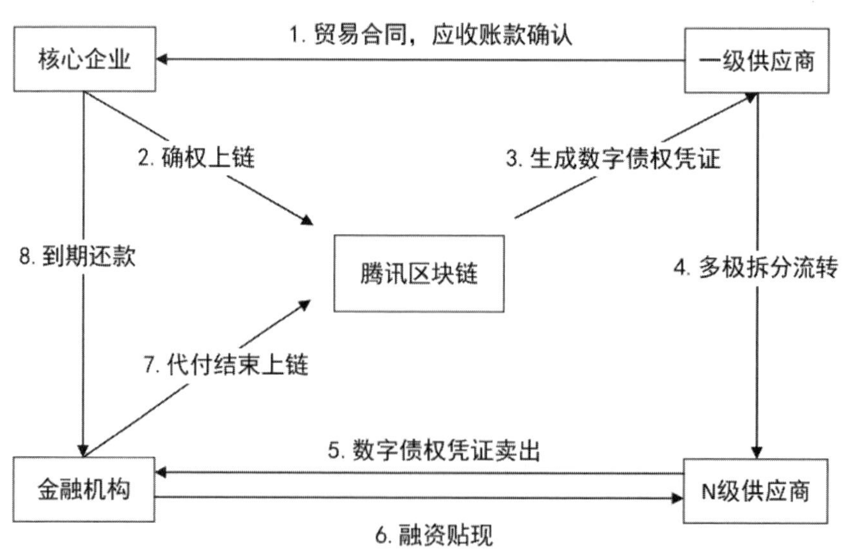

图 6.6　腾讯“微企链”供应链金融逻辑

由图 6.6 可知，“微企链”依托腾讯区块链底层技术和财付通支付技术优势，将应收账款债权资产与资金对接，实现了应收账款融资的模式创新。从资产导入端看，平台突破了传统的反向保理模式，实现了核心企业和多级供应商的应收账款拆分；从产品端看，平台能够借助银行、公募、过桥资金等将应收账款拆分并流转至供应链末端的小微企业。同时，平台后端可以对接银行、券商、信托、资产证券化等多渠道资金，实现全流程链条的闭环管理。

3. 区块链技术与航运供应链的结合

在航运供应链领域，很多进出口企业都是小微企业，由于航运供应链时间长、跨度大、流程复杂、涉及相关方多等特点，很多小微企业时刻承受着资金链紧张的压力。与这种小、快、频的金融需求相对应的是复杂、缓慢、高成本的金融体系和流程。而造成这种局面的重要原因是信息不对称、不完整，以及金融欺诈的广泛存在，金融机构不得不采取相关风险管控手段，导致整个流程复杂且容易出错。

在大宗商品供应链金融领域，一些业内领先的金融机构和物流企业对此开展了相关业务，但是，由于缺乏有效的风控措施，导致违约、骗贷事件频出，大宗商品信贷危机频频发生。从 2013 年去杠杆导致全球大宗商品市场的低迷，到青岛港大豆、棕榈油等农产品融资骗贷事件，再到天津港融资欺诈案，大宗商品融资的问题不断暴露，商品重复质押、虚假质押现象频现，动产质押的风险管理问题开始受到各方的重视和审视，成为金融机构关注的焦点。

相比之下，针对进出口小微企业的航运供应链金融，由于面向的客户行业广、客户散、授信小、形态多，金融风险相对分散。如果再辅以以区块链为依托的风控平台，从源头上保证物权凭证的可信、可流转和可追溯，充分保证其真实性、可承兑性、防伪性和不可抵赖性，将对航运供应链产生重要影响。

未来随着区块链技术的不断推广与完善，将充分利用其分布式账本、去中心化（弱中心化）、智能合约等技术，探索其在集装箱运输、船舶管理、航运金融、航运保险等领域的示范作用。

如图 6.7 所示，区块链的去中心化特点打破了传统 EDI 中心的核心地位，供应链融资服务平台与供应链区块链平台协同工作，共同助力。在这一体系下，供应链上的相关主体成为数据网络上的平等节点，使货主、海关、承运人、保险公司等主体都可以追溯可靠的电子证据，明确界定各方承担的责任，提高付款、交收、理赔的处理效率。

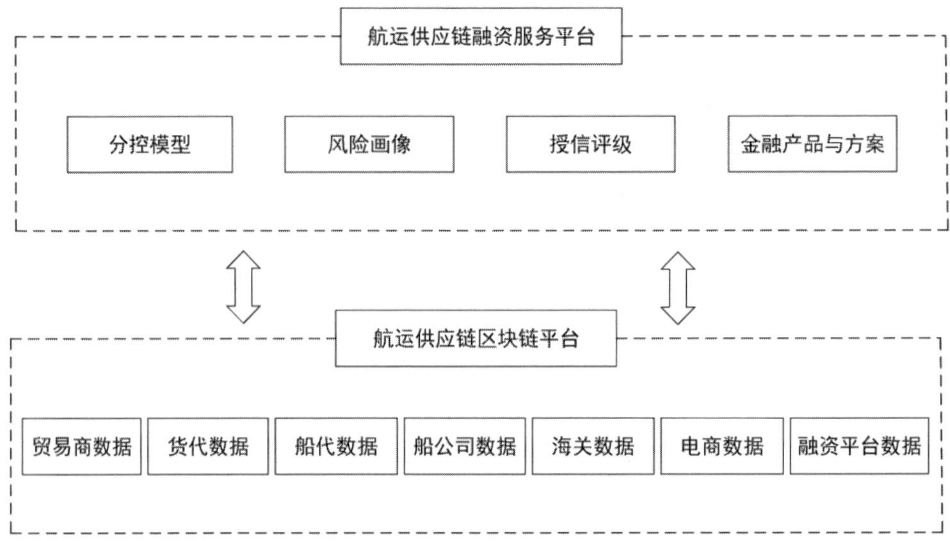

图 6.7　航运供应链小额贷款风控平台

2018 年，全球航运业建成了基于区块链的数据共享平台 TradeLens，TradeLens 平台在 IBM Cloud 和 IBM Blockchain 上运行，由 IBM 和马士基（A.P.Moller – Maersk，MAERSKb.CO）共同开发。2020 年，该平台已有超过 175 个组织成员，其中包括超过 10 个海运承运商，覆盖来自 600 多个港口和码头的数据。该平台已跟踪了 3000 万个集装箱的运输过程，记录了 15 亿个事件，并发布了约 1300 万个文件。全球主要集装箱承运商达飞海运集团（CMA CGM）和地中海航运公司（MSC）目前宣布已将业务整合到 TradeLens 平台，并完成区块链对接，这标志着该行业达到了一个关键的节点。达飞海运集团和地中海航运公司将作为该平台的主体船公司，将在扩展生态系统和平台运营方面发挥作用，其中包括在区块链网络中担任验证人的关键角色。

4. 区块链技术与仓单交易的结合

仓单的本质是一种有价证券，仓单交易为仓单提供了一定的流动性。当前仓单交易一般采用去中心化的服务，然而，这种服务中的数据存在被篡改的风险，导致数据的可信度降低，并且数据的可信度低，即使用户实际拥有一张仓单，也难以得到其他机构的认可。

季广猛（2023）基于区块链技术，对仓单交易系统进行了完整的研究。区块链作为一种集成型创新技术，通过数据的多方维护和链式存储，实现了数据的多方可信、难以篡改和可追溯等特性，基于区块链构建的仓单交易系统具有以下特点。

（1）针对区块链和业务结合时遇到的性能问题，我们基于链下扩容的思想，设计了“链下交易，链上结算”的系统架构。这一架构使系统既能满足业务性能需求，又不影响区块链的价值特性。

（2）通过结合链上数据与相关技术，我们可以实现数字资产及相关操作数据的离线存储和公开验证功能，从而解决了仓单等数据的确权和追溯问题。

如图 6.8 所示，基于区块链构建的仓单交易系统根据“链下交易，链上结算”的设计，将交易行情的维护、成交的达成等性能要求较高的部分放在链下处理，将交易的结算及数字资产的管理维护过程放在链上处理。同时，在智能合约的设计过程中，采用“数据”和“逻辑”分离的方式，解决了智能合约的升级问题。

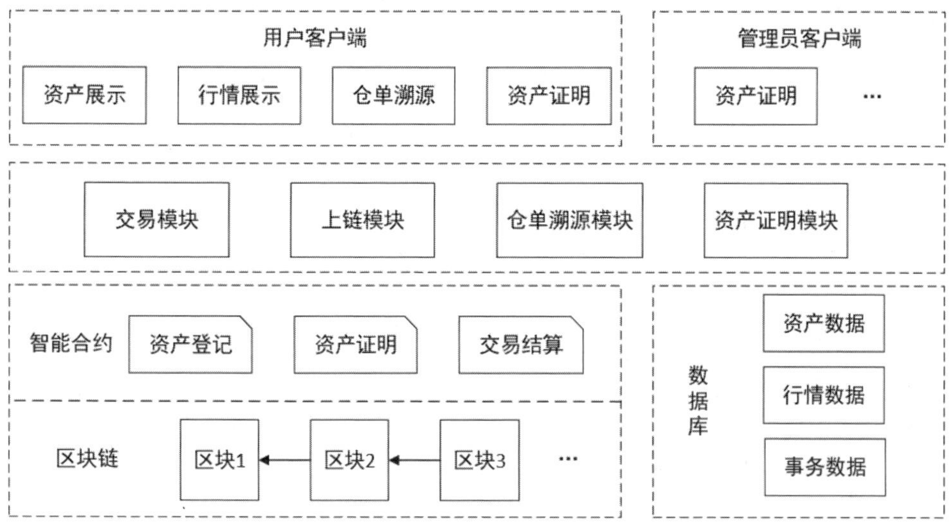

图 6.8　基于区块链构建的仓单交易系统

2019 年，第五届中国数字化创新展暨信息峰会上，众安科技推出结合区块链和物联网技术的仓单通证，借助区块链技术，仓单管理系统将仓库货物实体进行资产通证化数字化处理，生成仓单通证。从入库到出库的全过程状态数据自动上传至区块链网络进行数据确权，并关联到仓单通证，实现了可信、透明和可追溯的资产通证，为资产流通提供基础保障。

将区块链技术应用在物流金融领域，使所有在物流链条中的商品都能实现可追溯，固定了商品唯一的所有权，使物流产品具有资产化特点。同时，借助区块链技术构建的物流平台，使资金的运用更加有效，进而快速渗透到物流行业中，有效改善了中型企业以及小微型企业的营商环境，解决了在物流金融中存在的中小企业融资困难的问题。

6.4 小 结

本章主要从物流金融发展现状、物流金融发展存在的问题以及区块链技术在物流金融领域的应用及其设计分析几个方面来进行介绍。第 6.1 节介绍了我国物流金融发展总体呈现的两个阶段，并且介绍了当前我国物流金融发展具有市场规模持续扩展等特点。第 6.2 节阐释了我国物流金融发展存在的诸如支撑物流金融发展的环境欠佳、物流的国际化服务能力亟待提升和金融服务意识缺乏等问题。第 6.3 节介绍了区块链与物流金融结合的可行性以及区块链与物流金融结合的需求分析与设计，区块链技术在物流金融领域中的应用不断验证区块链与物流金融结合的可行性，目前区块链技术与物流金融中的仓单融资、供应链金融服务、航运供应链、仓单交易四个方面已产生了深度应用。

第 7 章　区块链技术与跨境电商

本章要点

1. 了解跨境电商的发展现状和存在的问题。
2. 了解区块链技术在跨境电商领域的应用设计分析。
3. 掌握区块链技术应对跨境支付、跨境物流和跨境产品安全等问题的作用和优势。

● 引例

跨境电商平台“海拍客”

近年来，随着跨境电商的迅猛发展，越来越多的企业开始尝试应用区块链技术解决跨境电商中存在的支付、物流和产品安全等问题。其中，国内知名的跨境电商平台“海拍客”便是一个成功的案例。

“海拍客”成立于 2015 年，是一家专注于海外购物和跨境电商的综合服务平台。平台主要致力于提供全球范围内的商品选择、物流、支付和售后服务等。为了提高海外购物的安全性和信任度，海拍客引入了区块链技术，建立了跨境电商的信用体系。

具体来说，“海拍客”在区块链技术方面主要采取了以下措施。

（1）建立区块链技术的信用评级体系，对平台上的商家进行信用评级，同时对用户进行信用评价，确保用户可以获得真实可靠的评价信息。

（2）借助区块链技术的不可篡改性和去中心化特点，保证用户数据的安全性和隐私性。

（3）利用区块链技术的智能合约，实现多方支付和智能物流追踪等功能，提高跨境电商的支付和物流效率。

“海拍客”通过引入区块链技术，提高了跨境电商的信用度和透明度，同时也提高了平台的安全性和用户体验，赢得了众多用户的青睐。

[**资料来源：**李鑫 . 区块链在跨境电商领域应用的探索与实践 [J]. 商业经济研究，2019(7):20.]

思考题：除了海拍客，你还能想到其他应用区块链技术解决跨境电商问题的企业吗？请列举并分析其主要应用措施和效果。

7.1 跨境电商的发展现状

跨境电商是跨境电子商务的简称，是互联网发展到一定阶段所产生的一种新型贸易形态，是电子商务的一种新型运用模式之一。跨境电商是指分属不同国家或地区的不同交易主体，通过电子商务平台进行商品的选择和支付结算，并通过跨境物流送达商品、完成交易的一种国际性商务活动。跨境电商不仅冲破了国家之间的障碍，使国际贸易走向无国界贸易，同时它也正在引起世界经济贸易的巨大变革。对于企业来说，跨境电商构建的开放、多维、立体的多边经贸合作模式，极大地拓宽了进入国际市场的路径，大大促进了多边资源的优化配置与企业之间的互利共赢；对于消费者来说，跨境电商使他们非常容易获取其他国家的信息并买到物美价廉的商品。

通常来说，跨境电商模式包括 B2B 模式、B2C 模式和 C2C 模式。B2B 类跨境电商又称在线批发，是外贸企业之间通过互联网进行产品、服务及信息交换的一种商业模式，代表企业主要有敦煌网、中国制造、阿里巴巴国际站和环球资源网等；B2C 是跨境电商企业面对个人消费者开展的网上零售活动，目前 B2C 类跨境电商在中国整体跨境电商市场交易规模中的占比不断升高，代表企业主要有速卖通、兰亭集势、米兰网、大龙网等；C2C 类跨境电商，即 Consumer to Consumer，是从事外贸活动的个人对国外个人消费者进行的网络零售商业活动。孙琪（2020）、严莉红（2020）对我国跨境电商发展现状进行了全面的分析。

结合跨境电商的进出口贸易以及互联网属性，跨境电商的特点可以总结为以下四点。

（1）国际化。在经济全球化的大环境之中，传统贸易模式下依靠信息不对称进行盈利的模式被逐步淘汰。在互联网时代，跨境电商突破了传统地理空间的限制，甚至部分跨境电商可以进行商品以及服务的评价，使终端消费者享有提高售后服务的便利，加之在当前经济全球化的背景下，跨境电商也呈现出全球化和国际化的属性。

（2）即时性、虚拟性。跨境电商跟一般的电子商务平台类似，也具有即时性、虚拟性、无形性等特点。通过电子商务平台，终端消费者能够及时看到商品的颜色、型号、销量及评价等信息，整个电子商务的交易过程均在线上，一旦订单支付成功便是后续的物流消费过程。另外，跨境电商也可以销售无形产品，如在线旅游产品等。

（3）风险性。一般在我国国内电子商务的交易模式下，对于电子商务的交易模式及活动有具体的监管主体，但是对于跨境电商来说，并没有一个明确的监管主体和流程，为此整个跨境电商的模式下，运营具有一定的风险性。例如，国内消费者无法核实远在国外商品供给者的真实性，另外每个国家对于商品的合格性检查的标准、立法等不一，为此容易导致交易纠纷，商品的虚拟性、无形性等特点，也为商品售后维权等埋下了隐患。

（4）多样性。在跨境电商发展的早期，不同的交易主体之间对于交易的订单量，以及企业规模等有具体的衡量指标，而在当前跨境电商发展阶段，其多样性属性更加明显，如个体也可以通过电子商务平台进行消费活动，诸多小的订单、小企业均可以在跨境电商平台进行交易消费活动。

结合上文总结的跨境电商的四个特点以及我国跨境电商发展的具体情况，总结得到当前我国跨境电商的发展现状呈现以下几个特点。

1. 跨境电商交易额逐渐扩大

受益于国家多重政策的强有力推动、互联网普及率提升、第三方支付工具的成熟，以及电商基础设施的持续完善，近年来我国跨境电商交易规模持续高增。据海关测算，2023 年，我国跨境电商进出口总额 2.38 万亿元，增长 15.6%。其中，出口 1.83 万亿元，增长 19.6%；进口 0.55 万亿元，增长 3.9%。跨境电商快速发展，既满足了国内消费者多样化个性化需求，又助力我国产品通达全球，成为外贸发展的重要动能。跨境电商依托灵活、高效、韧性的供应链，给全球贸易增长注入新动力。

2. 中国跨境电商行业已进入成熟增长期

从 2012 年开始，商务部、海关总署、财政部、国家质检总局，以及各地方政府先后出台了一系列政策措施。尤其是 2016 年实施过渡期政策以来，相关政策措施频频出台，体现出我国鼓励跨境电商，不断完善监管模式的政策方向。

受政策及发展环境的利好因素的影响，跨境电商行业市场规模不断增大，在整体出口总量相对稳定的情况下，出口跨境电商逐步取代一般贸易，成长性良好。自 2012 年以来，出口跨境电商一直占据主导。2023 年，中国跨境电商的进出口结构上，出口占比达到 78.59%，进口占比 21.4%。在出口电商中，庞大的海外市场需求及外贸企业转型升级的发展等因素都助推行业快速发展，吸引更多的企业纷纷涉足跨境电商行业。进口方面，消费升级和扩大进口的政策都促使该市场有巨大的发展空间。国外零售商品借跨境电商模式交易流程扁平化、服务集约化优势，能更快更好地把商品销售给中国消费者，满足中国消费者需求。《中国商贸物流发展报告（2022年）》显示，目前我国跨境电商快速发展，海外仓建设扎实推进，企业建设运营海外仓超过2400个，面积超过2500万平方米。

3. 市场领域不断扩展

从合作指数分析，随着跨境电商平台崛起，2023年中国跨境电商交易额占我国货物贸易进出口总值41.76万亿元的40.35%。2019—2022年跨境电商行业渗透率分别为33.29%、38.86%、36.32%、37.32%，显示出渗透率稳步提升的趋势。随着“一带一路”倡议的提出和深入实施，中国与沿线国家中的东欧、西亚、东盟国家在跨境电商的连接上越来越紧密，这进一步促进了我国电商发展。从产品需求与消费结构分析，民间商贸日益活跃，随着海外消费者对中国商品、中国电商平台的了解加深，网购中国商品的品类越来越丰富。跨境电商品类分布方面，涉及生活消费、电子、服饰类商品的占比较高，家居园艺和汽配等新品类扩展将为我国出口电商发展提供新的空间，智能产品、汽车配件、运动户外、美容健康成为海外销售占比增长最快的品类，手机、计算机和网络产品、电子配件、家居用品最受海外市场欢迎。进口商品中，食品、酒类、家纺、水果、钟表、海产等产品是相关国家进口销量最高的商品品类。目前，服务贸易也日益成为电商贸易的重要组成部分。

4. 跨境电商模式趋于多种方式并存

从业务模式看，当前我国跨境电商以B2B为主导，B2C占比逐年提升。从交易模式看，外贸新时代催生了新的交易模式，在向新贸易转型的过程中，跨境电商B2B平台将扮演越来越重要的角色。平台将在全球贸易参与者中快速渗透，促使更多有贸易需求的买家和跨境供应实力的供应商在平台上交易，并将更好地承接碎片化、高频的贸易订单。2022年中国跨境电商的交易模式中，跨境电商B2B交易占比达75.6%；跨境电商B2C交易占比达24.4%，由于增速较高，占比提高的势头明显。根据网经社数据，2013—2022年，我国跨境电商B2B交易规模从2013年的3万亿元增长至2022年的11.9万亿元，CAGR达16.5%；跨境电商B2C交易规模从2013年的0.2万亿元增长至2022年的3.8万亿元，CAGR达38.8%。跨境电商加速渗透进出口贸易。同时，随着消费方式趋于个性化、精致化、多样化，跨境电商模式也在适应性变革，由代购、海淘向跨境电商规范化发展，消费体验、消费便捷和售后服务被放在突出位置。

7.2　跨境电商发展存在的问题

1. 跨境支付方面

跨境支付（Cross-border Payment）是指两个或两个以上的国家（地区）之间，因国际贸易、国际投资及其他方面所发生的国际债权债务，而借助一定的结算工具和支付系统实现资金跨国和跨地区转移的行为。如中国消费者在网上购买国外商家的产品或国外消费者在网上购买中国商家的产品时，由于币种不同，就需要通过一定的结算工具和支付系统实现两个国家或地区之间的资金转换，最终完成交易。郭军峰（2018）基于区块链技术，对我国跨境电商问题进行了总结，并给出了相应的对策。

随着我国跨境电商市场交易规模的扩大，我国跨境支付业务规模也随之增大。跨境支付业务规模的增大，给跨境支付成本、效率、安全性，以及实时性带来了更高的要求。当前，我国跨境支付方式主要包括银行汇付、专业汇款公司支付、国际信用卡支付，以及第三方支付四种。无论是哪种支付方式，在跨境支付过程中都需要由多个交易主体相互协调共同完成。我国的传统跨境支付主要存在以下问题。

（1）耗时较长。据相关数据统计，92% 的跨境支付均为 B2B 支付，且其中的 90% 通过银行完成。可见，银行仍是跨境支付的主要渠道。然而，在跨境支付时，需要经过开户行、央行、境外银行等多个中间机构，且不同机构的记账系统独立，导致清算、对账等流程耗时较长。

（2）费用较高。根据麦肯锡报告《2016 全球支付：尽管时局动荡，基石强劲不变》，跨境支付交易量占不到全球支付的 20%，但是它所带来的交易费却占到了全球支付交易费的 40%。银行完成一笔跨境支付的平均成本在 25~35 美元，是完成一笔国内清结算支付成本的 10 倍以上。

（3）资金占用较多。由于跨境支付清算中间机构较多，因此支付周期较长。在此过程中，资金占用量也较大，资金使用效率大大降低。

（4）安全性较低。跨境支付往往流程复杂，需要满足平台规定的多种支付条件才可完成。中间环节过多使信息不对称，另外黑客的窃取、病毒传播等也使交易信息面临被篡改风险，交易数据受到威胁。与境内支付不同，各国之间的支付方式存在巨大差异，例如，国际上通用 VISA 信用卡支付方式，在众多国家普及的 PayPal 方式，以及中国的支付宝、财付通等。为了支付方便，大多数平台采用了无密支付的方式，用户只需提供卡号、CVV2 和身份证号即可完成支付流程。

然而，简单的支付流程也成为信息泄露的重要原因之一。平台的监管不善、黑客盗取信息、各个环节人员流动，以及利益的驱使，都可能会造成企业或消费者的个人信息资料泄露。

2. 跨境物流方面

跨境物流是指在两个或两个以上国家（地区）之间进行的物流服务，是物流服务发展到高级阶段的一种。根据商品的空间位移轨迹，可将跨境物流分为国内物流、国际（地区间）物流与运输、目的国（地区）物流与配送三部分。与境内物流相比，跨境物流所涵盖的范畴更广，操作难度更大。跨境物流涉及输入国与输出国（地区）的关境，需要进行清关等商检步骤。李旭东等（2020）对区块链技术在跨境物流领域的应用模式与实施路径进行了完整的研究。

随着经济的不断发展，对跨境物流的要求进一步提高。跨境物流的良好发展是推动跨境电商继续稳定发展的重要前提，但目前的跨境物流存在着以下几个问题。

（1）物流成本高、运输时间长。跨境物流成本包含了运输成本、关税、海外物流成本等多项费用。虽然跨境电商从业者都会对跨境物流成本进行控制，但是由于很多因素（如海关关税、国外重派、国外仓储等）都无法完全掌控，物流成本仍然居高不下。而且物流运输方式也仅是在空运和海运中选择，运输方式比较单一，若空运或海运的价格上涨，物流成本则会直接增加。由于跨境商品运输需要经过境内物流、出境清关、国际物流、入境清关、商检报税、目的国物流等多个环节，且清关环节又具有很强的不可控性，因此运输时间较长且价格较贵。据统计，物流成本占跨境电商总交易成本的30%~40%，而跨境物流的运输时间平均在5~10天。这高昂的成本与时间等问题严重制约了跨境电商出口贸易的良好发展。

（2）货物损毁难以追责，逆向物流难度大。跨境物流的运输发生在国（地区）与国（地区）之间，如果与国外物流商的信息对接不到位，就容易造成物流信息无法跟踪。在货物运输途中，买卖双方无法获知货物的实时状态，一旦出现商品毁坏，难以界定责任方，这就造成了追责困难和损失无法弥补的问题。另外，如此烦琐的环节也必然导致退换货的难度加大，时间延长。

3. 产品质量方面

在跨境电商井喷式高速增长的同时，产品质量已经成为跨境电商发展面临的问题之一。跨境电商商品屡现假货风波和“维权难”现象，聚焦产品质量、维护跨境消费者权益已经成为推动跨境电商健康持续发展的必经之路。

一般来说，跨境货物涉及的环节比较多，每一个跨境电商交易主体产生的问题都可能造成跨境商品的质量问题。由于相关的法律法规不够健全，跨境货物无法溯源，跨境电商平台缺乏相关的信用评价体系，商家和物流企业造假行为无人监管，监管部门之间缺乏合作等问题都导致了消费者在验证购买的商品真实性时，难以通过官方渠道获取跨境商品的相关信息，无法判断货物的真伪，这使跨境消费者权益很难得到保护。因此，跨境商品质量问题是目前需要解决的一大问题。

7.3　区块链技术在跨境电商领域的应用

7.3.1　区块链技术应对跨境支付问题

区块链本质上是一种分布式的数据存储结构，即多中心化，无须集中控制便能达成共识，而且数据能够以分布式存储，且不可篡改。基于区块链技术的跨境电商支付体系，可以用以解决跨境支付存在的相关问题。

传统的跨境交易支付与清算，因为都需要借助银行等金融体系，因此消费者选择跨境支付时，需要在银行经过开户、清算机构、境外银行、代理行或境外机构等多个部门组织进行，进而造成跨境支付手续烦琐。同时，在交易过程中，每个中间部门与机构都各自拥有一个独立的账户系统，因此不同组织与机构在交易时需要彼此建立代理关系。不仅每个交易需要在自己的账户系统内记录，同时还要记录其他组织或机构的清算信息，导致跨境支付所需花费的时间更长，运营成本更高。同时，流程过于繁杂使用户体验较差，也存在泄露个人信息和交易信息的风险。因此，跨境支付收费高昂原因之一是层级代理结构，而区块链的分布式存储和点对点的传输方式，消除了中间层级代理，使跨境支付中买方与卖方直接交易，无须中间机构参与。

基于区块链技术的跨境支付体系（图 7.1），使在跨境支付中涉及的“第三方交易平台”“交易网站”和“托管银行”等的交易信息，被每一个节点形成一个个区块，并呈现在区块链链条上。在区块链的跨境支付体系中，第三方支付平台不再直接涉及用户信息的处理，而区块链的每一个节点的每一方都可以同时查询到交易信息，实时监测交易流程。在这条不断增长的区块链链条上，交易数据只能不断被添加，而产生的数据均不可篡改，从技术上保证了数据的真实性与安全性，使数据可以永久保存，较大程度上降低了交易数据泄露的风险，同时降低了存储的成本。支付流程的简化，一方面是由于中心化传统支付模式的改变，另一方面是区块链技术分布式存储方式优势的体现。同时，区块链中的每个人都可以维护共同的数据，并相互监督交易过程中的行为。通过智能合约，还可以实现跨境交易的自动结算，尤其是在跨境支付方案中能够显著降低成本和错误率。

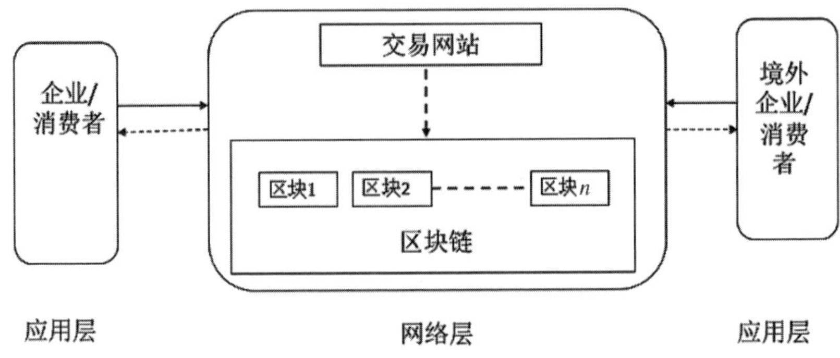

图 7.1　基于区块链技术的跨境支付体系

以日常消费者为例，A 消费者要从国外的 M 购物平台上购买一双鞋，下单之后，其购买时间、消费金额、个人信息、通关信息和物流信息等数据形成一个区块，以交易产生时间为顺序添加到 M 购物平台的区块链上。A 消费者和 M 购物平台可各自获得一个密钥，用于查看交易信息，了解实时进展，并确认交易。

基于区块链技术的跨境支付体系主要由以下两个部分组成。

（1）应用层，即消费者和企业。跨境支付所服务的是国际消费者和企业，即国际客户。应用层是交易的源头及末端，如果交易双方中的任何一方未确认该笔交易，则该笔交易无效。能够自动执行的智能合约规定了交易双方的权利和需要履行的义务，有效地约束了交易双方，可以确保跨境交易的有效性，避免出现货款不一致的情况。此外，所有的信息公开透明，每一个节点均可查看、共同核算，确保了交易的安全性。

（2）网络层，即功能模块，是跨境支付体系的核心模块。首先，当应用层的交易信息进入区块链模块之后，会自动形成一个个区块，存于区块链链条上，各个交易节点均可查看交易信息。而区块链中所使用的哈希算法能够从根本上保护信息安全，确保数据不被篡改。与此同时，交易信息同步到区块链的各个节点上，各个节点对区块进行识别，确认此次交易，并确认物流信息。境外企业或消费者收到货物并确认之后，该笔交易即可完成。经过区块链上的个人信息集成模块对收货人的信息进行核验之后，资金直接划到收款人的账户。区块链是一个分布式存储结构，全部的交易信息可存于区块链的分布式账本之上，得以永久保存，这不仅便于监管部门监管，亦可节约成本。交易双方通过区块链端进行交易，可实时监控到交易处理流程、资金详情、物流等一切处理过程，实现透明化，避免信息泄露。

此外，跨境支付涉及多币种交易。由于世界上没有一家公认的清算中心，各个国家的货币需要不断转换后才可以被交易方接受。汇率的经常变化给跨境支付带去了很大的不便。那么，如果有一个交易双方都认可的数字货币，问题就能得到解决。而区块链技术的去中心化特征以及系统的高信任度，可以建立一种系统内部通用货币，实现全系统内通用，进而解决不同国家的货币转换问题。

7.3.2 区块链技术应对跨境物流问题

目前，区块链技术在跨境物流领域展现出巨大的潜在应用价值。跨境物流管理涉及众多利益方，容易产生信息透明度低、信息流程不规范，以及信息技术应用水平参差不齐等问题。此外，跨境物流的诸多环节也受到管理机构规定和手动处理的约束。例如，不少企业仍依赖人工输入数据和制作纸质文件以完成跨境通关、商检和货款结汇等流程，这导致货源追溯难和物流信息查询不便。由于区块链技术具有去中心化、分布式存储及智能合约等特征，因此可以保证区块链系统内部数据的永久保存且不可篡改。因此，如果将区块链技术应用到跨境物流中，可以建立起一个安全且高效的信任机制，解决传统跨境物流的痛点。同时，区块链技术作为一个大型数据库，如果对其内部数据进行开发利用，将有助于优化跨境物流的运输路径、仓储环境，并实现货物的全程实时追踪，进而解决跨境物流运输成本高、耗时长、退换货及产品损坏责任认定等问题，实现对跨境物流的全程追踪。

本小节接下来将对区块链技术在跨境供应链物流、跨境贸易物流、跨境通关等领域的典型应用进行分析。

1. 区块链技术在跨境供应链物流中的应用分析

孙增乐（2019）提出把区块链技术应用在共享物流信息平台。基于区块链的跨境供应链物流信息平台可以完整、准确地收集商品来源、制造、分销、零售等供应链物流过程的重要信息，并将其永久储存在区块链信息平台中，实现信息共享且不可篡改。这一平台显著增强了供应链上各参与成员（包括终端用户）查询和跟踪产品的便利性，提升了溯源功能和信息的无障碍流通。例如，可利用平台信息证明所运输药品的合法性，高价值商品厂家可借此提供正品证明，也有利于消费者有效对商品是否为正品进行鉴定。本书将从两个方面来详细介绍区块链技术在跨境供应链物流中的应用。

（1）进口医药跨境供应链物流领域。区块链在跨境供应链物流领域的一个典型应用场景是有效应对进口医药的一个重大挑战——药品伪造。据国际刑警组织统计，全球每年有上百万人死于假药。为应对这一挑战，可借助区块链技术加强对医药跨境供应链的物流管理，构建基于区块链技术的序列化医药物流信息平台，以增强进口医药查询和溯源功能。序列化是指将进口医药的唯一标识（如序列号）分配给每个可密封的药品单元，并将其与产品来源、批号和失效日期等关键信息相链接的过程，以确保每个单元随时可被有效跟踪，并在其生命周期的任何阶段都可查询到其所在位置。序列化的关键是保持信息的透明度和可追溯性，尤其在药品单元被重新包装或聚集成块、再分解成单元以供消费的物流过程中。区块链物流信息平台详细记录供应链物流中每一个步骤的药品信息，包括生产制造、物流仓库接收、拣货包装、发送运输、收货操作等过程，可高效处理海量的药品序列号和交易订单。通过密切监控药品的供应链物流活动，使信息不可篡改、安全可靠、透明实时，从而确保消费者能够有效验证进口药品的合法性、鉴定正品与否，进而有效保障消费者的健康与生命安全。

（2）进口食品跨境供应链物流领域。区块链在跨境供应链物流领域的另一个典型应用场景是进口食品领域。近年来，中国食品进口总量持续增长，可借助区块链技术完善对食品跨境供应链的物流管理，增强进口食品在物流过程中的安全保障。在这种应用模式中，一方面，食品跨境供应链核心组织与各个合作伙伴联合构建区块链信息管理平台，以有效追溯食品的确切来源，并监控食品处理的全过程。每一种特定食品的生产和出厂信息都被详细记录，一旦食品出现污染，可以迅速应对并处理。另一方面，建立信息反馈机制，及时鉴别并纠正进口食品在从农场到商店过程中的不当操作。例如，肉类食品不能超过一定的温度，食品传感器定时获取温度数据并传至区块链信息系统，自动化质量保证程序实时通知相关方，以防食品在物流过程中出现异常。此外，核心组织可以与供应链成员、同行业企业联合构建面向进口食品跨境供应链物流信息跟踪、溯源和安全的广泛合作组织，即区块链进口食品安全联盟。

2. 区块链技术在跨境贸易物流中的应用分析

本小节这里主要从两个方面来详细介绍区块链技术在跨境贸易物流中的应用。

（1）简化和加快贸易订单履行。跨境物流被认为是跨境贸易的核心支撑，而B2B和B2B2C等业务模式下，大批量商品的订单主要依靠国际航运或航空物流完成履约。然而，跨境物流过程较为复杂，所涉利益方为数众多，各方在利益优先次序方面经常产生冲突。同时，追踪查询货物的信息管理系统各不相同，从而导致物流障碍重重、物流效率低下甚至产生欺诈的行为。基于区块链的跨境物流管理有助于缓解货物采购、运输管理、海关合作、信息追踪查询和贸易融资等方面的诸多摩擦，优化跨境物流单据与信息处理流程，节省操作成本和处理时间，从而简化和加快了订单履行过程。

（2）提高跨境贸易物流效率。跨境贸易的参与人员可在去中心化的区块链信息系统中点对点、高效、安全地传输和交换电子数据，所有区块链信息系统的业务记录均为真实可信，并能永久储存且不可篡改。各个环节当事人的操作信息可追溯、可验证，这在最大限度上有效防范了欺诈行为。参与成员可随时查询物流进度，对货物地理位置进行实时追踪，及时掌握持续更新的数据，详细了解通关的动态，对意外事件及时采取补救措施，从而大幅减少交货延误，提高跨境贸易物流效率。

3. 区块链技术在跨境通关中的应用分析

通关是跨境物流的核心环节之一，海关机构在通关中既要严格把关、守好国门，又要提升通关速度以促进贸易便利化，这两方面一直是海关机构的“两难”之选。其中，重点、难点是确保进出境货物信息数据的可靠性，这通常需要企业提供完整的单证资料以验证信息是否准确，包括现场查验货物，导致通关速度及通关体验难以提升。而将区块链技术与跨境通关领域进行融合应用，可化“两难”为“两全”。

区块链技术在跨境通关中应用时，可将海关、商检部门、发货人企业、收货人企业、跨境运输承运人、国际货运代理、报关行、银行、保险公司、其他相关监管机构等相关组织串联起来，充分发挥区块链的信息数据可追溯、不可篡改、公开透明等技术优势，实现链上成员共享数据和交叉验证，自动抓取和比对所需信息。这样做简化了通关申报过程，提高了整体通关效率，在防范造假、增强信息可靠性的同时，还降低了关检机构查核成本。报关单是通关单证中的核心文件，也是跨境通关应用区块链技术的典型载体。以进口为例，首先，收货人、承运人或物流企业、报关行等核心机构在区块链系统中分别上链；在申报过程中，收货人在链上传输发票、装箱单和运单等信息，承运人或物流企业传输仓单信息，报关行传输报关数据；然后，围绕区块链报关单上的主要字段，包括进境关别、贸易国、件数、商品名称、单价、币制、包装种类和数量等（后续可根据实际需求扩充字段），链上各机构之间共享数据、交叉验证，从而增强申报信息可靠性，实现数据公开透明、防篡改并可被追溯，这简化了申报过程，提高了报关效率。

跨境通关应用区块链技术显著改变海关进出口申报模式，将传统的“自证”模式转变为区块链的“他证”模式。在“自证”模式中，申报企业需要从内部及各合作方获取全套单证资料，并提供给海关及商检机构。而在区块链“他证”模式中，海关会从申报企业的供应链成员，包括企业生产制造及上下游等合作单位，获取所需一系列单证材料及信用数据。显而易见，在“自证”模式中，若企业欲对相关数据信息进行造假，相对简单；但在“他证”模式中，欲使整条供应链上各企业皆提供虚假信息，则难度极大、造假成本极高。因此，跨境通关应用区块链技术可有效防范数据造假、增强进出境货物信息的可靠性，减少对货物的现场查验，加快通关速度及提升通关体验，这既有助于海关严守国门又实现了通关效率的提升，从而有效促进了贸易便利化。

7.3.3 区块链技术应对跨境产品安全问题

区块链技术在产品质量控制方面的应用主要体现在溯源功能和信息的实时性上。每个产品，从原材料到成品的每一个环节，都会有授权记录人进行数字签名，这些信息被记录在电子签名里。当客户或海关想要查询货物真实信息时，只需进入数据库查看即可。由于区块链具有防篡改性，所以信息的真实性是毋庸置疑的。并且，这个技术目前已经被京东全球购、天猫国际等电商平台采纳，应用在进口食品的追踪上。在产品源头真伪的问题上，可以利用品牌商资质进行源头保障，利用区块链技术和物联网技术打通品牌商、物流、政府、检测机构之间的信息追溯屏障，对商品原材料的采买、生产、流通、营销等全过程的信息进行整合和追溯，从而跨越了横亘在跨境电商业务中品牌商、渠道商、零售商、消费者之间的“信任”鸿沟。

虽然区块链可以解决跨境电商存在的种种问题，但因为各方面的基础设施尚不完善，它离大规模应用还有很远的距离。不过长期来看，区块链对跨境电商产生的影响将是长远而深刻的。

7.4 小　　结

本章主要从跨境电商的发展现状、跨境电商发展存在的问题、区块链技术在跨境电商领域的应用设计分析几个方面来进行区块链技术与跨境电商融合应用的介绍。第 7.1 节介绍了跨境电商的发展现状，包括跨境电商的概念、特点，以及我国跨境电商发展现状呈现的特点等，对跨境电商的发展现状加以阐述。第 7.2 节指出我国跨境电商在发展过程中存在的问题，如跨境支付方面耗时较长、费用较高等。第 7.3 节从跨境支付、跨境物流及跨境产品安全几个方面深入分析区块链技术在跨境电商领域的应用，并指出基于区块链技术的跨境电商支付体系能够较好地解决跨境电商发展中存在的问题。

第3篇

案　例　篇

本篇以案例的形式讨论了区块链物流的落地产品，以及国内与国际上的成功企业。本篇由3个章节组成：第8章通过对物流领域进行分类，阐述了区块链技术在国际物流、冷链运输、供应链与逆向物流的应用案例与已取得的实际成果；第9章从国内区块链物流领域优秀企业着笔，详细介绍了阿里巴巴、腾讯、京东、苏宁等四家企业的实际应用与区块链物流白皮书，并分类阐明了不同企业在物流领域应用区块链技术的实践与思考；第10章从国际优秀企业角度，介绍了在国际范围内广受认可的相关企业与实际应用，通过概述国际信息技术企业在跨国贸易、物流产品信息安全、航运物流的成果与发展，为我国未来区块链物流领域与应用落地提供了宝贵的参考与借鉴。

第 8 章　区块链物流应用场景案例

本章要点

1. 了解区块链在国际物流的应用。
2. 了解区块链在冷链运输的应用。
3. 了解区块链在供应链的应用。
4. 了解区块链在逆向物流的应用。

● 引例

基于区块链的亳州中药共享物流研究——以白芍共享物流为例

由于物流信息数据的商业机密性和敏感性，亳州白芍共享物流推广发展根本在于数据共享和商业信息保护。而区块链的分散性和抗篡改性突出特质，特别适用于中药共享物流平台构建，主要构建亳州白芍共享物流平台。基于共享平台理念，构建以商业保密为原则的私有链和以物流信息共享为原则的联盟链，分别将加密物流信息数据输入私有链，将安全索引记入联盟链。然后基于委托权益证明算法选取代理节点，形成物流信息数据共享协议，主要是一种多中心的方案。其主要技术为分布式密钥的生成，对亳州白芍生产企业与需求客户进行双向代理重加密方案相结合，最终利用防篡改、抵抗攻击等多方面优势，形成保全商业机密便于物流的共享平台，同时论证其可行性。

区块链全过程留痕分布式数据存储解决了共享物流平台内部信息不对称，实现信息安全保障。共享物流平台融合了亳州白芍制造企业、亳州白芍物流企业、亳州白芍需求客户等主体，物流链条延长造成信息不通畅现象，不及时进行共享会造成信息孤岛现象，客观上会增强各方信息整合的内在需求。

区块链的可溯源防伪性维护了共享物流平台中各个环节价值，从而提高物流效率。亳州白芍产品物流在共享物流平台各个环节中流动过程事关产品质量，间接影响价格变动。共享物流平台中涉及物流各方面非常复杂，操作流程也较多，同时平台内包含了生产企业、亳州白芍物流企业等信息，相当部分企业之间是竞争对手，存在信息保护现象，最明显的就是价格的把握，往往因为不透明不公开，造成脱离真实价值的误判，特别是对造成影响价格波动物流行为等无法实行全程追踪，影响企业信誉。共享物流平台建设过程中亟须一种有效且可靠的技术手段来保证物流环节对产品质量影响，满足共享物流的需求。

[**资料来源：**王磊，王贵峰，戴子端．基于区块链的亳州中药共享物流研究——以白芍共享物流为例 [J]. 九江学院学报（自然科学版），2022,37(2):106-110.]

思考题：白芍共享物流的案例利用了区块链的哪些特性来克服传统共享物流平台的弊端？你认为在这个案例中区块链还能在哪些方面发挥出更大的作用？

8.1　区块链在国际物流的应用

据 Gartner 公司的一项研究预计，到 2030 年区块链的商业价值将增加 3.1 万亿 ~11 万亿美元，另一项分析说明全球物联网市场将从 2016 年的 1570 亿美元增长到 2020 年的 4570 亿美元，从业务角度来看，将主要改进基于物联网的材料供应链可追溯性实时跟踪监控选项、对外包合同制造的可见性和符合性检查、控制资产损失和市场仿冒品等方面。通过监测交通状况来优化车队路线，节省燃料成本，减少文书工作和管理成本，并通过嵌入传感器来获取用户的洞察力，提供对客户行为和产品使用的可见性，并与利益相关者在过程中建立透明度，确保共享数据的可信度和公众信任度，同时降低来自供应链不当行为的风险。实时报告、警报和建议中的及时性提供了需要知道的信息，而不会中断工作流，同时允许纠正操作，在适当的时间向适当的涉众提供适当的信息和警报，使组织优化操作，并采取必要的行动，减少摩擦，并对货物的完整性、温度、湿度、冲击、光线和其他需要遵守的法规保证因素提供正确的验证。区块链允许有一个分布式的点对点网络，在那里所有成员可以在不需要中介的前提下以可验证的方式相互交互。

国际物流又称全球物流，是生产和消费分别在两个或两个以上的国家独立进行时，为克服生产和消费之间的空间距离与时间距离，对物资进行物理性移动的一项国际商品交易或交流活动，从而完成国际商品交易的最终目的，即实现卖方交付单证、货物和收取货款，买方接受单证、支付货款和收取货物的贸易对流条件。但由于各国之间企业互相难以取信，跨国运输仍使用大量传统的纸质文书，且文书可信度较低、容易伪造、处理花费较高，因而有学者提出通过区块链技术保证数据在跨国际的传输中保存可信度，防止货物在运输中出现丢失、篡改、违禁物品难以追源等问题。随着区块链技术的日趋成熟，越来越多的国家和企业通过电子身份认证、智能合约等技术来实现跨国物流的身份认证。

正如一些人所说，区块链有能力从根本上彻底改变诸如提单、货物运输权等大量纸张浪费现象，并通过将货物运输转变为无纸化的在线环境来创造一场革命。区块链通过使用公钥和私钥执行物理事务、交换和允许以加密格式存储敏感信息的方式可以解放各方的大量事务，最终实现以安全的方式无缝地履行合同义务、提供和接收指令以及交换付款。本节将详细介绍企业和国家是如何通过区块链来改变整个跨国贸易的游戏规则。

8.1.1 跨国航运的过去

区块链出现之前，科学文献中已经提出了一系列概念用于解决海运环境中过时的文件处理问题，部分被调查为单一短期项目，最终它们中的大多数，例如，CORE 或 Cassandra 都遵循相同的目标，优先考虑相似的价值观。CORE 项目探索了安全数据收集和分发的最佳方法，命名为供应链可见工具，该项目侧重于为海运行业所有可能的行动者确定准确、完整和用户友好的数据交换与信息管理方法：B2B、B2G 和 G2C，CORE 项目和 Cassandra 项目都强调了供应链上航运参与者之间缺乏沟通以及随之而来的风险。关于谁拥有货物以及货物是寄给谁的信息不足是到达港口后潜在不确定因素的主要原因，由于缺乏信息，每个集装箱的内容对码头运营商和港口当局来说都是未知的，这大大增加了不定期的海关检查和运输延误的频率。但就构建独立的分散社区系统的价值和目标而言，这些项目与后来出现的区块链和分散系统的原则是一致的，类似却不完全相同的是，关于港口社区系统（Port Community System，PCS）的概念，其重点是解决上述海洋环境中多个公共和私人利益相关者之间的沟通问题。PCS 代表了一个中央信息枢纽，其将货运利益相关者（如港务局、进出口商、货运代理、海关、拼箱中心）联系在一起，目的是实现信息和文件的智能交换。个人计算机（PC）的主要目标是使复杂的信息流自动化，并将其重定向到相关方，减少错误数量、处理成本和时间延迟，Rodrigue 在他的书中描述了在个人电脑利益相关者之间就所有权和数据安全达成共识的挑战，作为一个集中的参与者，PC 的信息流应该被管理，以保护端口用户免受潜在的数据垄断或泄露。另一个问题是尽管潜在利益具有总体吸引力，但网络合作伙伴不愿存储和共享信息，包括需要根据新标准调整纸张流通，这阻碍了概念的实施，然而协议中的主要不一致似乎是由于数据安全问题，此外，这种制度依赖于第三方参与者，即中间人，其权利比其他伙伴更有特权。这仅是将文档管理、合作和决策过程转变为电子格式的概念尝试之一，考虑到以往简化海上通信的尝试，区块链被推广为解决上述通信、数据安全、取消中央网关的作用、建立具有事务可见性和许可透明性的点对点通信等问题的精确方案。

8.1.2 区块链与跨国航运

在跨国航运领域，中国一直起着至关重要的地位，例如，中国进口是世界干散货航运市场主需求，贡献了该领域过半的贸易增长。运输领域由分布在复杂供应链上的众多参与者组成，它们直接或间接地相互协作，以便在全球范围内处理运输，因此航运可被视为一个信息基础设施，其中的行动、个别发货人、货运代理公司、卡车公司、海关和码头工人、航运公司、核保金融机构和保险公司正在为一些基础设施领域作出贡献。这种贸易实体之间的全球和分布式协作是由一个技术安装基础支持的，该技术安装基础包括遗留系统和标准化程序，它们随着时间的推移而得到巩固，合并的结果是嵌入，通过这种嵌入，对日常贸易实践的隐含共享理解被作为航运学徒的一部分。因此，在航运领域引入区块链将会处理出现在新兴的区块链信息基础设施和航运领域交叉处可能的社会技术约束问题。

航运可以说是最古老也是最重要的国际贸易方式，85%~90% 的物资是通过海洋运输实现的。可以说一个国家的海运能力极大限度上决定了这个国家在跨国贸易中的能力。传统的跨国贸易，尤其是海运需要大量的纸质文书来确定用户的真实身份，这样浪费了大量的时间和人员成本。

国际航运的结构是围绕一个简化的流程，以确保特定的运输容器可以有效地从一个出发地移动到全球任何其他地点的特定投递地址，这种将货物运往世界各地的过程在很大程度上依赖于海运部门。海运部门通过越来越大的专业化远洋货轮船队将这些货物装上集装箱，然后从一个港口运输到另一个港口，特别是随着集装箱运输、多式联运和 IT 支持智能港口的出现，这种跨海洋运输的做法已经成为行业整合、标准化和效率提高的主题。虽然跨洋运输的实物工具和在港口装卸货物的工具已变得更加有效和自动化，但处理与特定托运货物有关文件要求的基本方法大致保持不变。合法国际运输货物所需的文件类型（邮票、清单、文件等）是建立在几十年甚至几百年的国际政策和谈判的基础上的，因此对运输文件的额外要求不断增加。如今处理出口货物需要四份单独的合同，分别是出口销售、运输、财务和货物保险，在这四份合同中，需要添加多达 37 份不同的官方文件（平均每批货物将有超过 20 份不同的相关文件）。这些文件涵盖了商业交易、运输、金融等各个方面，也涵盖了原产地证明、进出口许可证、卫生证明、要求优惠关税或增值税退税等政府文件。

而且提单这样的纸质文件可能会被欺诈，加在一起与贸易相关的文书处理成本估计是实体运输成本的15%~50%。为了解决这种流程效率低下，及如何将纸质记录数字化问题。IBM和马士基在2015年联手，最终同意采用区块链解决方案，以连接由货主、承运人、港口和海关组成的庞大全球网络，虽然实施细节还有待制订，然而2017年的一轮试点已取得了成功。在这些试点中，每一个相关的文件或批准都被隐藏在区块链上，这说明遗留的IT系统没有被取代，反而得到了增强，通过使用标准化接口，每个合作伙伴都被赋予了对容器状态的完全可见性。到2017年年底，马士基希望将其集装箱出货量的七分之一寄托在区块链上，每年大约1000万，与大量文书工作相关的问题不仅限于此具体案例，而且阻碍了各种贸易流动。

可以说区块链技术是一个跨国贸易的游戏规则改变者，IBM和马士基在2018年年初将TradeLens作为一个生态系统推出，试图将区块链技术用于全球供应链系统。这将使用一个加密过程连接港口和码头运营商，使货物所有者，海关、货运代理、经纪公司和运输公司在一个无缝的过程，相比旧方法必须依赖于一个看似无穷无尽的证书的检查和复核区块链，这可以让整个流程流畅和更有效。

更具体地说，该项目涉及在特定选择的港口到港口之间运输各种货物，并与生产公司以及原产地港和目的港的海关合作。当货物从一个地点移到另一个地点时，这些参与者将有权查看或修改共享的区块链分类账上的交易，例如，当一批电子产品在马士基航运公司集装箱船从鹿特丹港运送至纽瓦克港时，这涉及荷兰的海关当局、美国国土安全部科学与技术局、美国海关和边境保护所有的事务和文件都保存在共享区块链分类账上，在安全方面使所有的行为来跟踪所有数据，不需要有交易成本的门户。

区块链技术保证了交易可以通过电子方式密封和批准，并允许验证被安全地存储，这样任何用户或外部方都不会更改或删除，从而节省时间和精力。波罗的海干散货指数（Baltic Dry Index，BDI）由伦敦波罗的海交易所每日发布，它是好望角型、巴拿马型和超巴拿马型时间平均指数的综和，据世界各地的报道，它是干散货航运股票的代表，也是航运市场的综合风向标，更是衡量各种原材料运输成本的变化指标。

BDI衡量的是干散货船运力的需求与供给。航运需求随不同市场（供给和需求）中交易或移动的货物数量而变化，考虑到货船的供应通常既紧张又缺乏弹性，平均需要两年时间来建造一艘新的货船，而船舶的停泊成本太高，短期内无法从贸易中抽走，因此需求的边际增长可以迅速推高该指数，相反，边际需求的减少会导致指数迅速下降。由于干散货主要由混凝土、电力、钢铁和食品等作为中间产品或成品生产的原材料组成，该指数也被视为未来经济增长和生产的有效经济指标。BDI 被一些人认为是一个领先的经济指标，因为它可以预测未来的经济活动，可以作为重要政治和经济决策的基础的经济指标，往往为狭隘的利益而加以衡量，并须加以调整或修订。

BDI 在 2019 年 2 月迅速上涨，从 598.32 点升至 8 月 2457.19 点的峰值。自此后该指数又下跌了 26.4%，跌至 1809.00 点，并危险地接近技术支撑点 1763.44 点。国际货币基金组织（International Monetary Fund，IMF）表示，全球货运成本自然会因地区而异，但由于关税削弱了商业信心和投资，全球货物贸易一直停滞不前，因此航空公司的货运价格有所下降。除了这种令人沮丧的贸易背景，航运还必须面对成本上升和收入减少的现实，那便是船舶是高污染者，因为它们排放数百万吨的二氧化硫、二氧化碳和甲烷等温室气体，所有这些都通过吸收大气中的热量而导致全球变暖，海洋排放约占全球二氧化碳排放量的 3%，与航空业大致相同。根据世界经济论坛所言，如果航运是一个国家，它将是世界第六大污染国。

毫无疑问地说，如果贸易商能帮助简化业务和节省成本，则加入公司的数量无疑会上升。2018 年 1 月，除了马士基和一家子公司，只有一家航运公司加入，它们最初的反应很慢，因为在一个典型的自由市场中，它们认为如果平台是竞争对手拥有的，便没有介入的必要。然而随着时间的推移，人们感受到收入的减少和成本的上升带来的压力，2018 年 6 月底，前五名的两家航空公司被招募，使用该平台的海运公司总数达到 15 家。

8.2　区块链在冷链运输的应用

8.2.1　冷链运输

通常，冷链运输包括对温度敏感的产品一起通过热和冷藏包装方法的供应链与后勤规划，以保护这些货物的完整性。冷链产品的运输方式有多种，包括冷藏卡车、有轨电车、冷藏货船、冷藏船以及空运货物。冷链运输包括的供应链是一种温度控制的供应链，包括疫苗、化学制品、海鲜、肉类和奶制品等易腐商品的储存、运输和分销，这些商品应始终保持在推荐的温度范围内，以保存和延长其货架寿命。目前研究表明，一方面在发达国家中，疫苗在储存期间暴露在建议范围之外的温度下的比例为 33%，而在发展中国家这一比例为 37.1%；另一方面，在较低收入国家和较高收入国家，Md Sadek Ferdous 等人认为在运输过程中暴露在不可接受的温度下的比例分别为 19.3% 和 38%。这就需要实施一个有效和可持续的系统，使整个供应链中提供安全和可靠的易腐货物管理与交付。目前工业界和学术界都在这一领域积极展开工作，并引入了一些基于区块链的解决方案，接下来将简单介绍冷链技术。

冷链是一门科学、一项技术和一个过程。之所以是一门科学，因为它需要了解与易腐烂性有关的化学和生物过程；之所以是一项技术，因为它依靠物理手段来确保整个供应链的温度条件合适；之所以是一个过程，因为它必须执行一系列任务来准备、存储、运输和监视对温度敏感的产品。冷链有以下四个主要因素。

（1）冷却系统。主要将商品（如食物）带到适当的温度以进行加工、存储和运输。

（2）冷库。在中间地点提供加工设施，以便在一段时间内存储货物，这些货物等待运送到遥远的市场，以进行加工和分配，并靠近市场进行分配。

（3）冷藏运输。在保持稳定的温度和湿度条件以及保护其完整性的同时，提供可搬运货物的运输工具。

（4）冷加工和配送。提供用于商品转换和加工以及确保卫生条件的设施，合并和取消合并要分配的货物（容器、货箱、货盘）。

近几十年来，冷链运营已大大改善，该行业已经能够满足多种产品的需求。冷链物流行业的成功归结于了解如何在运输条件下对产品进行温度控制，不同的产品需要维持在不同的温度水平，以确保其在整个运输链中的完整性。目前业界已经响应了适用于大多数产品的温度标准设定，最常见的温度标准分别是“香蕉”（13℃），“冷藏”（2℃），“冷冻”（–18℃）和“深度冷冻”（–29℃），它们分别与特定产品组相关，保持在此温度范围内对于整个供应链中的货物完整性和易腐品来说至关重要，它可以确保最佳的保质期。

在不遭受任何挫折或温度异常的情况下，整个供应链中运输货物需要建立全面的物流流程以维持货物的完整性。此过程涉及几个阶段，从准备货物到在发货点对货物的完整性进行最终验证，这些步骤包括：

（1）装运准备。当移动对温度敏感的产品时，首先评估其特性至关重要。一个关键的问题是关于货物的温度调节，冷链设备通常被设计为保持温度恒定，但不使装运品达到此温度，因此，如果未准备好装运品并进行调节，它们将无法充分发挥作用，一个值得注意的问题是香蕉的运输温度大约为 13℃，因此可以使用冷藏箱来冷却运输。另一个问题涉及大气控制，即需要保持适当的氧气和二氧化碳水平来帮助控制（延迟）成熟，此控制可以应用于整个运输（冷藏），但通常涉及将产品包装在聚乙烯袋中，以控制气体在运输过程中的渗透方式。其他问题包括货物的目的地和这些地区的天气情况，例如，货物在运输途中是否会遭受极端的寒冷或高温，通常将冷藏箱与自己的动力装置配合使用，可以缓解此类问题。此外，还必须准备装载对温度敏感的货物的装载单元，例如，冷藏容器必须进行蒸气清洁，以消除细菌污染的风险，并达到托运人指定的条件，即温度和湿度。

（2）模态选择。货物运输的方式有几个关键因素，如出发地和最终目的地之间的距离（通常包括一组中间位置）、货物的大小和重量、所需外部温度环境以及产品的任何时间限制（易腐性）。可以用货车或卡车处理短距离，而长途旅行可能需要飞机或集装箱船，在这种情况下，成本 / 易腐烂率成为模态选择的一个因素。

（3）定制程序。海关问题通常被认为是建立可靠的国际冷链最关键的问题。如果货物跨越边界，则海关手续将变得非常重要，因为冷链产品往往对时间敏感，并且比常规货物（如农产品、药品和生物样品）更容易受到检查。这个任务的难度因国家（或经济集团）和门户而异，因为程序和延迟存在差异，常见问题涉及可能需要熏蒸的卫生检查。

（4）“最后一英里”。最后一个阶段是将货物实际交付到目的地，这在物流中通常被称为“最后一英里”。安排最终交货时的关键注意事项不仅与目的地有关，还与交货时间有关，因此可以利用关键的劳动力和仓储空间，卡车和货车是此阶段的主要运输方式，必须符合转移冷链货物所需的规格。另外，将货物最终转移到冷库中也很重要，因为这有可能破坏完整性以及造成对易碎商品（如农产品）的损害。

（5）诚信和质量保证。发货后，必须记录并告知温度记录设备或已知的温度异常，这是物流过程中的步骤，因此可建立信任和问责制，特别是需要对损坏的货物承担责任时。如果确实发生了影响运输的问题或异常情况，则必须努力确定出处，并采取纠正措施，这与冷链商品的高价值特别相关，虽然标准集装箱装载的价值在 50000~100000 美元，但冷藏箱装载可以达到 100 万美元，就药品而言，这批货物的价值可以达到 5000 万美元。

8.2.2　区块链与冷链运输

如上文所述，我国科研与企业均重视区块链与冷链运输技术的融合发展。在实际生活中从生产到消费，冷藏是保持新鲜和安全的有效策略，为了确保向客户提供安全、新鲜、高质量的产品，冷链物流过程中必须实施严格的时间和存储环境（温度、相对湿度和气体）控制。其中，温度控制一直是影响食品变质和货架期的最根本的问题，因此，冷食供应链（FSCs）的环境参数监测和控制对于在仓库存储、配送、冷链运输和销售展示过程中而言，保持新鲜的最佳温度和相对湿度非常重要。

在过去的十年中，物联网的应用范围显著扩大，大量设备通过物联网互联发送和接收数据。根据 IDC 的报告，2019 年 20% 的物联网部署将启用区块链。然而，要实现区块链和物联网的成功集成，还需要克服许多技术障碍，当下全世界超过 50 亿的物联网设备产生大量的地理和人口数据，并在互联网上交换它们，如果没有实施适当的安全措施来保护数据的机密性、完整性和真实性，这些数据可能被利用和滥用，此外，易受攻击的连接设备（如监控摄像头）也可能被攻击者用来进行恶意活动。更准确地说，物联网中的每一台设备都是一个潜在的故障点，它可以被用来发动许多网络攻击，如僵尸网络和分布式拒绝服务（Distributed Denial of Service，DDoS）攻击。毫无疑问，在这种情况下使用区块链来管理对物联网设备数据的访问可以为物联网网络增加额外的安全层，并可能克服单点故障问题，但由于缺乏足够的计算和通信能力，物联网设备直接参与区块链网络是一个很大的挑战。另一个关键问题是，尽管许多研究人员将区块链定义为安全与物联网之间潜在的缺失环节，但该技术的安全性仅取决于其加密机制，将这两种新兴技术结合在一起的任何人为错误都将导致安全漏洞。虽然存在上述技术障碍和实施因素，但区块链和物联网的融合为供应链与物流等许多应用打开了机遇之门，区块链的固有特性和智能合约的自我执行能力促进了该技术在物联网应用中的大规模应用，互联的设备可以在不需要任何人工干预的情况下进行交互和决策。例如，运行智能合约的机器将记录它们之间在供应链中发生的所有交易的细节而无须人工监督，任何错误事件或行动决定可从源头找出，并立即采取纠正措施以减少影响。为了实现这一目标，一些研究人员已经探索了在不同应用领域集成物联网和区块链的适用性。

无线传感器网络（Wireless Sensor Networks, WSN）技术对冷链管理的运行方式有重要影响。它是一种低成本、低功耗和高分辨率的冷链监控措施，可实现供应链上的实时环境数据，WSN 的实现可用于记录特定的历史数据（如温度、湿度、位置和气体含量），从而提供一条完整的信息链。通过先过期先出的库存管理、动态到期日和动态定价系统等，有助于提高冷链物流管理和质量控制的决策策略。然而，信息存储在高度集中的云基础设施中，这意味着它的数据库也面临更大的攻击风险，不能确保信息记录不被恶意修改，而区块链被认为是一种很有前途和巨大潜力的技术，区块链技术可以建立信任，防止数据被篡改。

在冷链运输中，物联网设备可以放在一个容器内，从而在产品的运输过程中不断测量其温度，而区块链不需要集中存储信息，而是可以通过它的分布式组合来识别和消除单点故障，从而为设备运行创建一个更具弹性的生态系统。区块链可以在存储大量冷链运输相关数据时提供可扩展性、可靠性和私密性，这些改进将导致出现更好的预测结果和更有效的供应链决策。芬兰对零售商店中的鱼、肉和即食食品的温度进行了监测，发现约有 50% 的产品温度超出了其控制温度范围（即 1℃以上），最长可达 24 小时。在另一个场合的报道，食品经营者没有注意到或温度滥用，大概有 50.0% 和 46.2% 的时间肉末和加工鱼气温高于 3℃超过 30 分钟。斯洛文尼亚报道称，零售冰箱温度情况下波动从 0℃ ~10.5℃预包装的法兰克福香肠和预包装的家禽，0℃ ~16℃的黄油、酸奶、奶酪和奶油产品，10℃ ~23℃的冰激凌产品，和 0℃ ~17℃的鸡蛋。他们还发现，通过固定温度装置测量的温度和研究人员测量的温度不一定相同，并且有研究发现部分食品经营者对冷链的完整性认识不足，这种情况可以说是世界范围的问题。

法国学者指出，面包店、猪肉屠宰场和零售商的乳制品中，70% 的冷冻箱温度超过 7℃，温度滥用的发生主要与专业实践有关，制冷设备设计不良也是造成温度波动的原因之一，这些学者建议食品生产者或冰箱使用者应按照设备制造商的指示存储食品。有报告称，零售商冷藏运输期间的温度更稳定，但 6.5% 和 79.7% 的情况下，零售商展示箱和国产车辆的温度超过了推荐温度。

美国 Pelletier 等人报告说，草莓冷链的温度总体上是稳定的，在预冷、冷藏、运输和零售过程中，温度在 0.7℃ ~3.7℃波动，尽管有轻微的温度波动，草莓在运输到零售商那里的过程中，水分含量已经恶化。相比之下，Nunes 报告了一个广泛的温度波动产生的显示情况，即从 1.2℃ ~17.7℃是草莓和葡萄的温度波动区间，0.7℃ ~19.2℃是现摘的水果和蔬菜的温度波动区间，沙拉袋温度波动区间为 1.1℃ ~19.2℃，0.8℃ ~14.1℃为黄瓜和辣椒的温度波动区间。有趣的是，Nunes 等人也揭示了一些对冷敏感的水果和蔬菜运输的温度过低，而对热敏性产品运输的温度过高的现象，这就导致一半以上的产品被浪费掉。

因此有学者提出了基于区块链的 WSN 监测和基于算法的冷冻贝类冷藏质量预测模型与评价方法。采用基于区块链的 WSN 监测系统可以捕获实际微环境变化数据，防止数据篡改，将 K–means 和 SVM（Support Vector Machine）算法应用于速冻贝类的质量评价中，对其质量损失进行分类和预测。基于区块链的 WSN 监测可以实现动态指标的连续监测，保证数据的安全性和可靠性，可以对质量损失进行可靠的估计和预测，有助于提高冷藏期间的信息透明度。

关于过去和实时温度滥用的信息，由供应链成员监控，以便及时采取纠正措施。目前无线温度监测技术，特别是射频识别（RFID）标签、WSN 和时间—温度集成商（Time–Temperature Integrators，TTIs），用于测量、记录和监测食品冷链中的产品温度，利用 RFID 和传感器网络监视和测量温度的易腐食品目前已被证实。如今，这些工具的发展已经受到青睐，因为它们可以更准确地记录数据，更符合关于管理食品冷链中的时间—温度滥用的建议。然而，这些工具存在一些缺点，例如，需要加载大量数据的时间、读取范围以及对数据的实时交付和传感能力的限制仍然限制了这种监测系统的效用。另一个限制因素是含有大量水分的食品会导致信号衰减，因此温度传感器变得不那么敏感，云连接可能会中断。TTIs 也可以可视化食品冷链的时间—温度历史，根据工作原理，TTIs 可以分为生物、化学或物理系统，对鱼、渔业产品、绞碎牛肉、肉制品等冷藏食品的 TTIs 进行评估后发现，虽然 TTIs 被广泛使用，但它们往往低估了剩余的保质期，Bobelyn、Hertog 和 Nicolai 在报告中指出 TTIs 的反应并不总是与食品质量变化一致时，对该问题做了一些说明。

目前，血液冷链系统由于结构集中，在供货时间和信息管理方面存在问题。大多数解决供血时间问题的研究都集中在具有目标函数的数学模型上，并确定血源的数量、位置或输送路线，然而供血区域的调整可能会导致血源之间的利益冲突、医疗机构角色的回避、责任和成本问题。因此学者们还提出了一种血液供应链网络，通过将血液衰变特性表示为一个弧乘子，使成本和风险最小化，也有学者介绍了一种网络设计，使用一种用于灾难场景下血液供应的优化模型。其他学者提出了一个考虑灾难情景成本和交货时间的概率供应链模型，并有学者设计了一个血液供应链来处理地震中血液供应单位的紧急需求，他们提出了一个多层次、多目标的数学模型，以最小化血液供应链网络的成本和最大化血液运输路线选择的可靠性。区块链技术在医疗领域应用的案例中，Kim 利用 Hyperledger Fabric 技术实现了一个医疗检查结果库，以确保患者个人信息的可访问性和安全管理，这对于医疗信息来说是至关重要的。Yan 将区块链应用到一个医疗系统中，以提高身份认证的安全性，并使用智能合同功能方便地访问电子病历（Electronic Medical Record，EMR）信息。区块链技术在医疗领域的应用正在不断扩大，特别是在美国和各种私人公司，以存储和交换医疗记录。

实时温度监测系统可被定义为能够随时检查、测量和报告实际温度的系统，有效的温度监测有助于食物业经营者作出决策、采取纠正措施及评估其运作。Shih 和 Wang 提出了一种基于物联网架构的冷链系统，系统中物联网将被允许实时收集食品冷链各点的温度数据，在他们的实验中，实时温度数据通过 RFID 标签进行监控、测量和收集，从而提高了管理时间—温度、增加年销售额和降低能耗的潜力。此外，一种基于智能物流单元（SLU）的新型实时温度监测系统也已在食品供应链中得到验证，除温度外，该系统还考虑了其他影响食品质量的重要因素，如挥发性有机化合物总量的变化。该系统配备了 GPS 模块并连接到一个网络云，允许数据集中、实时观察和授权利益相关者在线访问，在草莓供应链的实验测试中证明该技术可以通过记录挥发性有机物（Wireless Sensor Networks，WSN）的变化，有效地监测时间温度和估算产品的保质期。几年前欧洲飞盘项目框架内开发了一套强大的温度监测系统，为了提高该系统的效率和可持续性，其工具被用来同时评价低温食品产品的质量、能源使用和全球变暖对食品冷链的影响。这也是一个基于网络的平台，可以从整个供应链收集数据，更精确地估计特定食品的剩余保质期，此外，它还配备了独立的软件，即冷链预测器（CCP），通过蒙特卡洛模拟各种场景，可以预测特定食品的有效温度和保质期。模拟使用一种数值方法来生成一个基于在整个冷链中报告的时间—温度值的假想场景的概率分布。苹果、菠菜和冰激凌冷链实验测试表明，该工具可用于评估温度波动的影响和冷藏系统中的物流管理选项。Derens-Bertheau 等人通过收集从生产到消费的时间和温度信息，对法国冷冻食品的实际情况进行了评估，调查结果显示，购买冰箱和家用冰箱之间的运输是温度滥用最敏感的环节。在另一个场合，Gogou 使用该工具评估了希腊和法国当地肉类生产商与零售商的冷链绩效，他们也发现消费者冰箱是最薄弱的环节。这些工具能够估计整个冷链的有效温度，从而估计即食肉制品的剩余保质期，这项技术进步可能有助于提高冷链的完整性。

8.3　区块链在供应链的应用

在国内，区块链技术发展的重要优势之一在于有一个可信度极高的政府以及大量优秀的国营企业，借助于他们区块链技术能够极大地解决中小企业取信难的问题。同时，运行一个复杂的供应链的问题是需要信任所有的参与者来完成他们的工作，需要信任他们在遵守安全标准的同时提高质量，然而发展该技术并没有很容易。本节首先将在这里定义采购以便后续使用，采购是公司为实现其商业模式而获取货物或服务的过程。有几个失败的例子可以渗透到传统供应链，在供应链的某个地方有人坚持从一个特定的供应商那里获得产品，而不考虑任何其他的报价，当被问及这些问题时，他们坚称只有该供应商才能满足某些规格要求，这可能是真的，也可能不是；假设一家公司想要扩展其产品线，需要的组件可以从一个特定的供应商采购，但是供应链中的某些供应商可能会因为个人关系而得到一些采购人员的优惠待遇；假设供应链需要一个新产品的新部件材料，然而这种材料是一种稀有的资产，只有一家供应商可以提供，这家供应商可以欺骗一个采购官员与供应商有一个特殊的交易，作为交换，供应商可以在产品质量上进行补偿；假设一个供应商正在秘密地把工作委托给下级供应商，这些下级供应商不受主要供应商留下的道德规范的约束，供应商按时交付项目和状况良好但声称额外的费用和额外的成本，迫使谈判过程中交易的供应商和采购人员可以做假账。因此，这些情况下供应商几乎可以逃脱任何惩罚，这是传统供应链管理系统存在的一个大问题。

在进入本节讨论区块链在供应链的应用之前，要来回顾一下区块链的四个最显著的特点，这使它非常适用于供应链管理人员。一是透明和受控的交易，区块链没有中介机构（如银行），由于账本自动更新，结算速度更快、更透明，支付条件可以被自动预先编程，包括交易的可见性，因此它只能被授权的参与者看到；二是激活市场交易费用，在使用 Swift 进行跨境支付时，交易的佣金只有在交易完成后，或者更确切地说，在已经执行该交易的中介银行中扣除，如果是区块链，就会事先知道费用；三是可审核性，所有的交易对授权方都是立即可见的，这意味着没有人可以篡改、删除或隐藏添加到区块链中的任何信息；四是可靠的，由于它的分布式特性，区块链没有单点故障，此外，区块链上处理的所有交易都是不可变的、不可撤销的，这进一步消除了欺诈的风险。

区块链可以作为所有实体（子公司、合作伙伴等）的单一真实来源，其代表了进行采购并与供应商谈判不同的条款。基于区块链的数据库可以存储所有合作伙伴的相关数据，让企业可以全景地查看采购总量，个人用户不需要经常共享就能操作数据，其他人也不需要交叉检查，审计将自动进行，消除了额外的价格验证等耗费资源的过程。这里用一个简单的例子来进一步说明这一点，组织希望根据整个生态系统的数量进行采购谈判，这个数字包括组织和组织的合作伙伴的采购数据，在基于区块链的系统中存储数据，这意味着组织可以毫不费力地根据总购买量计算出准确的数量折扣，并从数学上证明它是正确的。

随着商业环境的不断变化，对供应链的需求自然也随之发展。亚马逊等在线零售商正在实验动态定价，而数据驱动的供应链正大幅缩短时装等行业的生产周期。随着速度和适应性在满足客户需求方面变得越来越重要，供应链必须进化以促进这种需求，通过实现区块链，建立一个单一版本的真实记录，将整个供应链记录在一个防篡改的分布式账本上，这允许所有相关人员回顾产品的开发过程，在哪里以及何时进行。由于区块链使用的是分布式记录而不是集中式记录，会比其他数据库更具有防篡改性，因此在对有价值或敏感产品严格保存记录至关重要的行业中，区块链非常有用，而且还能增加价值。但需要注意，监视什么、在哪里以及如何操作并不是由区块链本身完成的，而是通过支持处理和通信数据的物联网设备来完成的。物联网设备有 RFID 标签、近场通信（Near Field Communication，NFC）标签或其他类型的技术测量工具，这些工具使机器能够自动监控，物联网标签的功能是不断监测并获取与产品状况相关的数据，从集装箱的温度到货物的确切位置。有了这些数据，信息可以安全地存储在区块链中，数据就不再属于一个中央机构，而是由系统的用户保存。每次注册一个新的数据条目时，都会以加密方式将其链接到之前和之后的条目，每当新信息嵌入区块链中时，数据被传输到接收方并进行加密，以确保对事务源进行身份验证。此外，因为安全性、透明度和依从性保证了区块链在更大程度上，进一步允许用户讲述完整的故事，它给予所有参与供应链和终端消费者意识的贡献者以荣誉。作为一个消费者，很容易忽略或忘记产品在上架前的旅程和整个过程，原产地调查发现 30% 的英国消费者在没有相关信息的情况下对产品的原产地表示担忧，因此，越来越多的消费者要求关注产品的产地。

应用程序接口（Application Programming Interface，API）是一种有望创建 SCV 的技术。如果用户需要从数据源中提取数据，API 将起到网关的作用，其允许复杂信息系统中的实体通过聚合连接到的数据源中的信息，将信息从一个系统传输到另一个系统，从而访问数据。然而，API 的缺点是 API 所有者使用的商业结构往往是集中的，这一点对供应链很重要，因为它没有克服在共享敏感信息时使用中间商的根本问题。实现 SCV 的另一种方法是使用供应链控制塔，凯捷咨询公司将控制塔定义为：“跨部门的组织，具有提供供应链可见性的系统集成信息中心”，这将反过来提高决策制订的效率。在一个中央软件系统中，供应链控制塔从进站和出站货物以及制造过程中收集信息，虽然供应链控制塔是提供供应链可见性的良好工具，但是它没有与区块链相同的安全级别。

当涉及促进信息共享和协调相关实体之间的操作时，供应链的管理方式可以说是无效的。随着网络的增长，必须用于解决问题或解决特定交流差异的时间很可能会增加，退一步说，区块链在供应链管理中的主要好处可以分为两大类：运营效率及提高信任和安全性。尽管存在其他技术来创建供应链可见性，但区块链具有没有集中化和越来越容易受到安全风险影响的缺点，话虽如此，区块链并不一定是所有供应链的正确工具，因为其适用性取决于供应链的复杂程度和供应链可见性增加所创造的价值。虽然区块链解决了大量的供应链挑战，但评估区块链在供应链中的可见性和安全性方面的影响超过了实现区块链的复杂性。因此，对于管理人员来说，在考虑实现区块链解决方案之前，彻底理解他们的供应链结构是很重要的，与此同时，管理人员还必须考虑实现区块链背后的基本原理，以及供应链可见性和安全性如何能够为他们的供应链提供显著的改进和好处。组织需要建立更有效的跨业务的沟通系统，使所有实体的沟通更加无缝，将线性供应链与基于区块链技术的供应链相比，信息不需要一次通过一个环节传递，相反，无论距离或关系如何，信息都可以在链接之间更无缝地交流。因此，基于区块链的生态系统使用户能够快速共享信息，并且双方之间的摩擦最小。

需要说明的是，区块链在设计、组织、运营和供应链综合管理方面具有潜在的破坏性。区块链保证信息的可靠性、可追溯性和真实性的能力，以及一个不可信的环境下的智能合同关系，这些都预示着对供应链和供应链管理的重大反思。下面本节将深入探讨区块链技术的价值主张及其对商品和制造供应链的适用性、其结构以及管理供应链可能使用的新组件。区块链是如何在供应链环境中发挥作用仍有待解释和发展，它不像比特币和其他金融区块链应用程序那样，可能是公开的，基于区块链的供应链网络可能需要一个封闭的、私有的、许可的区块链，有多个有限的参与者，但一种更加公开的关系的大门仍然是敞开的，并且隐私级别的确定是最初的决定之一。四大实体在基于区块链的供应链中发挥作用，并且有些是在传统供应链中看不到的，这四大实体分别为：

（1）登记员，是网络中的参与者，提供唯一的身份。

（2）标准组织，定义标准方案，如可持续供应链的公平贸易或区块链政策和技术要求。

（3）认证者，为参与供应链网络的参与者提供认证。

（4）参与者，包括制造商、零售商和客户，必须由注册的审计师或认证机构进行认证，以维护系统信任。

区块链对供应链产品和物资流动也有影响。每个产品都可以有一个数字区块链出现，这样所有相关参与者都可以直接访问产品简介，可以设置安全措施来限制访问，只有拥有正确数字密钥的各方才能访问产品，才可以收集一系列的数据，包括产品状态、产品类型和产品要实现的标准。在区块链中，产品的信息标签代表一个标识符，将实体产品与其虚拟身份链接起来，一个有趣的结构和物流管理特征是特定参与者如何拥有或转移产品，参与者获得许可，将新信息输入该产品的简介，或发起与另一方的贸易，可能是一项重要的规则。在产品转让（或出售）给另一个参与者之前，双方可以签署数字合同，或满足智能合同的要求，以验证交换，一旦所有各方履行了合同义务和流程，交易细节将更新区块链总账，当数据交易发生变化时，系统会自动更新数据交易记录。

区块链技术可以突出和详细说明至少五个关键的产品维度：性质（它是什

么）、质量（它是怎样的）、数量（它有多少）、位置（它在哪里）和所有权（在任何时候谁拥有它）。这样，区块链就不需要一个可信赖的中央机构来运营和维护这个系统，并允许客户检查从原材料到最终销售的不间断的保管和交易链。当交易在多个区块链信息维度上发生时，这些信息被记录在分类账中，区块链的可靠性和透明度意味着更有效地促进材料和信息在供应链中的流动。这一转变可能导致更广泛的转变，从工业持久、商品、产品经济转向信息、定制经济，生产将更多地依赖于知识、交流和信息，而不一定依赖于材料特性，例如，客户可以跟踪产品的详细信息，从而增加与产品特征相关的客户信任。智能合约作为存储在区块链中的成文规则，可以帮助定义网络参与者之间和系统内的交互，智能合约影响供应链参与者之间的网络数据共享和持续的流程改进，例如，认证机构和标准组织对参与者配置文件与产品进行数字验证，产品在网络上有自己的数字配置文件，它显示诸如描述、位置、认证和与产品的关联等信息，每个供应链参与者都可以在区块链网络上登录有关给定产品及其状态的关键信息。基于区块链的供应链中的智能合约治理和流程规则可以管理参与者的认证与批准，以及允许他们访问和执行所需的流程。根据智能合约定义的供应链类型、位置和触发器，Actor 数据可以更改，而没有某种形式的共识过程，参与者无法改变规则。另一个智能合约应用的例子是采购，两个贸易伙伴之间的智能合约可以合法地更新终端用户跨业务线实时购买、销售和交付的货物的自动记录。

智能合约流程特征预示着潜在的供应链业务流程持续改进。供应链业务流程改进的潜力可以体现在区块链信息中，这些信息可以在账本中获取性能指标，将它们链接起来就过程达成一致。这种类型的方法和信息对于供应链设计与实时影响有很大的潜力，而不仅仅是产品交付和治理问题。区块链不仅影响供应链过程和产品管理，还影响不同网络各方之间的金融交易，区块链供应链的一个关键潜在优势是金融中介的非中介化，包括支付网络、股票交易所和转账服务，这将使合作伙伴之间的交易过程更加有效。智能合约能够组织财务安排，并确保项目有足够的资金可用，每个人都能及时得到报酬，它们为不同货币之间的交易提供了联系，或以安全及时的方式将全球供应链中多个来源的货币混合在一起。尽管在供应链中存在各种各样的区块链技术应用程序，但它们是工业、产品或服务，或集中于治理的。为了举例说明一个实际的区块链供应链应用程序，这里将讨论可持续性供应链，近几年朝着可持续解决方案的方向发展的势头正在增强，监管、消费者和社会对企业及其供应链施加压力，以改善其供应链及其产品的可持续性，这些事实促使人们通过考虑区块链技术对可持续供应链的影响来更详细地确定未来供应链的影响。

供应链实践和战略也面临着考虑与认证供应链可持续性的紧急压力。可持续性由三重底线概念定义，包括管理供应链时环境、社会和商业维度的平衡，供应链可持续性的一个重要战略和竞争问题是确认和验证供应链中的过程、产品和活动满足一定的可持续性标准和认证。这样的问题引发了一个疑问，即当前的供应链信息系统是否能够以一种安全的、清晰而可靠的方式支持商品和服务的及时来源所需的信息。解决这个复杂问题的方法在于提高供应链的透明度、安全性、持久性和流程完整性，这个问题的答案可能是区块链技术。区块链技术的发展和应用使这些改进目标在组织上、技术上和经济上更加可行，区块链技术作为一种潜在的颠覆性技术，融合了去中心化的无信任数据库的特点，允许全球规模的交易以及各方之间的过程去中心化。一些早期用例说明了使用区块链技术的可能性和关注点，其中一个比较受欢迎的案例涉及马士基及其与 IBM 的区块链海运集装箱管理合作，在该用例中，IBM 提到，通过在容器上附加更准确和更可靠的着陆票据，供应链可以节省数十亿美元。有趣的是，尽管提到了数十亿美元的节省，但由于伸缩性问题，还不清楚是否有可能实现。此外，从可持续供应链的角度来看，作为区块链服务提供商的源头，已经寻求将区块链技术整合到海产品供应链中，在这种情况下，可持续实践的透明度和有效性至关重要。因此，无论是否涉及环境、经济或社会问题，区块链的潜在用途已经在专业文献中得到了重要的讨论。

8.4 区块链在逆向物流的应用

产品和材料的再利用并不是一种新现象，金属废料回收、废纸回收以及存放饮料瓶的系统都已经存在很长一段时间了，再利用减少浪费并努力促进物质循环的理念，而不是“单向”经济。重用机会产生了从用户到生产者的新物料流，与传统的供应链流程相反的这种物流流程管理是逆向物流领域中近几年的研究热点。逆向物流是指从用户不再需要的使用过的产品到在市场上再次使用的物流活动，逆向物流代表所有与产品和材料的再利用相关操作。它是一个计划、实施和控制原材料，在制品库存、产成品和相关信息从消费点到原产地的有效的、成本效益的流动的过程，目的是重新获得价值或妥善处理。更准确地说，逆向物流是将货物从其典型的最终目的地移出以获取价值或妥善处置的过程，再制造和翻新活动也可以包括在逆向物流的定义中。通常，物流处理的是将产品带给客户的事件，在逆向物流的情况下，资源在供应链中至少倒退了一步，例如，货物从客户转移到分销商或制造商。有效的逆向物流被认为能够带来直接的利益，包括提高客户满意度，降低资源投资水平，以及降低仓储和配送成本。

数字化转型和电子商务的发展创造了一个非常复杂又高度互联的世界，物流部门有效地连接了端到端的供应链操作。通常，正向物流有效地在一个精确的时间窗口内将成品从供应商运送到最终客户，然而，不同的回报方案和错误的处理需要证明机制与技术干预，以无缝集成逆向物流链在闭环供应链。虽然自动识别技术（如条形码、射频识别等）已应用于逆向物流，但这些技术不允许公司监控其对多个利益相关者的回报状况，因此，物流服务商发现很难确定退货产品的质量。近年来，随着电子商务的兴起，服务商对逆向物流的需求有所上升，因为终端消费者对通过做出环保决策来利用采购有了新的看法。统计数据显示，与逆向物流相关的供应链成本平均在商品成本的 7%~10%，此外，逆向物流成本估计在 7500 亿美元 / 年。区块链在逆向物流中的应用是有潜力的，这是因为区块链技术可以帮助信息共享和记录每一笔交易，在逆向物流中使用区块链技术可以极大地降低成本，提高效率和文件责任，并改善环境最佳实践。另外，区块链还可以用于确定文档错误的成本，比如，不准确的发票、延迟的发货以及由于订单错误而导致的退货，同样，包括维修和维护在内的汽车行业逆向物流操作也可以受益于区块链，因为区块链可以跟踪维护记录，提高车辆性能和寿命。所以本研究试图探索使用区块链技术来解决逆向物流的挑战，并探索区块链技术在逆向物流中对退货跟踪方面的应用，以及感知收益是否在多大程度上帮助用户接受像区块链这样的新技术。具体来说，本研究的目标是回答以下问题：区块链在逆向物流中的应用里如何使逆向物流过程受益？区块链的感知利益在多大程度上允许物流专业人员采用逆向物流过程的技术？有研究通过技术接受模型（Technology Acceptance Model，TAM）确定了区块链技术如何有益于逆向物流过程，以及感知收益如何帮助用户采用该技术，同时克服感知风险。研究结果表明，即使产品已经售出，区块链技术也可以使所有利益相关者监控产品的状态，因此，区块链可以通过简化检验过程和确保退货产品的质量，使逆向物流过程受益。

过去，研究人员忽略了供应链的逆向流动（从消费点到生产点），并且物流领域人员也意识到，更好地理解产品退货和高效的逆向物流可以成为一个竞争优势。尽管逆向物流的概念已经得到了很好的定义，其重要性也在不断提高，但实施逆向物流的企业仍然很少。Sharma 等人指出，逆向物流过程中的一个挑战是退货产品的质量，在退货过程中，大部分退货产品的质量，特别是对时间敏感的高退货边际价值产品的质量不一致，可能出现故障、损坏，或者仅仅是消费者不想要的产品，这些产品的退货要求物流供应商对产品的质量进行排序、评估，并迅速做出处理决定，因为这些高边际价值产品的价值会随着时间的推移而贬值。然而，现有的数据捕获技术（如 RFID、条形码）仅为物流商提供了退货产品的位置信息，无法对退货产品在产品生命周期的各个阶段进行监控，因此，物流商并不知道退货产品的质量，他们需要额外的时间和金钱对退货产品进行进一步的质量检查。此外，管理人员往往不知道这些损失规模以及它们是如何发生的，需要检查确认，以确保产品合格的回收，然而，消费者总是不知道材料和物流供应商需要花额外的时间检查，这是耗时的。

Liu 等人提出了一个逆向物流信息系统应该具有以下特点：提供关于退货的实时数据、保持准确和不间断的数据记录、确保返回的产品的质量、防止数据访问第三方、可以追溯过去的历史。下面对这几个特点进行详细的说明。

（1）提供关于退货的实时数据。实时数据帮助逆向物流人员了解产品的位置，并决定如何处理逆向物流，此外，实时数据使中介能够准确地跟踪和跟踪返回的产品。

（2）保持准确和不间断的数据记录（数据准确性）。很多产品的使用寿命超过 10 年，如何在如此长的时间内保持准确不间断的数据记录是逆向物流信息系统中的一个问题，另外，收益难以准确预测，如果数据不准确，将会使业务亏损。

（3）确保返回的产品的质量（退货产品的质量）。逆向物流的目的是对资源进行回收，对回流产品进行再利用，因此，退货产品质量必须是优良的，才能进行回收、再利用或再生产。如果退货产品不符合回收、再利用或再生产的条件，将给逆向物流人员带来损失。

（4）防止数据访问第三方（数据安全）。数据访问安全是整个逆向物流信息系统的核心部分，物流公司通过防止竞争对手访问敏感数据（如客户身份）以保持在市场上的优势。

（5）可以追溯过去的历史。物流供应商可以节省从终端客户收集这些数据的时间，终端客户有时不能准确地向物流供应商提供这些数据。

Optiturn 技术是基于 Optoro 云的软件逆向物流平台，该技术允许一个整体的物流方法，它汇集了各种组件的商品和供应链模块，是一个端到端的解决方案。它使直接返回和过量库存考虑适当的渠道成本、利润和业务规则的输入，减少中间商的形式发货。IT 输入跨大数据处理、仓库管理、市场管理和数据分析报告的支持基础设施，存储数据提供有关退货项目、退货频率、退货条件和退货规定的信息；数据分析提供退货的奖品和条件；仓库管理系统区分不同的物品单位，它有能力接收、上架、库存、计数、分配、挑选和运送物品，库存流动更快，从而增加了零售商的利润。该平台有处理引擎，通过分析数据来提供如何处理退货的信息，例如，退货到货架，路由到再销售渠道或使用寿命结束。该系统评估条件的退货，执行速度优化，并允许用户的目标特定的恢复标准，这一信息被输入市场管理引擎中，使一个自动的列表过程允许退回的商品以尽可能高的回收率出售，然后市场管理引擎生成与价格有关的信息，它能够在几分之一秒内生成所需信息。该制度允许根据自身条件和二级市场的供求情况对项目进行定价，同时在多个市场上市，并对市场状况进行实时反应，以避免产品的过度销售，它让用户有机会获得关于退货原因的信息，从而了解趋势，应用补救策略。使用 Optiturn 的好处包括库存回收、降低仓库成本、增加对逆向物流生命周期的可见性。

逆向物流发生的原因有很多，包括不符合既定质量标准的缺陷产品，制造商召回在该领域无法纠正的质量缺陷产品，如丰田召回的花冠车型，由于生产缺陷而被丰田召回。技术的使用使每一个退货原因都能以最令人满意的方式进行排序，这对消费者和零售商都有利，技术也有助于评估返回的状态，核对退货产品的销售损失百分比，采取相应措施使收益损失最小化，对退货产品的情况进行评估，如果退货产品有问题，可以采取纠正措施纠正错误，衡量逆向物流衍生的财务价值，由此，消费者的反馈将得到有效和及时的处理。制造商和零售商将能够管理库存，并降低维持库存所带来的间接成本，同时制造商能够通过制订适当的退货计划和保持所需数量的库存来节省成本，组织将有机会从退货中获得最大价值，因为技术将允许对退货进行正确的分类，组织将能够留住他们的消费者，因为消费者的询问将以最友好的方式处理，由于供应链内部的沟通更加有效，退货处理效率将会更快。随着工业 4.0 的不断推进，逆向物流将为企业带来更多的收入，并将满意度最大化，这极大地节约物流成本，因为第四次革命技术不同于以前的发明，其包括更多的软件，如 I–cloud 和许多其他连接网络。

8.5 小　　结

本章主要从国际物流、冷链运输、供应链和逆向物流四个场景分别讨论了区块链的应用。第 8.1 节从国际物流方面入手，阐明了传统的跨国运输受制于纸质文书、人工信息采集等成本问题，解释了如何通过区块链的智能合约模块来解决这些问题。第 8.2 节从冷链运输方面入手，先对冷链的常规组成给出了简单解释，再从“区块链 + 物联网”的角度去阐明新技术的结合是如何完善冷链运输信息流动的，并从巴西、希腊两国的实际案例去说明采用新技术的必要性，最后以血液和食品两种对冷链运输要求较高的产品举例说明物联网和区块链在实际中如何联合发挥作用。第 8.3 节从供应链运输方面入手，总结了区块链四个特点及如何保证交易流程中的互信问题，并结合供应链突出的五大维度（性质、质量、数量、位置和所有权）来解释区块链是如何实际应用的。第 8.4 节从逆向物流方面入手，首先明确了当前逆向物流的高成本以及良好的逆向物流可以带来的价值，然后使用 Optoro 平台的例子描述了区块链与物联网是如何协同作用，以解决逆向物流中实际存在的问题。

第 9 章　区块链应用国内物流企业案例

本章要点

1. 了解阿里巴巴的区块链物流案例。
2. 了解腾讯的区块链物流案例。
3. 了解京东的区块链物流案例。
4. 了解苏宁的区块链物流案例。

● 引例

腾讯 + 联易融共同打造的"供应链金融 + 区块链 +ABS 平台"——微企链

微企链属于深圳前海微企区块链科技有限公司，于 2018 年成立。微企链由供应链中的各方企业和金融机构组成，通过区块链真实、完整地记录基于核心企业应付账款的资产上链、流通、拆分和兑付全过程。

首先，微企链设计了资产网关角色，用于解决链下资产与链上资产的对接问题。资产网关是一个审核和鉴证链下资产的第三方，主要负责在资产发行前联合核心企业在链上做资产确权登记，确保供应商拿到的应收账款数字债权凭证是经过核心企业数字签名确认、真实可兑现的有效资产凭证。其次，在资产转让过程中采用了中间账户，并在区块链记账模型上采用 UTXO 模型而非账户模型，这是因为不同的数字债权凭证可能来自不同的核心企业，而 UTXO 模型具有一对多的映射能力。在兑付环节，微企链还设立独立的资金清算节点，借助财付通的资金清算能力在数字资产到期后直接在链上完成付款动作，实现快速兑付。同时，引入过桥基金秒级放款，真正实现"区块链技术能够帮助小微企业实时放款到账"的愿景，提升数字债权凭证的可用性。最后，微企链平台可在微信小程序或 PC 端完成业务操作，定向公开或上传融资所需的贸易背景信息，节省处理和审核大量纸质文件的时间。

[**资料来源：**鲁静 . 区块链工程实践：行业解决方案与关键技术 [M]. 北京：机

械工业出版社，2019.]

思考题：微企链如何将供应链金融、区块链、ABS平台进行结合？其中，区块链技术在整个流程中发挥着哪些作用？

9.1 阿里巴巴的区块链物流案例

菜鸟与天猫国际宣布已经启用区块链技术跟踪、上传、查证跨境进口商品的物流全链路信息。此外，蚂蚁金服已经将区块链技术区用在公益、食品安全溯源上。蚂蚁技术实验室预测，2018年区块链技术将开始落地实际商用系统，并出现第三代区块链技术架构，预测已得到一部分验证。

9.1.1 蚂蚁金服的支付宝爱心捐款

“听障儿童重获新声”项目属于中华社会救助基金会2013年开始的“聆天使计划”，该计划旨在资助家庭贫困的听障儿童恢复听力，传播爱耳知识，提高公众对听力健康的认识，预防听障。该项目由中华救助负责项目实施和管理，捐款将通过支付宝爱心捐赠平台依次进入中华救助支付宝公益账户——康复机构账户——受助人监护人的账户。当前善款的每一笔流向和去处都会由中华社会救助基金会负责，全过程受社会公众监督，特别是在整个行动中的每一个参与者都能获取每一条信息，尤其是在链上的每一条信息都是清晰可查的，在这些过程的背后区块链技术可以说是厥功至伟。

中华社会救助基金会秘书长胡广华表示，公益透明度决定了中国公益的发展速度。信息披露所需的人工成本,也成为掣肘公益机构提升透明度的重要因素。“听障儿童重获新声”项目在支付宝爱心捐赠平台上所有公开的信息，都是通过区块链技术实时记录、传递、认证的，既从技术上保障了公益数据的真实性，又帮助公益项目节省了信息披露成本。

“我们重视区块链，是重视它的信任机制。”程立表示，在公益行动中，人们经常在网络上听到，很多的人会质疑善款的留取。区块链从本质上来说，是利用分布式技术和共识算法重新构造的一种信任机制，是“共信力助力公信力”。在电子商务不发达的年代，支付宝创造性地用担保交易的方式，解决了买卖双方互不信任的问题，芝麻信用使用云计算、大数据的能力，建立人与人之间的信任关系。区块链的这种信任机制和蚂蚁金服一直坚持的“让信用等于财富”理念和愿景是天然契合的。

利用区块链在公益场景的尝试，正是在发挥公共账簿的价值。程立表示，蚂蚁金服是一家兼具互联网和金融双重属性的公司，既需要互联网的灵动，又需要金融行业的稳健。蚂蚁金服秉承“拥抱监管、稳妥创新”的方针，深知只有守住风险才能持续持久地发展，“区块链有很多的想象空间，我们惊喜于它的优势，但更重视其是否安全可靠、合法合规”。程立表示，在区块链的技术探索和场景拓展上，蚂蚁金服希望可以和更多的企业一起合作共赢，发展快速、简便、安全、有效的区块链服务能力，共建区块链应用规范和标准，让新技术安全地服务于用户、社会、国家。

蚂蚁金服在支付宝爱心捐赠平台上线的区块链公益项目“听障儿童重获新声”，让很多人第一次明白了时下最火的区块链技术在公益场景中能发挥的重要作用。支付宝爱心捐赠平台上，经常有用户捐出几元到几百元不等的善款，捐款进入公益项目账户之后就无法追踪，这是因为数目小、记录负荷高、数据库存储困难。然而利用区块链技术，可以让每一笔款项的生命周期都记录在区块链上，方便用户持续追溯。蚂蚁金服首席技术官程立把这个项目比喻成一家专门邮寄善款的互联网邮局，在项目运转中每笔善款都是一个包裹，在投递过程中，经过每个邮寄节点都会被盖上邮戳，每个邮戳都可以被公开查询。

以前，公众可以选择捐款，但并不清楚捐款将在何时给到受捐者，在区块链技术支撑的公益项目中捐款，项目完成后，人们就能查看“爱心传递记录”，能看见项目捐赠情况，善款如何拨付发放。从外观看，区块链公益项目并没有太多不同，但后台运转的情况是不一样的。之前，公众捐款进入公益项目的账户，项目方执行后，由运营人员把账单、拨付、相关图片和情况上传输入。现在，善款进入系统后，整个生命周期都将记录在区块链上，没有人工拨付等环节，每一笔款项的去向很难人工更改。

蚂蚁金服表示，未来区块链公益场景还将升级，更多的公益组织、审计机构会参与进来，让项目便于审计，方便公众和社会监督，让区块链真正成为“信任的机器”。

9.1.2　菜鸟、天猫的区块链技术追溯

菜鸟与天猫国际共同宣布已经启用区块链技术跟踪、上传、查证跨境进口商品的物流全链路信息，这些信息涵盖了生产、运输、通关、报检、第三方检验等商品进口全流程，将给每个跨境进口商品打上独一无二的“身份证”，供消费者

查询验证。这项计划已经覆盖了上海、深圳、广州、杭州、天津、宁波、重庆、福州、郑州等保税口岸的菜鸟进口领域，目前已经有超过 50 个国家的 30000 多种进口商品支持基于区块链技术的物流链路查询。在手机淘宝的物流详情页面，消费者可通过底端的“查看商品物流溯源信息”按钮进入商品溯源页面，在该页面可查看购买商品的全部溯源信息。

“区块链概念虽然兴起不久，但在海淘领域应用前景十分广泛，我们也坚定地认为，这是一项互联网的基础技术，而不是炒作货币的工具。”菜鸟国际技术负责人唐韧介绍，“区块链的最大特性就在于上传数据的不可篡改，通过商家、海关等各方上传的物流数据，消费者可以交叉认证自己购买商品的各项信息，想要在区块链上进行数据造假掺入假货，难度和登陆火星没什么区别”。此前，阿里系蚂蚁金服已经表明自己对于区块链的态度，蚂蚁金服技术实验室两年多前开始组建团队研发区块链，并已经把区块链技术用在公益、食品安全溯源上。

除了蚂蚁金服的应用场景，菜鸟与天猫启用区块链进行产品溯源，这被认为是应用场景的再度突破。据悉，共同参与跨境溯源计划的包括英、美、日、韩、澳等多国政府、大使馆、行业协会以及众多海外大型商家品牌，中检集团、中国标准化研究院、跨境电子商务商品质量国家监测中心等“国家队”也已加入，各方正在逐步实现定制天猫国际统一二维码，在码上合成全程监测手段。未来菜鸟还将结合区块链与物联网，打造一条去中心化的可信赖全球供应链追溯体系。

蚂蚁金服副总裁、技术实验室负责人蒋国飞认为，区块链将是比 AI 影响更为广泛的技术，因为区块链可以说是解决信任和高效协同最理想的技术方案，这是未来数字世界的基石。他曾预测过区块链将从概念大量走向商业应用。区块链技术应用逐渐成熟后，可以在金融领域探索实现对资产可信登记、交易以及机构之间协同的技术价值。为解决冷链产业中小企业金融服务供给不足的问题，蚂蚁金融科技携手蚂蚁生态联盟伙伴，与国内领先冷链物流企业武汉万吨集团达成合作意向，双方将共同打造冷链行业金融服务平台，利用技术破解冷链行业小微金融服务难题，开展普惠金融服务，打造一个健康成长的万吨冷链生态圈。

怡亚通宇商金融科技的 N++ 区块链“秒押”平台构建于蚂蚁物联网（Internet of Things，IoT）金融链之上，利用区块链、物联网、人工智能等金融科技打造全“链”条的数字金融生态。首先依托物联网技术对动产进行实时监控，变事后追踪为事先管控，为金融机构的动产融资业务塑造更安全的环境，构建互联网金融业务的起点和基础，然后利用区块链永久追溯、不可篡改等特性建设基于物联网物权锚定的区块链数字仓单，将传统的实物审计融资变为更高效和安全的链上数字化融资，从而降低融资成本。最终在区块链物联网技术广泛应用下，跨境交易各个环节都可信上链，金融机构将提供覆盖所有产业环节的基于真实交易的全方位跨境金融服务。

不同于商户信用类融资，蚂蚁 IoT 金融链上发行的每份区块链仓单都能对应锚定到唯一的实物资产，通过将蚂蚁金服创新的区块链 IoT 技术和金融服务相结合，赋能合作伙伴 N++ 区块链“秒押”平台，以确保区块链仓单融资底层实物资产的真实性，并 24 小时全程监控锚定质押物，为质押资产建立客观信用。

怡亚通金融科技副总裁梁释贤认为，区块链技术开创性地应用于快消品动产融资业务是此次项目的亮点之一。在一个高频交易场景里货押融资，一直是金融领域的“无人区”，这是国内首单以区块链技术作为底层技术支持，完美匹配快消品行业“频”“快”“杂”的固有特点，并且解决了重复质押、频繁转换主体、频繁变更押品清单、押品真假及权属人等核心问题，实现了上链押品和实物的一一映射关系。怡亚通供应链金融副总裁宁洁也表示，一直以来，流通行业渠道商都需要准备几套资金，分别为预付款、存货和应收账款，这对企业的运营效率和成本来说是极不利的。22 年来,怡亚通一直在不断创新与完善供应链服务模式，紧密聚合品牌企业、经销商 / 渠道商、物流商、金融机构等各大群体，打造跨界融合、共享共赢的供应链服务平台，来为合作伙伴节省运营成本、提升效率并降低风险。在这一过程中，区块链技术对供应链服务场景的建设与维持有很重要的价值。怡亚通致力于利用区块链、物联网等技术将链接引入金融机构资金，盘活渠道商存货，减少资金占用，为大量渠道商小微企业打开了一条融资新渠道，使渠道商资金压力大大降低，同时为金融机构带来批量可控的优质资产。

此外，区块链动产融资平台区别于传统货押方案，提供了较为立体的远程科技监管方案，这为金融机构贷前、贷中、贷后管理提供了有效的解决方案，同时，依托怡亚通强大的消费品分销能力，大大降低押品处置难度，这也是怡亚通介入此领域的核心逻辑之一。

9.2　腾讯的区块链物流案例

第三届全球物流技术大会上，腾讯公司与中国物流与采购联合会（以下简称“中物联”）签署了战略合作协议，并联合发布了双方首个重要合作项目——区块供应链联盟链及云单平台。胡利明认为，在供应链金融场景下，区块链技术中的多方参与、共识机制和分布式账本等特性，能够支撑供应链各参与方之间建立有效的信任机制，解决供应链多级企业之间信任传递问题和数据可信问题，从而提升供应链金融效率，降低产业上下游中小企业获取金融服务的成本。

供应链金融近年来发展迅猛，作为与真实交易高度关联的资金流通解决方案，供应链金融既能有效解决中小企业融资难题，帮助供应链企业提升整体竞争力，又能延伸银行的纵深服务，为银行提供切入和稳定高端客户的新渠道。然而，由于信息不对称和信任机制缺失，供应链金融中普遍存在长尾企业贷款难、金融机构风控难等问题。

解决信息对称和构建信任正是区块链技术的核心价值。胡利明介绍，基于这样的洞察，腾讯云目前能够提供区块链技术平台以及基于金融科技的供应链金融整体解决方案。其中，在技术平台方面，腾讯云依托超级账本（Hyperledger）社区，打造商用化企业级的区块链服务平台 TBaaS，性能较之前的社区版本提升 3 倍。同时，TBaaS 以“金融安全”的平台支撑能力、“动态准入”的用户身份管理、“交易粒度”的数据隐私保护、“可视易用”的运维管理服务构建多层次服务能力，能够帮助企业快速构建区块链应用。在权威行业分析机构 ABI Research 公布的 BaaS 排行榜中，TBaaS 位列中国市场第一名。此外，腾讯云还依托自身优势，在资金需求端和供给端发力供应链金融的生态构建。

在资金需求端，借助腾讯云的合作渠道可以满足客户资产业务、中间业务、增值服务的开展，通过制造、交通、能源等核心企业的信用传导，打通位于产业链末端的中小企业融资需求。在资金供给端，借助腾讯云和业务对接平台，服务各国有银行、股份制银行、城商行、农商行以及信托、基金等金融机构，助力其数字化转型，通过业务协作、风险协作、数据合作，让金融科技在金融业服务实体经济方面发挥更大作用。

目前，腾讯云区块链构建了全方位的供应链金融产品能力，在行业内已经有大量的落地案例。例如，在应收账款方面提供应收账款多级流转产品能力，在存货方面提供基于区块链的动产质押登记能力，同时，在整个过程中对贸易背景真实性基于大数据、AI 能力的全面分析，确保整个供应链金融环境可信可靠，助力企业实现高效融资。

在应收融资领域，腾讯云区块链应收账款融资平台将企业应收账款转化为电子支付结算和融资工具——区块链应收电子凭证，并支持应收凭证的签发、承兑、保兑、支付、转让、质押、兑付等业务，让供应链核心企业信用基于产业区块链实现传导，解决流动性困境，实现债权持有期间流转、秒级贴现、到期兑付自动清分清算。

在动产质押融资领域，腾讯云与佛山钢聚人仓储有限公司基于动产质押区块链登记项目进行合作探索，依靠腾讯云区块链 TBaaS 平台以及物联网、人工智能等技术，实现数据实时上链，为钢聚人解决大宗商品的货物确权及仓单登记两大问题，全流程可溯、难以篡改，保障仓单的可信和有序流通。

“供应链与区块链的结合，可以为产业发展提供更高效的金融服务。”胡利明认为，以金融云为支撑的区块链技术，能够助力行业逐渐形成一张更大的价值网络，实现跨行业、跨产业链的合作。

9.3　京东的区块链物流案例

京东物流是以降低社会物流成本为使命，是致力于将过去十余年积累的基础设施、管理经验、专业技术向社会全面开放的全球供应链基础设施服务商。京东物流是全球唯一拥有中小件、大件、冷链、B2B、跨境和众包（达达）六大物流网络的智能物流企业，围绕“短链、智能、共生”，京东物流坚持“以体验为本、效率制胜、技术驱动”，携手社会各界共建全球智能供应链基础网络，打造供应链产业品牌。

“京东智臻链”是京东区块链的技术品牌，致力于打造全方位、全生命周期的企业级区块链应用解决方案，让开发者和企业实现一站式规划、配置、开发、上线、运维，一键自动配置和部署区块链网络，从而降低区块链技术应用成本，共享区块链可信价值，提供值得信赖的企业级区块链服务。

京东区块链应用场景的选择和产品功能设计，始终都围绕为客户交付真实的、可持续的业务价值来展开。如何利用区块链的技术特性来解决现实业务中的客户痛点，是京东长期思索和努力的方向，京东自身零售、物流、数字科技等组合生态内部蕴藏了大量的区块链潜在应用场景。

使用区块链技术来实施追溯，既是供应链行业多主体参与，跨时空流转的客观特点要求，也是由京东特殊的资源禀赋和企业核心价值决定的。纵观商品在供应链全流程流转的管理特点，需要在原料商、品牌商、生产商、渠道商、零售商、物流服务商、售后服务商、第三方检测机构，乃至对应的政府监管部门之间建立高效、互信、安全的追溯信息管理体系和数据应用体系，而这正是区块链联盟链技术的用武之地。

京东拥有业内领先的现代化供应链物流基础设施和服务能力，数字化程度很高的供应链使上链信息采集的边际成本极低。同时，自身万亿规模的零售业务带来的供应链上下游紧密协同的业务关系，也为区块链联盟链的成功搭建和管理创造了组织治理层面的便利。客户第一的企业核心价值要求诚信经营、品质为先，京东主动将分布于供应链上下游的品质追溯信息进行整合，计入在不可篡改的区块链中，通过友好的展现形式传递给广大京东客户。此外，京东还积极配合政府监管，履行企业责任，并接入多家权威第三方检测鉴定机构，为客户体验保驾护航。在这一过程中，最为困难的便是保证上链源头数据的真实性和追溯业务的可持续性，京东通过结合物联网、大数据和云计算等多种信息化技术保证追溯信息采集、传递、合规应用的准确性、安全性和可持续性。随着追溯业务的不断扩大，京东发现，越来越多对自身商品品质充满信心的品牌商主动将品质追溯信息写入不可篡改的区块链之中，并通过展示给广大购买客户，实现品质形象的传递和口碑传播。下一步，京东将逐步开放防伪追溯能力，为有需求的行业、广大品牌商提供更好的追溯服务体验，以链接品牌与消费者，同时在物联网自动化、供应链金融、大数据分析预测、客户反向定制、追溯营销与口碑传播方面创造更多用户价值。下面将介绍京东区块链在精准扶贫、食品、跨境商品和二手商品等领域的应用实例。

1. 在精准扶贫中的应用

京东在国家级贫困县落地“跑步鸡”“游水鸭”“飞翔鸽”等项目，京东为养殖过程量身打造了移动端的养殖管理系统，借助计步脚环等物联网设备，结合视频溯源技术，将家禽运动数据、喂食、饮水、除虫等信息进行采集，记录到区块链网络中，并整合加工、包装、京东仓储物流等信息，最终呈现给消费者，让消费者扫码即可了解到所购农产品的养殖过程和生长环境等图文信息，这大大提升了消费体验。在确保产品品质的同时提升了产品的溢价能力，从而提升了市场的认可度，为贫困地区的农民增加了收入。

2. 在食品中的应用

食品安全问题一直是国家的重中之重，京东致力于为消费者提供放心安全的健康食品，针对白酒、奶粉、加工食品等领域假货的现象，与企业联合将产品生产加工信息、仓储物流信息和交易信息整合记录在区块链网络中，通过追溯码将信息串联并展示给消费者，让消费者清晰地看到每一件商品的流转过程，从而提高食品质量问题追踪定责的管理能力。例如，针对进口燕窝商品，京东与中国检验检疫科学研究院联合将产品原材料、生产、进出口、京东仓储出入库、订单、物流等信息写入区块链，将全程品质追溯信息展现给消费者，让消费者放心购买。

3. 在跨境商品中的应用

随着消费者购买力的不断提升，跨境商品购买逐渐成为日常消费的重要组成部分。而假冒及走私商品的频繁出现，让消费者无从考证商品的来源也无法辨别商品的真伪，因此，在购买跨境商品时产生了担忧，同时也给生产企业造成了巨大的损失。

京东联合品牌商将跨境商品流通全过程打通，将海外运输、保税仓仓储、海关报关、检验检疫局报检、国内运输等信息整合写入区块链网络中，确保每一个环节的信息不可被伪造和篡改，最终展示给购买跨境商品的消费者。让消费者充分地了解到商品的来源途径及政府监管记录、运输过程等，给消费者提供了一个放心购买跨境商品的环境。通过与跨境链条上各方的合作和共同努力，减少非正规商品和假货的流入，为跨境企业的合法利益提供了保障。

4. 在二手商品中的应用

二手商品的交易市场规模庞大，但二手市场商品的非标准化管理特性导致消费者无法判断商品品质，商品品质的不可控成为二手交易中最大的痛点。区块链防伪追溯为二手回收平台、检测机构、销售平台、监管机构建立区块链网络，它将回收信息、检测明细及定级信息、销售信息写入区块链网络中，消费者在收到商品后可以查看商品完整的流转过程及权威品质检测结果，在与实物商品进行核验的过程中，若信息与实际商品不符，则可以申请退货或投诉等处理。监管部门根据区块链网络中的信息，能够实现对二手商品的品质监管。

5. 在时尚领域中的应用

针对钟表、奢侈品、珠宝等高值产品，京东联合供货商及权威检测机构，将商品供货来源、品质检测、京东仓储物流等信息进行整合，并将信息记录在区块链网络中，在确保商品正品的同时，为出现问题的商品售后及逆向溯源提供了支持。通过对消费者收货时间的记录，确定每一件商品的质保时间；通过一物一码与订单的关联，确定消费者退货商品是否为售出商品，解决“买真退假”的问题；通过供货渠道的记录，锁定问题商品的来源，从而降低售后及逆向过程的成本。

6. 在医疗领域中的应用

京东遵循国家药品监督管理局的监管要求，并基于区块链技术建立了医药追溯平台，该平台适用于中国医药市场，兼容多种药品编码标识，通过此平台可实现医药供应链的可视化管理。平台服务于药品及原料生产厂商、经销商、零售商、医院、患者及政府监管机构。药品生产厂家采集产线生产信息并与药品追溯码关联，将产品（如批次、有效期等）追溯信息上链，确保数据信息不可篡改的同时，联盟的经销商授权可以在其节点“共享”药品追溯信息。当双方产生关联交易时，可在就近节点进行快速校验，形成校验的药品追溯信息被识别为已交易状态，连同交易实体信息记录上链，随后的交易环节都将循环此模式，直到患者依据处方获得药品。患者可以扫描追溯码查验真伪，同时还可以看到从生产、流通、物流等各个环节的关键追溯信息。当国家药品监督管理局针对某款药品发布召回指令时，系统会发起交易冻结指令，所有联盟注册企业将同步此信息，自动冻结其节点中的相关产品信息，并在后续的药品交易中自动进行药品召回警报。

总之，区块链技术在医药供应链追溯领域的应用可解决以下几方面问题：药品防伪及流通追溯、问题药品快速召回、防止已销售处方药品回流市场、防止成瘾药物处方反复使用、超量购药和确保医疗辅助用药合理采用。

除了京东智臻链，京东还打造了京源链和链上签。京源链是基于区块链、物联网、GIS 等技术，结合京东农场对农业的业务沉淀，打造农业行业可信的农产品追溯体系，帮助地方政府、行业协会、农场主，打造优质的农产品品牌，实现农民增收。京源链可以保证产品过程品质，实现品牌增值并进行客户溯源。链上签则是针对供应链物流单证种类繁多，管理烦琐的难点，解决传统纸质单据业务运转效率低下等问题而产生。详细地说，链上签可以解决以下四个问题。

（1）解决纸质单据问题。运单各阶段信息实时加密签名登记上链，辅以第三方签名佐证，不可抵赖并且无法篡改。

（2）解决运营问题。链上签可以及时处理运营过程中的异常，实现三流合一，并且实现电子单据自动核验，降本增效，而且无须运营对账。

（3）解决数据监管问题。主要参与方和税务、交通监管机关作为区块链节点独立持有完整的数据拷贝，交叉印证，以确保数据的公信力。并且通过智能合约，准时按照税务、交通的监管要求，将数据自动报送至监管机关的数据系统。

（4）解决供应链金融问题。链上签可以保证交易和单证 / 票据的真实性，确保债权的真实性，保证应收账款的确权、拆分和转让。

9.4　苏宁的区块链物流案例

2016 年，苏宁董事长张近东提出“智慧零售”概念，运用互联网、物联网、大数据和人工智能等新技术，感知消费需求，预测消费趋势，引导生产制造，为消费者提供多样化、个性化、场景化的产品和服务。智慧零售核心在于懂得用户（Know Your Customer，KYC），懂得用户的关键在于绘制用户画像，并基于此构建会员生态，反向驱动智慧供应链，智慧物流，为用户提供贴心的服务。

近几年用户对于隐私越来越重视，时常担心自己在使用各类应用的同时，行为数据被平台方收集、整理、贩卖给第三方，泄露隐私而无法控制。利用区块链技术，能够在保障隐私安全的前提下获取用户的消费偏好数据，构建用户画像，苏宁主要采取的方案有以下三种。

（1）利用区块链防篡改不易攻破的特性，通过隐私保密、数据脱敏等手段，提升用户信任感，使用户愿意共享其购物行为等非隐私数据，从而形成用户画像。

（2）用户相关的智能合约定义了用户行为数据产生、存储方式、共享条件、价值交换方式等，从而将行为数据的产生、存储和利用的控制权都交还给用户，杜绝数据泄露与滥用。

结合衣、食、住、行、娱各方面的消费需求，为用户打造多场景化、趣味化、社交化的购物体验，从而获得更加丰富的用户画像，构建会员生态，提高用户黏性，使用户画像的数据更准确。在构建生态的过程中，利用区块链技术，在保障隐私的前提下收集用户个人信息，并打通多应用之间的信息壁垒，在智能合约的约束下提供服务。在服务过程中，消费者、零售商、供应商等各方角色都加入区块链网络，并根据相关的智能合约来定义符合各自需求的行为。此外，零售商建立平台，辅助区块链网络运行，并根据其智能合约定义的功能，从区块链中获取可交易的消费者数据，从平台上获取供应商发布的数据消费需求，撮合数据交易。

结合零售商销售数据、用户偏好数据、供应商供货数据能够制订更符合市场、符合客群的采购方案，若无法满足用户需求，则可以驱动供应商进行反向定制，真正实现智慧采销。从供应商供货到最终到达用户手中，利用区块链技术对物流进行全程监管，提升服务效率及质量，确保商品全程可追溯。在该过程中利用区块链技术的关键步骤主要有以下四点。

（1）利用区块链分布式记账系统，实时追踪物流运输物品当前所处环节和状态，实现全流程精细化管理，跟踪存档交易和交货细节，确保货品从入库到出库的一致性，避免出现货品丢失或被替换等情况，保证货物的安全性。同时对物流车进行全生命周期管理，以确保物流车专车专用，并结合客户对物流的评价，增强对物流人员的管理，扩展行业自律。

（2）利用区块链的存储解决方案，结合大数据和车联网，对货物的运输路线和日程安排进行自动优化，管理和调度物流车辆，减少企业在人工调度方面的投入，从而提高物流系统运作的效率，并利用获取到的客群数据，优化仓储方案。

（3）集合商品信息、仓储信息、物流信息并上传至区块链网络，记录从原产地开始的所有环节直至最终消费者的状况，记录每一笔交易，全程做到可追溯，保障消费者权益，提升消费者的信赖度。

（4）将溯源信息开放给政府机构做溯源查询，并同时记录相关节点的信用状况。一旦发现有造假行为，应立即录入黑名单并全网公开，禁止再交易，甚至可以联合录入个人信用系统。这样使造假售假的代价会变得非常高，从而让各个环节的人在互相监督的市场环境下变得更加自律，真正保障消费者权益。

9.5 小　结

本章主要从国内互联网 / 电商巨头阿里巴巴、腾讯、京东、苏宁四家企业的实际案例来解释我国区块链物流的发展趋势。第 9.1 节从阿里巴巴的案例入手，介绍了区块链在慈善以及商品溯源方面的应用，在慈善方面，区块链将进一步加强我国慈善机构可信度，推动我国慈善事业的透明、开放与可信发展，在商品溯源方面则进一步保证了货物来源地的真实可信，打造了一条真正可信的全球供应链追溯体系。第 9.2 节从腾讯的案例入手，阐述了区块链在供应链金融中的实际作用，以及区块链是如何解决大宗商品的货物确权及仓单登记两大问题。第 9.3 节从京东的案例入手，从京东智臻链出发，结合扶贫、食品、跨境商品、二手商品、时尚领域、医疗领域六个方面介绍了京东是如何利用区块链技术解决不同场景存在的问题，并对京源链和链上签作了简单介绍。第 9.4 节从苏宁的案例入手，分析了如何应用区块链技术去为用户服务，解决用户隐私、用户场景化需求以及供应链的全流程监管。

第 10 章　区块链应用国际企业案例

本章要点

1. 了解 IBM 与马士基的合作。
2. 了解全球区块链物流联盟 BiTA。
3. 了解三星与 DELIVER、ACCELERATOR。
4. 了解 CargoX 的 BDTS 平台。

● 引例

区块链赋能传统行业——Everledger 钻石认证

Everledger 是一家位于伦敦的区块链创业公司，创立于 2015 年。它为每颗钻石建立独一无二的数字指纹和全球化公共账本，促进钻石流通市场和全球供应链的透明与开放，从而实现其价值的全程追踪和保护。

目前，通过与全球钻石评级机构的全面合作，其区块链平台上登记的钻石已经超过了 200 万颗，成为名副其实的行业平台。区块链并不提供真相，它只保护真相，保护它的唯一性。钻石产业链上的关键信息，包括金伯利过程认证和钻石评级证书，仍由原有机构出具。Everledger 的价值，很大程度上依赖于这些已建立的权威信息，而不是颠覆它们——把这些信息数字化，并按照区块链的方式处理，能够提供比传统中央数据库更好的安全性。区块链可以保障登记的证书不会被冒用。当一份证书被冒用，登记信息时会被拒绝，因为它会与已经存在的信息发生冲突。Everledger 区块链平台登记的信息不仅包括这些证书，还包括钻石加工过程中的一系列关键节点信息，如负责筛选、设计、切割、打磨、评级的工匠，以及出厂后的历次交易记录。

最近，Everledger 与领先的钻石定损机构 DDL 合作，把关于钻石内在损伤风险的信息也登记在区块链上。这些信息不断丰富，每增加一笔信息就追加了一层对钻石价值的保护，因为这些信息永不销毁，在钻石悠长的生命周期中不断发挥价值。

[**资料来源：**韩夏，侯宏．回归理性，区块链如何赋能传统行业——以Everledger在钻石行业的实践为例[J]. 清华管理评论，2018(10):84–91.]

思考题：Everledger为何选择将区块链技术运用在钻石认证的行业中？其背后蕴藏着哪些道理？发挥了区块链的哪些特点？

10.1 IBM与马士基的合作

2017年3月，IT公司IBM和丹麦航运巨头马士基联合进行了一个开发项目，着手创建一个用于存储货物信息的区块链平台。两家公司的目的在于研究区块链建立全新技术体系，以减少海关相关的欺诈和延误，减少在运输过程中花费的时间、成本和浪费。

IBM声称区块链将通过这个过程减少延迟，并为所有相关方节省大量成本。该公司相信，它有潜力使全球GDP增长近5%，总贸易额增长15%，还有其他影响包括减少和消除欺诈与错误、改进库存管理、将快递成本降至最低、减少文书工作延误、减少浪费和更快发现问题的能力。IBM行业平台高级副总裁布里吉特·凡·卡拉林根（Brigitvan Kralingen）表示："我们相信，这一新的供应链解决方案将是一项变革性技术，有可能彻底颠覆和改变全球贸易的方式。"多年来，IBM与马士基紧密合作，它们深知供应链和物流业面临的挑战，并迅速认识到区块链在广泛应用于海运行业生态系统时可以提供的巨大节约机会。IBM汇集了它们和马士基共同的专业知识，创建了一种新的模式，该行业将能够利用这种新模式来帮助提高在全球范围内运送货物的透明度和效率，并且IBM和马士基与许多贸易伙伴、政府部门和物流公司合作，证明了该解决方案的有效性。施耐德电气（Schneider Electric）的货物由马士基班轮从鹿特丹港运往纽瓦克港，这是荷兰海关总署在一项欧盟研究项目下的试点项目，美国国土安全部科学技术理事会以及美国海关和边境保护局也参与其中。

2018年8月9日，继1月的声明之后，马士基和IBM宣布两家公司将共同开发TradeLens，以将区块链应用于全球供应链。TradeLens是马士基和IBM合作协议的成果，它是一个基于区块链的航运解决方案，旨在促进更高效和安全的全球贸易，将各方聚集在一起，支持信息共享和透明度，并促进全行业创新。作为TradeLens早期采用者计划的一部分，IBM和马士基还宣布有94家组织积极参与或同意参与基于开放标准的TradeLens平台。TradeLens生态系统目前主要包括如下：

（1）包括全球范围内 20 多个港口和码头运营商，如 PSA 新加坡港务集团、国际集装箱码头服务公司、帕特里克码头，中国香港现代码头，哈利法克斯港、鹿特丹港、毕尔巴鄂港、PortConnect、PortBase 和费城港的码头运营商霍尔特物流港。它们加入全球 APM 终端网络，在世界范围内超过 230 个海上通道进行实验。

（2）太平洋国际航运公司已经加入马士基航运公司和 Sud 公司的行列，成为参与解决方案的全球集装箱运输公司。

（3）荷兰、沙特阿拉伯、新加坡、澳大利亚和秘鲁的海关当局，以及海关经纪人、货运代理、物流公司也正在参与其中。

（4）受益货主（Beneficial Cargo Owners，BCOs）的参与已经发展到包括 Torre Blanca / Camposol 和 Umit Bisiklet。

（5）包括 Agility、CEVA logistics、DAMCO、Kotahi、PLH 卡车运输公司、Ancotrans 和 WorldWide Alliance 在内的货运代理、运输和物流公司目前也参与其中。

TradeLens 使用 IBM 区块链技术作为数字供应链的基础，通过建立单一共享的交易视图，在不影响细节、隐私或机密性的情况下，授权多个贸易伙伴进行合作。货主、航运公司、货运代理、港口和码头运营商、内陆运输和海关当局都可以通过实时访问运输数据和运输文件，包括物联网和传感器数据，从温度控制到集装箱重量，进行更有效的互动。通过使用区块链智能合同，TradeLens 实现了国际贸易中涉及的多方的数字协作。

贸易文件模块是在一个测试版程序下发布的，称为 ClearWay，它使进口商 / 出口商、海关经纪人、可信赖的第三方（如海关、其他政府机构和非政府组织）能够在跨组织的业务流程和信息交换中进行协作，所有这些流程都有一个安全、不可否认的审计跟踪作为支持。在为期 12 个月的实验中，马士基和 IBM 与数十家生态系统合作伙伴合作，以确定能够防止由文件错误、信息延误和其他障碍造成延误的错误发生。其中一个例子展示了贸易商如何将包装材料运往美国生产线的运输时间减少 40%，从而避免数千美元的成本。通过更好的可见性和更有效的沟通方式，一些供应链参与者估计，他们可以将回答“我的容器在哪里”等基本操作问题的步骤从 10 个步骤和 5 个人减少到与贸易人员一起的 1 个步骤和 1 个人。此外，平台累计的捕获船舶到达时间、集装箱“进港”时间等数据，以及海关放行、商业发票、提单等单证，这些数据正以每天接近 100 万个事件的速度增长。传统上，其中一些数据可以通过供应链行业中常用的 EDI 系统共享，然而这些系统不灵活且复杂，并不能实时共享数据，很多时候，公司仍然通过电子邮件附件、传真和快递来共享文件。

TradeLens 可以跟踪供应链中每批货物的关键数据，并为相关各方提供不可更改的记录。“TradeLens 使用区块链技术为全球供应链文件的安全数字化和传输创建了一个行业标准”，现代终端公司的首席执行官彼得莱韦斯克（Peter Levesque）评论道。“随着时间的推移，这一举措将为我们的行业带来巨大的节约，同时加强全球供应链的安全。”作为一家全球物流供应商，CEVA 在 TradeLens 上看到了一个独特的机会，与 IBM、马士基和业内其他参与者合作，围绕开放和中立的解决方案推动全球标准，实现区块链的承诺。然而，该技术的成功依赖于一个单一因素，即将整个生态系统围绕一个共同的方法聚集在一起，使所有参与者平等受益。彼得莱韦斯克表示：“我们与马士基和航运生态系统中的其他企业的合作表明，区块链可以用来形成一个强大的、相互关联的网络，在该网络中，所有成员都可以通过共享重要数据而获益，通过合作，我们可以改变全球贸易的一个重要部分。”

10.2　全球区块链物流联盟 BiTA

自 2017 年 8 月成立以来，BiTA 已迅速成长为全球最大的商业区块链联盟，成千上万的公司申请成为该联盟会员，如今在超过 25 个国家拥有近 500 个成员，年总收入超过 1 万亿美元。BiTA 是一个会员制组织，会员主要来自货运、运输、物流及相关行业公司，联盟成员有一个共同的使命，那就是推动新兴技术的应用向前发展，BiTA 通过制定行业标准来实现这一点，向会员和其他人讲授区块链应用 / 解决方案和分布式账本技术（DLT），鼓励会员和其他人使用与采纳新的解决方案。BiTA 的目标是加速区块链在行业中的应用，提高物流和运输领域的效率与透明度，BiTA 最终将创建基本的区块链标准。

Quick wins Freightwaves 的首席执行官克雷格· 富勒（Craig Fyller）说：“我们发布的最初用例很少被提及，也不太明显。当然，透明度和跟踪是一个重要的因素，这也是公司正在努力的事情，但我相信，如果你真的想在市场上活跃起来，运输公司需要财务理由来投资新的应用，所以我关注的是什么对我的企业现金流影响最大。”为了突出财务理由，富勒提到了经常引用的药品供应链用例。虽然消费者的安全是一个关键驱动因素，但打击假药是一个重要的经济动机，还有一些早期的潜在用例包括车辆维护和质量保证等。

富勒强调，BiTA 将很快发布一份更新的清单，很有可能会谈到在与 RiskBlock 保险联盟讨论时提出的保险申请证明。对 BiTA 会员来说，保险只是整个过程中的一小部分，在承运货物之前，必须通过安全核保，以证明船队有足够的安全等级，来确保特定货物是可接受的，以及确定其持有许可证和其他一系列标准。富勒评论说："我不想进入保险应用程序，因为这只是我为这家承运人承保的清单的一部分，如果我必须进入单独的应用程序，它实际上是一个笨拙的过程。"也就是说，他认为将保险证明整合到区块链级别对双方都有好处。为了证明高昂的估值是合理的，一些 ICO 公司倾向于声称它们的代币可以用于任何地方，这是不现实的，在富勒看来，这会造成混乱。BiTA 的目标对于一些行业联盟来说，目标是共同生产区块链技术，BiTA 认为自己是一个推动者，而不是生产者，并期望它的更大成员是技术开发者，因为它不涉及技术方面，所以选择哪个软件框架是不可知的。BiTA 有三个目标，分别为创建区块链标准、提供教育领导力和协作，后者包括一个社区（在 slack 上），并通过帮助连接技术生产者和市场伙伴来快速实现商业化。

毕马威会计师事务所与运输联盟的区块链（BiTA）合作，帮助制定运输行业的区块链标准，然而，这并不是联盟的唯一目标，它们也致力于提供教育领导并鼓励成员之间的合作。协作和共同标准对航运业至关重要，增长的基础是成本和风险，而这些成本和风险与相互联系并且日益紧密的物流系统息息相关，因此，让行业参与者就变化和改进来达成一致意见可以让它们获得巨大的利益。然而，不同于 IBM 和马士基的合资企业，以及专注于追踪和透明度的埃森哲联盟，BiTA 专注于为企业采用区块链提供一个货币上的理由。毕马威美国区块链负责人阿伦· 戈什（Arun Ghosh）评论道："尽管技术有了很大的进步，运输物流仍然昂贵且脆弱。区块链有潜力去解决这些问题，并打破货运组织数十年来依赖的许多系统，同时在组织核心运营（包括其供应链）中创造更大的透明度、速度、可靠性和信任度。"BiTA 总裁克里斯· 伯勒斯（Chris Burruss）补充道："我们相信区块链将从根本上改变交通行业。我们非常自豪地邀请到毕马威加入 BiTA。他们在咨询、审计和税务方面的全球影响力与观点对建立行业标准是无价的，这些标准将决定未来几年区块链在货运中的使用。"

此外，中国互联网、电商巨头京东也宣布正式加入 BiTA，它将与一些全球领先的货运和物流公司展开合作，京东物流是中国第一家加入该联盟的物流企业。京东本身对物流并不陌生，它拥有着庞大的物流部门，并为全球的电商消费者提供服务。京东希望与全球货运巨头分享其在区块链技术方面的经验和应用，其中包括 UPS、联邦快递、Penske、Schneider National、YRCW、Echo、Penske、CH Robinson 和 SAP。京东将利用这一技术优化供应链流程、加强跨境物流和通信，并促进行业间的合作。

BiTA 的董事总经理对此表示："我们对与京东的合作感到兴奋，因为它在中国零售市场上拥有巨大影响力。该公司拥抱区块链技术，这证明了它们对创新的前瞻性思考和持续关注。京东加入 BiTA 也进一步证明，该联盟正在为货运合作和标准建立一个全球框架。”

10.3 三星与 DELIVER、ACCELERATOR

BlockLab 与鹿特丹港、荷兰银行和三星公司合作开发了基于区块链的供应链管理平台 DELIVER。DELIVER 是一个开放、中立的行业平台，它可以优化现实和金融供应链，DELIVER 解决了供应链中的信任和透明度问题，可以实现更透明、高效、可预测并且安全的信息交换。此外，DELIVER 还可以实时跟踪订单、运输和金融信息，改善数据分享、降低风险并增强互操作性。

荷兰银行与鹿特丹港以及三星公司就区块链贸易倡议开展了合作，该集团宣布它们已经成功跟踪并立即资助了一个海运集装箱，概念验证阶段已经完成。得益于基于分布式账本技术（DLT）的解决方案，整个旅程是无纸化和自动化的，例如，提单是卸货时必须出示的单据，通常是手工快递，并需要接受人工核查，每次都会延误几天。因此，使用区块链存储和验证这些文档是该领域的热门话题。声明表明，延迟可能是过去的事情，并为 Nexledger、Hyperledger Fabric 和 Ethereum 之间的互操作性而建立的区块链物流平台 DELIVER 进行了首次完整的实验。该组织将这种互操作性视为交付的一个独立特性，下一阶段将进行一系列试点，最终目标是建立一个开放、独立、面向全球的托运人运营平台。这三家公司声称，它们已经证明了 DELIVER 可以安全地管理整个运输过程，而不需要实物文件或冗长的验证检查。使用 DLT 可以启用审计跟踪和对文档真实性的信任，该集装箱从韩国运出，这并非巧合，三星公司正在与韩国海关合作另一个区块链物流项目，这只集装箱在荷兰完成了它的旅程，在旅程中它被挨家挨户地追踪。荷兰银行首席信息官埃德温·范·博梅尔（Edwin van Bommel）表示：“我们坚定地致力于帮助我们的客户在流程中实现贸易流动的完全自动化。”参与贸易流动的所有各方都将受益于更有效的管制、更高的效率、透明度和可追溯性。作为一家贸易融资银行，荷兰银行在航运业有很多客户，包括石油交易等。其中银行是区块链平台 VAKT 的投资者，该倡议与商品贸易融资区块链 komgo 密切相关，两家银行都拥有包括荷兰银行在内的 7 家支持公司。

2019 年 6 月首个无纸化、即时融资、全程门到门的跟踪集装箱通过区块链平台交付，从韩国经由鹿特丹港，运到三星公司位于蒂尔堡的仓库。荷兰银行、鹿特丹港和三星公司证明了区块链技术能够实现互操作性，即多项控制系统的协调工作能力，并将其与集装箱跟踪系统相结合，使所需货物的文件处理和融资可以通过可靠、安全且无纸化方式完成。区块链等新技术有可能完全接管供应链管理，并颠覆传统的工作方式，实现整合行政与财务的无纸化综合供应链管理系统。正如概念证明所表明的那样，一个全面的供应链管理系统，以无纸化的方式将物理、行政和财务流动结合起来，是切实可行的。交付概念促进了过程自动化，并为供应链中的所有参与者提供了价值，交付概念的证明表明了交付可以支持跨供应链端到端可视性的多式联运货物运输，通过海运承运人、卡车和内陆驳船运输，并简化融资渠道。物理平台和区块链平台之间的互操作性使国际贸易生态系统能够安全共享商业、敏感和机密信息，并在供应链参与者之间转移所有权。

ACCELERATOR 是由三星公司开发的一个软件组件，旨在提高区块链网络在交易吞吐量方面的性能。受到多级队列调度的启发，ACCELERATOR 使区块链网络能够处理来自应用程序的大量事务请求，三星公司和 IBM 已经着手验证 ACCELERATOR 对 Hyperledger Fabric 网络的适用性，并定义了将 ACCELERATOR 集成到 Hyperledger Fabric 开源项目中的路线图。该团队定义了一个围绕 Hyperledger Caliper 和 Fabric 的测试工具，它运行在 IBM 云中的一个裸机金属系统上。

当数据之间相关性较低时，ACCELERATOR 提供了每秒事务数方面的改进性能。例如，来自相对大量的物联网传感器边缘设备的数据，因为它们大多产生零星数据，当涉及整个此类事务量时，更多的数据量会带来更好的性能，因为 ACCELERATOR 的工作方式是聚集足够多的事务并批量提交。也就是说，根据 ACCELERATOR 支持的特定业务用例或场景，其预期的性能优势将有所不同。因此，建议根据这些性能特征和实验测试结果考虑适用性，以获得更精确的 TPS。

物联网设备或传感器应用程序代表了一类具有特别适合加速器特性的应用程序。也就是说，物联网应用由于交易量大而需要高吞吐量，同时由于交易的独立性特别适合加速。物联网应用通常从大量独立设备收集数据和事务，每台设备通常都有自己唯一的标识符，每台设备可能定期生成时间序列数据或独立的传感器读数，由于不同数据的特性与其他设备数据无关，因此，通常使用一个单独且唯一的键来记录每个事务，这反过来导致出现关联数据的可能性非常低（如这些数据与其他设备的数据无关）。在这种情况下，ACCELERATOR 可以聚合许多事务，而不会预期事务之间的冲突。

10.4 CargoX 的 BDTS 平台

CargoX 开发了 BDTS 平台（区块链文件交易系统），BDTS 提供了一个具有许多应用程序的平台，其中智能提单是最流行的一种。CargoX 是区块链单证交易系统的独立供应商，其提供了一种极其快速、安全、可靠和经济的方式来处理世界各地的运输单证。此外，CargoX 创建了一个基于区块链技术和加密分散数据存储的开放系统，该系统使智能合同能够创建和交换与交通有关的文件。

智能应用程序 B/L 是 CargoX 旨在替代当时物理（基于纸）所有权证明（用来证明所有权的货物在目的港）的数字证明所有权，使提单成为更加安全、立即便携、容易存档和远低于当前纸张形式的提单。CargoX 旨在以信任和互动为基础，将发行方、承运商、进口商、出口商和其他利益相关者联系在一起。在这方面，CargoX 的目标是通过提供安全的文档共享工具来消除对中介的需求，并通过提供高水平的安全性和透明度来显著降低交付成本与时间。

科珀港是区块链技术成功实施的一个很好的例子。2018 年 8 月，首个经过革命性区块链式新货智能提单处理的集装箱在科珀港放行，这批货的提单在电子转移和超可靠的公共区块链网络的帮助下只需几分钟而不是几天或几周完成，并且过程中损失的可能性以及盗窃或损坏提单已经大幅降低。

印度正在逐渐数字化其提单和其他贸易文件工作流程，这是印度电子港口社区系统（PCS）中最后缺失的部分之一。提供 P-CaSo 策划的专门服务市场的个人电脑是由 Portall Infosystems 建立的，它们集成了货物平台的区块链文件转移。自 2018 年 Portall 公司成功赢得 PC 现代化项目的投标以来，印度港口社区系统的用户数量增长了三倍，其主要目标是通过数字化处理过程来提高印度营商环境便利度（Ease of Doing Business，EODB）排名，以减少健康风险，并避免在港口处理迄今为止纸张密集型进出口货物过程中造成的瓶颈。印度港口协会和印度物流协会联合会的贸易机构都强调了数字化在当前全球大流行病中的重要性。印度政府因此开始评估在印度所有进出口交易中实施电子提单、电子交货订单、原产地证书、信用证和其他贸易文件的方法的可行性，区块链文件转移的 CargoX 平台已通过 Portall Infosystems 和印度全球航运利益相关者成功测试，并用于转移电子提单。CargoX 和 Portall 信息系统已经建立了伙伴关系，以数字化处理提单和贸易单据的转让，通过整合到 PCS 1x 的 P-CaSo 服务市场，利益相关者可以访问货物运输平台。印度十几个主要港口处理了全国大约 60% 的货物运输，在 2019—2020 年，这一数字接近 7.05 亿吨，这些港口装卸了 20837 艘船。

Portall 在 6 个月时间内建立了印度港口社区系统，并在印度 13 个主要港口全面实施。目前，该系统在 19 个港口运行，拥有 1.6 万多家企业利益相关者。B2B 市场（P-CaSo）的生态系统被整合到印度港口社区系统，其与策划服务合作伙伴带来各种利基服务，包括区块链文件转移等服务。

10.5 小　　结

本章主要讨论了国际上优秀互联网 / 电商企业与其他国家著名港口、企业进行合作的案例。第 10.1 节主要介绍了 IBM 与马士基的合作，两家公司将共同开发 TradeLens，并将区块链应用于全球供应链。第 10.2 节主要介绍了全球区块链物流联盟 BiTA，全球区块链物流联盟 BiTA 利用全新生态系统让区块链网络中所有成员通过共享重要数据而获益。我国京东集团已经加入该联盟，以便与全世界的企业进行合作。第 10.3 节主要介绍了三星公司与荷兰合作开发了基于区块链的供应链管理平台 DELIVER，该平台解决了供应链中的信任和透明度问题，以实现更透明、高效、可预测并且安全的信息交换。第 10.4 节主要介绍了 CargoX 与印度的合作，开发了 BDTS 平台（区块链文件交易系统），基于该平台提供了一个具有许多应用程序的平台。

参 考 文 献

曹旭光，贾嘉，2019. 区块链技术在物流领域的应用现状与未来展望 [J]. 物流科技，42(8):3.

陈章跃，舒斯亮，2008. 物流信息技术 [M]. 武汉：武汉理工大学出版社 .

崔忠付，2014. 我国物流信息化的发展现状及趋势 [J]. 物流技术：装备版，(12):4.

邓子云，米志强，2010. 物流信息技术与应用 [M]. 北京：电子工业出版社 .

樊重俊，浦东平，梁贺君，2018. 基于区块链视角的电商平台体系构建及应用 [J]. 中国流通经济，32(3):8.

范忠宝，王小燕，阮坚，2018. 区块链技术的发展趋势和战略应用——基于文献视角与实践层面的研究 [J]. 管理世界，34(12):2.

郭军峰，2018. 我国跨境电商问题与对策探讨——基于区块链技术 [J]. 商业经济研究，(18):3.

郭文，张爽，许慧，2019. 我国物流金融的发展现状及对策分析 [J]. 现代商贸工业，40(9):3.

何蒲，聂铁铮，王千阁，等，2018. 区块链系统的数据存储与查询技术综述 [J]. 计算机科学，45(12):7.

季广猛，2023. 基于区块链的仓单交易系统研究与实现 [D]. 郑州：郑州大学 .

姜晓茹，2021. 物流企业的物流金融创新业务模式研究 [J]. 物流工程与管理，43(6):4.

李炳，2018. 关于法定数字货币的研究共识与展望 [J]. 金融理论与实践，(12):6.

李春艳，2012. 物流信息技术在现代物流中的应用 [J]. 物流技术，31(3):3.

李华君，张智鹏，2018. 区块链技术背景下传媒产业的新现象、新特征与新趋势 [J]. 宁夏社会科学，(6):5.

李旭东，王耀球，王芳，2020. 区块链技术在跨境物流领域的应用模式与实施路

径研究 [J]. 当代经济管理，42(7):8.

刘娜，窦志武，2019. 浅谈 5G 时代下智能物流仓储的信息化发展 [J]. 物流工程与管理，41(6):4.

刘志学，2001. 现代物流手册 [M]. 北京：中国物资出版社 .

吕宏，2023. 信息技术提升物流产业路径分析 [D]. 北京：北京交通大学 .

潘卓，郑杨，2019. 区块链在智慧物流发展中的运用研究 [J]. 价格月刊，(5):6.

苏春玲，2006. 现代物流信息技术 [M]. 北京：机械工业出版社 .

孙凯，2019. 浅谈区块链技术在物流领域的应用 [J]. 中国管理信息化，22(12):2.

孙琪，2020. 我国跨境电商发展现状与前景分析 [J]. 商业经济研究，(1):3.

孙增乐，2019. 基于区块链的共享物流信息平台研究 [D]. 杭州：浙江理工大学 .

王琳，2020. 现代物流管理在供应链模式下的研究思路和方法探索 [J]. 中国设备工程，(12):2.

王世文，2006. 物流管理信息系统 [M]. 北京：电子工业出版社 .

王喜富，2013. 物联网与现代物流 [M]. 北京：电子工业出版社 .

相峰，王志彬，2019. 区块链与电商物流重塑 [J]. 中国国情国力，(11):4.

严莉红，2020. 试论我国跨境电商发展现状及对策 [J]. 现代经济信息，(1):2.

杨波，2002. 精益物流管理的理论和方法研究 [D]. 武汉：武汉理工大学 .

姚科敏，2006. 信息化与中国物流业 [J]. 当代经理人，21:834–835.

易强，杨慧敏，王柯欣，2020. 区块链技术在物流领域应用研究综述 [J]. 物流技术，39(3):5.

于宝琴，武淑萍，2012. 现代物流信息管理 [M]. 北京：北京大学出版社 .

袁勇，倪晓春，曾帅，等，2018. 区块链共识算法的发展现状与展望 [J]. 自动化学报，44(11):12.

张路蓬，周源，薛澜，2018. 基于区块链技术的战略性新兴产业知识产权管理及政策研究 [J]. 中国科技论坛，(12):7.

张宗成，2006. 物流信息管理学 [M]. 广州：中山大学出版社 .

邹宇飞，2021. “互联网 + 物流”智能化仓储系统的现状与行业发展 [J]. 中国物流与采购，(5):1.

ATZORI M，2017.Blockchain Governance and the Role of Trust Service Providers: The TrustedChain Network[J].Social Science Electronic Publishing,(5)：2.

BUCHANAN B, NAQVI N，2018.Building the Future of EU: Moving forward with International Collaboration on Blockchain[J].The British Blockchain Association,(1)：7.

CURRAN K，2018.E–Voting on the Blockchain[J].The Journal of British Blockchain Association,1(2):1–6.

SCHWERIN S，2018.Blockchain and Privacy Protection in the Case of the European General Data Protection Regulation (GDPR): A Delphi Study[J].The Journal of British Blockchain Association,(1)：4.